Franz Sauter
Die tonale Musik

Das Buch behandelt die Ästhetik der tonalen Musik. Analysiert werden Klangformen wie Konsonanz, Dissonanz, Tonalität, Takt, Kontrapunkt oder Motiv. Dabei zeigt sich: Alle harmonischen, rhythmischen und melodischen Klanggestalten sind ihrem Wesen nach Verhältnisse des klanglichen Zusammenpassens. Als solche sind sie systematisch aufeinander aufgebaut und bilden ein Ensemble aus acht ästhetischen Prinzipien, denen jeweils ein Kapitel dieses Buches gewidmet ist. In der logischen Abfolge dieser Kapitel wird der innere Zusammenhang von Harmonie, Rhythmus und Melodie offen gelegt. Musikalische Erscheinungen, die bisher von Musiktheoretikern nur *interpretiert* wurden, werden in diesem Zusammenhang *erklärt*. Von bislang gängigen Dogmen lässt sich die Untersuchung nicht beirren. Das Vorurteil zum Beispiel, der Unterschied zwischen Konsonanz und Dissonanz sei nicht objektiv fassbar, ist für eine rationelle Musiktheorie nicht maßgeblich. Auch der Problematisierung und Relativierung, welche die Tonalität vielfach erfährt, kann sich das Buch nicht anschließen – aus guten Gründen.

Franz Sauter

Die tonale Musik

Anatomie der musikalischen Ästhetik

Bibliografische Information Der Deutschen Bibliothek
Die Deutsche Bibliothek verzeichnet diese Publikation in der Deutschen Nationalbibliografie; detaillierte bibliografische Daten sind im Internet über http://dnb.ddb.de abrufbar.

1. Auflage	2000
2., verbesserte Auflage	2001
3., ergänzte Auflage	2003
4., überarbeitete Auflage	2010

Internet: www.tonalemusik.de
Redaktionelle Mitarbeit: Mathias Günther, Till Martin
Herstellung: Books on Demand GmbH

ISBN 978-3-8311-0232-7

Inhalt

„Seit längerer Zeit ist man bemüht, unsere Musik theoretisch zu begründen. Noch immer müssen wir uns gestehen, daß wir eigentlich kein wahres System haben ... Der musikalische Galilei fehlt uns noch ...“ (Heinrich Josef Vincent, Die Einheit in der Tonwelt, Leipzig 1862, Vorwort)

„... eine echte Theorie, eine wissenschaftlich fundierte Musiktheorie, die ihren Namen verdient, ... gibt es indessen noch nicht.“ (Martin Vogel, Die Lehre von den Tonbeziehungen, Bonn 1975, S. 358)

Vorwort

Harmonie, Rhythmus und Melodie sind die drei grundlegenden Wesensmerkmale unserer heutigen Musik, die meist in einem Atemzug genannt werden. Dass sie nur zufällig in der Musik zusammenträfen, wird daher niemand ernsthaft behaupten wollen. Dennoch findet man bisher nirgends eine Darstellung der Musik, die den Nachweis für die notwendige Zusammengehörigkeit dieser drei ästhetischen Charaktereigenschaften erbringt und die musikalischen Begriffe entsprechend entwickelt. Stattdessen werden Harmonik, Rhythmik und Melodik in Musiklehren als Teilgebiete nebeneinander gestellt, die keinerlei inneren Zusammenhang erkennen lassen. Dies ist symptomatisch für einen Zustand der Musikwissenschaft, auf den noch immer das zutrifft, was bereits im 19. Jahrhundert über die Bemühungen um ihre theoretische Fundierung bemerkt worden ist:

„Alle Versuche der Art sind bis jetzt nicht im stande gewesen, ein wirklich haltbares wissenschaftlich-musikalisches System, nach welchem durch ein *Grundprinzip alle Erscheinungen im musikalischen Gebiete als stets* notwendige *Folgerungen sich dargestellt finden, zu schaffen ... Was aber in musikalischen Lehrbüchern von wissenschaftlicher Begründung niedergelegt ist, hat sich bisher nicht bewährt, weil es teils ... ebensowenig im stande war, ein in sich abgeschlossenes System mit zweifellosen Folgerungen zu schaffen, teils als phantastisches Gebilde aller wissenschaftlichen Grundlage entbehrte.“* [1]

Das vorliegende Buch über die tonale Musik und die Gesetze ihrer Schönheit ist hervorgegangen aus dem 1980 begonnenen Projekt, eine alte Forderung endlich einmal einzulösen und die musikalischen Grundgestalten systematisch und in sich schlüssig darzustellen. Der Leser soll nunmehr Auskunft darüber erhalten, was harmonische, rhythmische und melodische Strukturen gemeinsam haben, worin sie sich unterscheiden und wie sie innerlich zusammenhängen. Dass eine solche Analyse auch ein paar überraschende Ergebnisse erbringt, liegt in der Natur eines Vorhabens, das sich nicht mit dem bisherigen Erkenntnisstand der Musikwissenschaft zufrieden geben wollte. Der Leser ist also herzlich eingeladen, eine ganze Reihe von ungewohnten Feststellungen und Schlussfolgerungen auf ihre Stichhaltigkeit hin zu überprüfen.

[1] Ernst Friedrich Richter, Lehrbuch der Harmonie, Leipzig 1886, Vorwort zur ersten Auflage (von 1853)

I. Harmonik

1. Konsonanz

a) Harmonie der einfachen Konsonanz

Die tonale Musik ist Musik auf harmonischer Grundlage. Den Schlüssel zu ihrer Ästhetik liefert die Analyse der Dur- und Mollklänge, der Grundklänge der tonalen Musik. Es wird sich dann im Fortgang der Untersuchung herausstellen, wie auf der Harmonie dieser beiden Klangfiguren jegliche Harmonik, Rhythmik und Melodik der tonalen Musik aufgebaut ist.

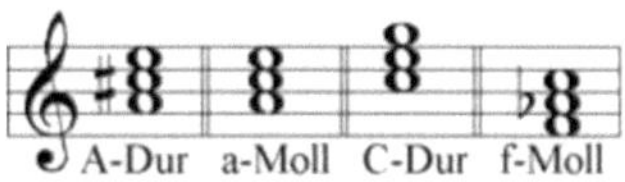

Dur- und Mollklänge

Dur- und Mollklänge sind Dreiklänge, deren Töne miteinander harmonieren. Charakteristisch für diese Dreiklänge sind die *Verhältnisse* zwischen den drei Tönen, die Grundton, Terz und Quinte heißen. Nur *wegen und innerhalb dieser Verhältnisse* fungieren Töne als Grundton, Terz oder Quinte. Es ist daher durchaus sachgemäß, dass die Töne Terz und Quinte nach ihrem Verhältnis zum Grundton benannt sind, der seinerseits ohne diese Verhältnisse kein Grundton wäre.

Das Verhältnis zwischen den Tönen Terz und Quinte ist wiederum eine Terz. Jeder Dur- oder Mollklang enthält in seiner Grundform eine kleine und eine große Terz, die sich zu einer Quinte ergänzen. Beim Durklang liegt die große Terz *unten*, beim Mollklang *oben*. Beiden Klangformen gemeinsam ist eine besondere Harmonie, die man Konsonanz nennt. Das Wesen dieser Harmonie soll nun geklärt werden.

Die Harmonie der Dur- und Mollklänge hängt offensichtlich mit den charakteristischen Schwingungsverhältnissen zusammen, die sich an diesen Klängen feststellen lassen:

Tonfrequenzen bei zwei Dreiklängen

Die Frequenzverhältnisse in diesen Klängen sind:

Quinte:	660 Hz : 440 Hz		= **3:2**
Große Terz:	550 Hz : 440 Hz	= 660 Hz : 528 Hz	= **5:4**
Kleine Terz:	660 Hz : 550 Hz	= 528 Hz : 440 Hz	= **6:5**

Die mathematischen Verhältnisse zwischen den Frequenzen harmonierender Töne sind beim Instrumentenbau von Interesse, wo diese Proportionen im Hinblick auf die Abmessungen von Hohlräumen oder Saiten berücksichtigt werden müssen. Eine Orgelpfeife zum Beispiel muss um so länger sein, je tiefer ihr Ton und je kleiner daher die zugehörige Tonfrequenz ist. Die Bünde an einem Gitarrenhals müssen so angebracht sein, dass zwei Töne, die sich wie Grundton und Quinte zueinander verhalten, auf derselben Saite gespielt werden können, weil sich die Längen der zum Schwingen gebrachten Saitenteile wie 2:3 verhalten. Da die Länge einer schwingenden Saite umgekehrt proportional zur Anzahl der pro Sekunde ausgeführten Schwingungen ist, haben die für harmonierende Töne maßgeblichen Zahlenverhältnisse eine anschauliche Erscheinungsform. Es ist daher kein Wunder, dass die Proportion 2:3 als Längenverhältnis von Saitenteilen längst vor der Kenntnis von Tonfrequenzen, nämlich schon im Altertum bekannt war.

Die im Zusammenhang mit Dur- und Mollklängen beobachtbaren quantitativen Verhältnisse – die Proportionen 3:2, 5:4 und 6:5 – kennzeichnen jedoch nur die *äußeren* Verhältnisse zwischen den Tonfrequenzen. Die Frage nach dem harmonischen Charakter dieser Klangverhältnisse ist damit noch keineswegs beantwortet. Harmonie als Kennzeichnung dessen, was beim Erklingen von Dur- und Mollkängen wahrgenommen wird, meint nämlich ein *inneres* Verhältnis der jeweils zusammenklingenden Töne: ein Verhältnis, worin die Töne zusammenpassen.

Die Grundlage dafür, dass Wahrnehmungsinhalte zusammenpassen – und darum geht es übrigens bei jeglicher Ästhetik –, liegt stets in der Eigenart dieser Dinge. Im Falle des Dur- und Mollklanges sind es offenbar die Töne selbst, die etwas an sich haben, worin sie übereinstimmen können. Die Beschaffenheit der Töne ist also näher zu betrachten.

Ein Ton mit einer Frequenz von 500 Hz schwingt definitionsgemäß 500 mal in einer Sekunde, also einmal in zwei Millisekunden. Auf einem Oszillographen erscheinen diese Schwingungen zum Beispiel folgendermaßen:

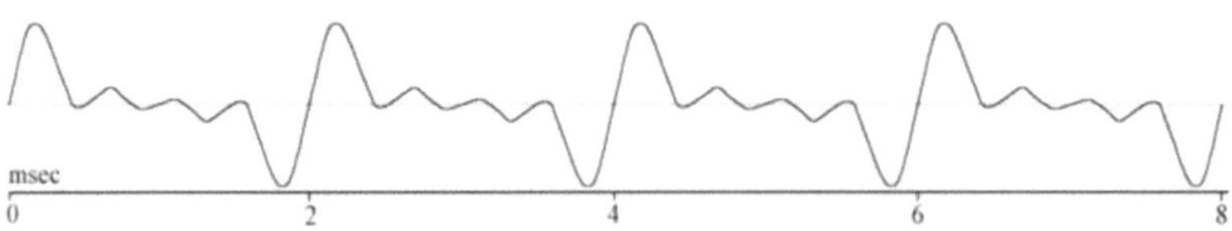

Vier Schwingungen eines Tons von 500 Hz

Regelmäßige Schwingungen sind, wie der Physiker und Mathematiker Jean Baptiste Fourier ganz allgemein nachgewiesen hat, aus einfachen Sinusschwingungen zusammengesetzt. In der Musik spricht man von den Teiltönen eines Tons.[1] Eine einzelne Schwingung der obigen Form besteht aus vier Teiltönen:

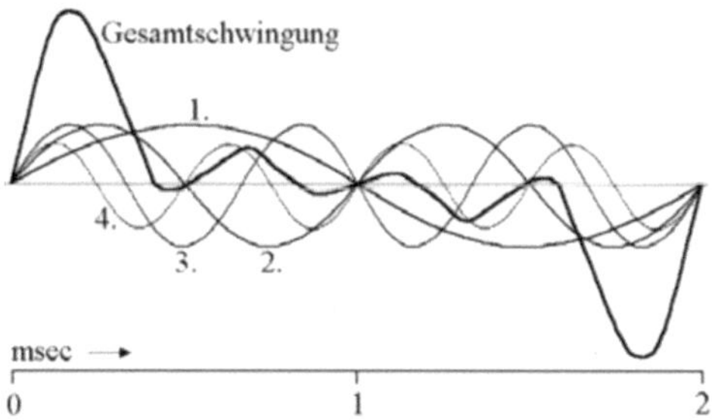

Überlagerung von Teilschwingungen

Während der erste Teilton *eine* Schwingung ausführt, vollführt der zweite *zwei*, der dritte *drei* und der vierte *vier* Schwingungen. Entsprechend schwingen die Teiltöne in der Grundfrequenz, der doppelten, dreifachen und vierfachen Frequenz. Durch Überlagerung der Schwingungen ergibt sich eine Gesamtschwingung der dargestellten Form.

In der Abbildung ist nur ein einfaches Beispiel gewählt. Musikalische Töne sind gewöhnlich aus sehr viel mehr Teiltönen zusammengesetzt, so dass auch der fünfte, sechste, siebte usw. Teilton mitklingt, also eine ganze Reihe von Teiltönen, deren Frequenz jeweils ein ganzzahlig Vielfaches der Grundfrequenz ist. Die einzelnen Teiltöne können dabei mehr oder weniger stark bzw. laut mitschwingen, so dass sich verschiedene Schwingungsformen ergeben, die wir als besondere Klangfarbe an den Tönen wahrnehmen. Mit Hilfe der Fourier-Analyse kann man feststellen, wie stark die einzelnen Teiltöne im Klang eines Tons enthalten sind. Man erhält so das charakteristische Klangspektrum eines Tons, worin dargestellt ist, bei welcher Frequenz eine Schwingung stattfindet und in welcher Lautstärke.

---

[1] Um Verwechslungen vorzubeugen, sei auf gewisse Unterschiede in der physikalischen und musikalischen Terminologie hingewiesen: Was dem Physiker ein *Klang* ist, gilt dem Musiker als *Ton*. Der *Ton* in der Physik ist in der Musik ein *Teilton* (auch Partialton oder Oberton). Die physikalische Definition einer *harmonischen Schwingung* hat mit Harmonie im *ästhetischen* Sinn nichts zu tun: *„Unter einer harmonischen Schwingung versteht man eine Schwingung, bei der die Rückstellkraft der Elongation proportional und stets zur Gleichgewichtslage gerichtet ist, für die also ein lineares Kraftgesetz gilt ... Das Weg-Zeit-Diagramm der harmonischen Schwingungen ist eine Sinuskurve.“* (Oscar Höfling, Physik, Bonn 1985, S. 197 f.).

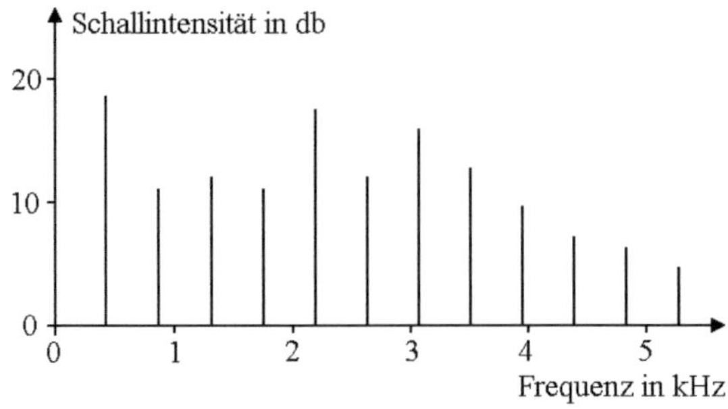

Klangspektrum eines Geigentons von 440 Hz

Der Klang eines Tons ergibt sich aus seiner inneren Zusammensetzung. Dass ein Ton immer Klangcharakter hat, ist einerseits ziemlich natürlich, da mechanische Schwingungen schon aus physikalischen Gründen ein mehr oder weniger ausgeprägtes Klangspektrum besitzen. Der *Reichtum* der musikalischen Töne an Teiltönen ist andererseits schon weniger natürlich, denn er ist das Ergebnis eines ausgeklügelten Instrumentenbaus. Die Klangfülle der Töne wird durch verschiedenste Techniken zuwege gebracht: durch die Positionierung des Geigenbogens beim Streichen über die Saite, durch Resonanzkörper, durch Koppelung von Orgelregistern usw. Der Klang wird in der Musik eben um seiner selbst willen kultiviert, er ist zum Objekt des Genusses ausgestaltet.

Die Beschaffenheit der Töne, durch die sie zum Harmonieren prädestiniert sind, lässt sich also so zusammenfassen: Es handelt sich um *klangvolle* Töne, insofern sie aus einer ganzen Reihe von Teiltönen zusammengesetzt sind. Auf die Besonderheit der Klangfarbe kommt es bei der Harmonie offensichtlich nicht an. Man kann den klangvollen Ton daher schematisch darstellen, indem man von der Schallintensität der einzelnen Teiltöne abstrahiert:

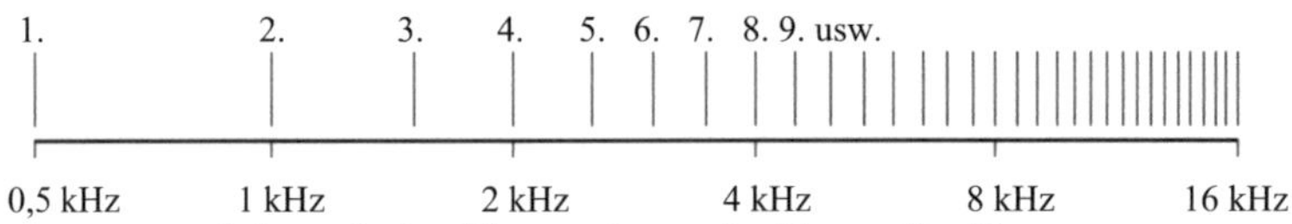

Schematisches Klangspektrum des klangvollen Tons

In dieser Darstellung sind die Frequenzen logarithmisch skaliert. Dies hat den Vorteil, dass gleiche Frequenzverhältnisse als gleiche Abstände erscheinen, wie es der Vorstellung der Musiker am nächsten kommt, die diese Sichtweise von der Notenschrift, der Tastatur des Klaviers usw. gewohnt sind.

Vergleicht man die Klangspektren zweier Töne, deren Frequenzen sich wie 3:2 verhalten, so kann man feststellen, dass jeder zweite Teilton des oberen Tons in der gleichen Frequenz schwingt wie jeder dritte Teilton des unteren Tons.

3:2

Konsonanzschema der Quinte

Die beiden klangvollen Töne haben also zusammenfallende Teiltöne. Im Zusammenklang der Töne überlagern sich die Schwingungen der gemeinsamen Teiltöne jeweils zu *einer* Teilschwingung, bei der auch die Fourier-Analyse nicht angeben kann, welchem Ton welcher Anteil an der Schallintensität eines Teiltons angehört. Nur in der schematischen Trennung der Töne wird der unterschiedliche Ursprung des betreffenden Teiltons verdeutlicht.

Nun zeigt sich, inwiefern die beiden Töne einer Quinte harmonieren: Sie passen als klangvolle Töne zusammen aufgrund einer Übereinstimmung ihrer Klangteile. Dieser Effekt soll *einfache Konsonanz* heißen.[1]

Das Harmonieren klangvoller Töne ist dabei, wie gesagt, unabhängig von der besonderen Klangfarbe der Töne. Im Klangspektrum von Tönen können daher einzelne Teilschwingungen völlig fehlen, ohne dass dies den Effekt der Konsonanz schmälert. Dies gilt zum Beispiel für die Klarinette, die keine geradzahligen Teiltöne im Klangspektrum ihrer Töne hat. Die Koinzidenz von Teiltönen schließt auch den Fall ein, dass die Teilschwingung eines Tons auf einer Frequenz liegt, die bloß ein Vielfaches der Grundfrequenz eines andern Tones ist. Dass diesem andern Ton an der betreffenden Stelle ein Teilton fehlt, ist für das Ohr kein Grund, die prinzipielle Zuordnung von Schwingungen zu einer Grundschwingung zu ignorieren. Die gehörte Schwingung hat daher Teiltoncharakter für beide Töne auch dann, wenn sie von ihrer Entstehung her gesehen nur einem der beiden Töne angehört. Einfache Konsonanz ist also genau genommen die Harmonie von Zusammenklängen, in denen Schwingungen vorkommen, die für die zusammenklingenden Töne gleichermaßen Teiltoncharakter haben.

Dass Teiltöne unter Umständen subjektiv wahrgenommen werden können, obwohl sie objektiv nicht vorhanden sind; dass bei entsprechender Eingewöhnung der Ohren auch Verhältnisse zwischen Sinustönen – selbst bei gesonderter Darbietung in Kopfhörern – für Konsonanz gehalten werden können; dies alles widerlegt nicht den Begriff der Konsonanz, sondern belegt allenfalls die Anfälligkeit der Wahrnehmung für Täuschungen, die unter Mitwirkung anderer Geistes-

[1] Noch am deutlichsten formuliert diesen Gedanken Husmann: *„Da für die Konsonanz somit das Zusammenfallen gemeinsamer Obertöne verantwortlich wäre, hat der Verfasser seine Theorie als* Koinzidenztheorie *der Konsonanz bezeichnet ... Es ist die größere Harmonie des sich über den Grundtönen erhebenden Obertonaufbaus der Intervalle mit einfachen Schwingungsverhältnissen, die sie als konsonant erscheinen lässt ...“* (Heinrich Husmann, Einführung in die Musikwissenschaft, Heidelberg 1958, S. 134 f.).

kräfte wie Gedächtnis, Vorstellungskraft, Verstand und Interesse zustande kommen können.[1]

Vergleicht man die Schemata verschiedener Konsonanzen, so kann man feststellen, dass das Ausmaß der Koinzidenz der Teiltöne durch das Verhältnis der Gesamtschwingungen der Töne ausgedrückt werden kann: Bei der Quinte entspricht das Schwingungsverhältnis 3:2 einer Harmonie, bei der jeder *zweite* Teilton des einen Tons mit jedem *dritten* des andern zusammenfällt. Das Frequenzverhältnis der großen Terz (5:4) korrespondiert mit einer Harmonie, bei der jeder *fünfte* Teilton des einen Tons mit jedem *vierten* des andern zusammenfällt.

Konsonanzschema der großen Terz

Die auffallenden Zahlenverhältnisse, die für harmonische Zusammenklänge charakteristisch sind und die sich demgemäß an den Längenproportionen schwingender Saiten oder Luftsäulen ablesen lassen, haben also ihren Grund im Klangaufbau der Töne. Die Proportionen, die in den *äußeren* Verhältnissen der Töne beobachtet werden können, sind die notwendige Erscheinung eines *inneren* Verhältnisses, das die klangvollen Töne aufgrund ihrer inneren Struktur haben. Nicht in den *Zahlenverhältnissen* liegt das Wesen der Harmonie, sondern im *Zusammenpassen* der Töne auf Basis ihres Klangcharakters.

Der Unterschied im Maß des Harmonierens, der an den Konsonanzschemata abgelesen werden kann, wird beim akustischen Vergleich der Tonverhältnisse intuitiv empfunden. Da die stärkere oder schwächere Harmonie der zusammenklingenden Töne mit der Proportion ihrer Frequenzen zusammenhängt, die leicht zu ermitteln ist, entsteht der Anschein, als ob die Frequenzverhältnisse selbst einen harmonischen Charakter hätten. Die theoretische Vertiefung dieser Verwechslung landet denn auch konsequent bei der Zahlenmystik, die sich dem Glauben widmet, die einem Zusammenklang immanente Harmonie der Töne sei eine Eigenschaft der zugehörigen äußeren Zahlenproportionen.

In der Harmonie eines Dur- oder Mollklangs fasst sich die Konsonanz von Quinte und Terzen zusammen:

[1] Husmann lässt sich durch solche Experimente theoretisch verwirren und konzediert Konsonanz im Verhältnis von bloßen Sinusschwingungen: *„Da bei den binauralen Versuchen neben den Obertönen nur noch die Primärtöne selbst vorhanden sind, läßt sich die Annahme nicht ausschließen, daß die Konsonanz auch schon in den Primärtönen allein begründet sei ...“* (Ebenda, S. 135) Näheres zu Husmanns Theorie der Konsonanz in: Franz Sauter, Die Musikwissenschaft in Forschung und Lehre – Kritik einer bürgerlichen Wissenschaft, Norderstedt 2010, 3. Kapitel)

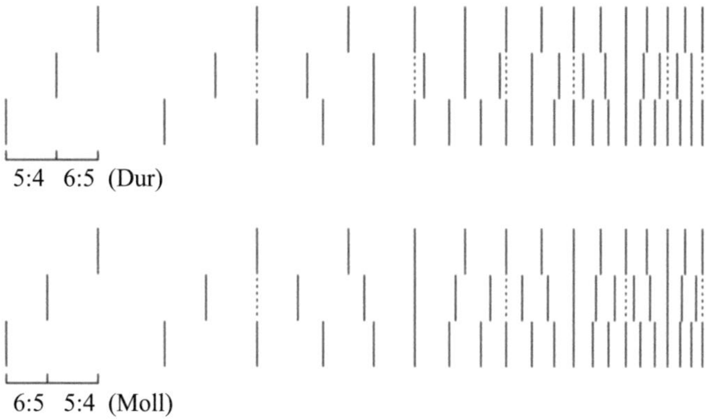

Konsonanzschema von Dur- und Mollklang

Die bloße Zusammenfassung der Konsonanzen im Dreiklang verstärkt den Effekt der einfachen Konsonanz. Denn der Zusammenklang von zwei Konsonanzen schließt automatisch eine dritte Konsonanz ein, deren Harmonie somit als Gratisgabe hinzukommt. Dies gilt für Dur und Moll gleichermaßen. Die schematische Darstellung ihrer Konsonanz zeigt allerdings auch einen spezifischen Unterschied in der harmonischen Struktur von Dur und Moll.

Beim Durklang erstrecken sich die Koinzidenzen von Teilschwingungen über mehr Frequenzen als beim Mollklang. Dies liegt zum einen daran, dass diese Koinzidenzen beim Durklang breiter gestreut sind, während sie beim Mollklang mehr auf Frequenzen konzentriert sind, an denen alle drei Töne gemeinsame Teilschwingungen haben. Zum andern gibt es im Durklang insgesamt mehr Übereinstimmung. Innerhalb der oben dargestellten Bandbreite hat der Durklang zwölf mal gemeinsame Teilschwingungen, wo der Mollklang nur zehn solche Koinzidenzen aufweist. Dieser harmonische Unterschied ist die Grundlage dafür, dass Musiker Dur und Moll intuitiv vom Klang her unterscheiden können. Auch die größere Konsonanz des Durklangs wird beim akustischen Vergleich bemerkt.

Der konsonante Dreiklang perfektioniert das Prinzip der Harmonie, die in seinen Komponenten, den konsonanten Zweiklängen, enthalten ist. Für Quinte und Terzen folgt daraus, dass ihre eigentliche harmonische Potenz in ihrer Bestimmung als untergeordnete Momente in der Harmonie des konsonanten Dreiklangs zur Geltung kommt. Ihre harmonische Rolle in der tonalen Musik ist ganz entsprechend: Die Quinte ist ein Klang, der nur in den Klangverhältnissen von Dur und Moll Bestand hat. Sie ist in der einen oder anderen Weise durch Terzen unterteilt. Ebenso sind große und kleine Terzen keine selbständigen Harmonien, sondern jeweils Bestandteil entweder eines Dur- oder eines Mollklangs.

b) Zusammengesetzte Konsonanz

Der Musiker unterscheidet die Grundform eines Dur- oder Mollklangs von den übrigen Formen, bei denen einzelne Töne um eine oder mehrere Oktaven versetzt erklingen oder durch entsprechende Töne ergänzt sind. Diese Unterscheidung ist maßgeblich für die praktische Handhabung der Harmonien in der tonalen Musik.

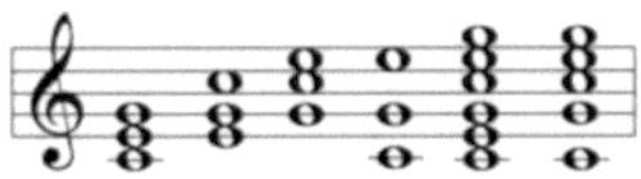

Grundform, Umkehrungen und erweiterte Formen des C-Dur-Klangs

Alle diese Klänge heißen C-Dur, obwohl sie durchaus verschieden sind: Es klingen darin Töne von unterschiedlicher Anzahl und Höhenlage zusammen. Andererseits handelt es sich hierbei nicht um eine zufällige Namensgleichheit, wie sie etwa bei Personen gegeben ist, die alle Paul heißen. Vielmehr geht es hier um eine *sachgerechte* Zusammenfassung von Klängen unter einem Sammelbegriff. Die Redeweise vom C-Dur-Klang beruht also darauf, dass aufgrund einer tatsächlichen Gemeinsamkeit dieser Klänge von deren Unterschieden abstrahiert wird. *Wovon* aber wird abstrahiert und was ist die Gemeinsamkeit all dieser Klänge?

Zunächst einmal klingen alle diese Klänge sehr ähnlich. Insofern ist die Gemeinsamkeit der Formen eines Dur- oder Mollklangs ihre Zugehörigkeit zu einer Familie von Klängen, die sich beim Anhören nur wenig unterscheiden. Diese Gemeinsamkeit, die der Musiker intuitiv erfasst, liegt jedoch auf der Ebene der unmittelbaren Erscheinung und begründet noch keine begriffliche Abstraktion, die gegenüber Irrtümern und Wahrnehmungstäuschungen Bestand haben kann. In der Biologie zum Beispiel ist die äußerliche Ähnlichkeit von Tierarten zwar Ausgangspunkt einer ersten Klassifikation, aber nicht auch schon der Weisheit letzter Schluss. So sind Wale allem Anschein zum Trotz keine Fische, sondern Säugetiere.

Wenn Musiker einen Dur- oder Mollklang unabhängig von seiner besonderen Erscheinungsform identifizieren, so abstrahieren sie von einem Unterschied, der in der Tat nur eine harmonische Nuance darstellt. Es handelt sich um jenen Unterschied, der sich bemerkbar macht, wenn man in einem Zusammenklang einen Ton durch einen anderen ersetzt oder ergänzt, der eine oder mehrere Oktaven höher oder tiefer liegt. Das Klangverhältnis der Oktave stiftet offensichtlich von Haus aus keine wesentlichen harmonischen Unterschiede.

Konsonanzschema der Oktave

Im Zusammenklang erscheint die Oktave als Zweiklang von unübertrefflicher Konsonanz, weil der komplette Klang des oberen Tons mit dem halben Klang des unteren Tons zusammenfällt. Was sich im harmonischen Vergleich als Ähnlichkeit darstellt, ist dasselbe, was in der Wahrnehmung des Zusammenklangs als besonders starke Harmonie erscheint: die Übereinstimmung der Klänge in den Frequenzen ihrer Teiltöne. Bei der Realisierung von Dur- und Mollklängen und demgemäß in der ganzen Harmonik, die auf Dur und Moll aufgebaut ist, wird also von der Harmonie der Oktave abgesehen.

Die Vernachlässigung der Oktave in der Bestimmung von Dur- und Mollklängen ist der Sache nach allerdings keine Missachtung der Oktave, sondern ihre Berücksichtigung. Die musikalische Behandlung der Oktave entspricht ganz ihrer harmonischen Eigenart. Dass aus der Oktave nur eine unwesentliche harmonische Differenz hervorgeht, ist ja nur die andere Seite eines Superlativs der Konsonanz. Die Bedeutungslosigkeit der Oktave in der Sphäre, in der es um die harmonische Identität der Klänge geht, ist die Form, in der ihre absolut beherrschende Stellung in der Harmonik der tonalen Musik zur Geltung kommt. Insofern ist die Oktave prinzipiell eingeschlossen in der Harmonik der Dur- und Mollklänge oder, was dasselbe ist, im Wesen der Konsonanz.

Was auf die Dur- und Mollklänge insgesamt zutrifft, gilt auch für ihre Komponenten, die Terzen und Quinten. Auch diese sind abstrakt aufzufassen und ihrem harmonischen Wesen nach festzuhalten gegen ihre besonderen Erscheinungsformen:

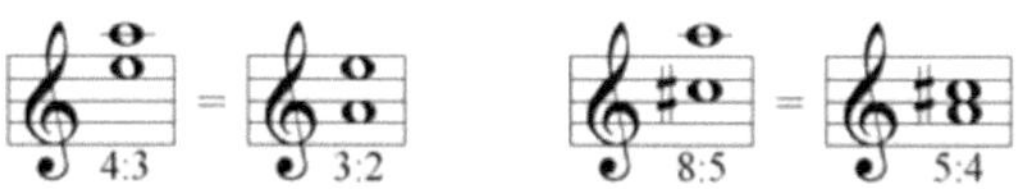

Umkehrung der Quinte und der großen Terz

Die Quarte (4:3) ist harmonisch dasselbe wie die Quinte (3:2), und die kleine Sexte (8:5) dasselbe wie die große Terz (5:4), wie bereits Rameau bemerkte.[1] Der Grund liegt offensichtlich in der Harmonie der Oktave, die das Klangbild von Quarte und Sexte bestimmt. Die Harmonie der solchermaßen abgewandelten Formen von Quinte und Terzen soll daher *zusammengesetzte Konsonanz* heißen.

---

[1] Jean-Philippe Rameau nennt insofern die Quarte in Anlehnung an einen Ausdruck von Descartes das „Schattenbild" (l'ombre) der Quinte (Traité de L' Harmonie, Paris 1722, S. 11).

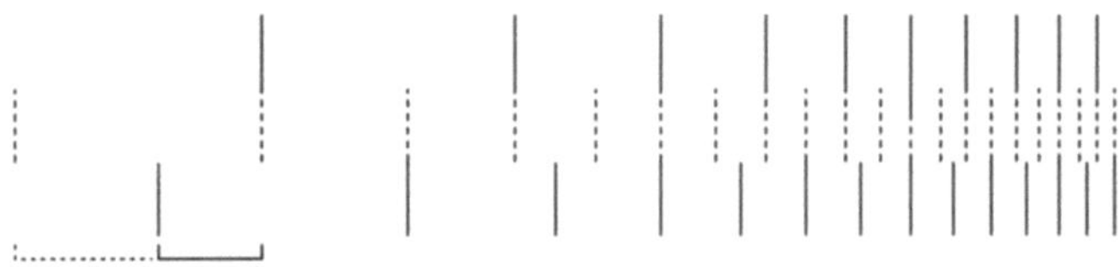

Die Quarte als zusammengesetzte Konsonanz

Die gestrichelten Linien im Konsonanzschema der Quarte kennzeichnen einen gedachten Ton, der mit dem oberen Ton der Quarte eine Oktave, mit dem unteren eine Quinte bildet. Sie verdeutlichen den Vermittlungsschritt zur harmonischen Konstitution der Quarte. Die Harmonie der Quarte ist nicht auf die unmittelbare Koinzidenz der Teiltöne in diesem Zusammenklang reduziert, sondern vereinigt die Harmonie von Oktave und Quinte in sich:

$$4:3 = (2:3) \cdot (2:1)$$

Die praktische Gleichsetzung der verschiedenen Formen von Dur- und Mollklängen lässt also einen Schluss zu auf die spezifische Leistung der musikalischen Wahrnehmung, Klangverhältnisse intuitiv in ihre einfachen Bestandteile zu zerlegen.

Wollte man das, was die Quarte ist und was der Musikhörer an ihr wahrnimmt, adäquat darstellen, so könnte man das Schwingungsverhältnis in der Form $2^2:3$ schreiben. Es ist dies aber auch nur eine mathematische Bebilderung der zusammengesetzten Konsonanz auf der Ebene der äußeren Frequenzverhältnisse. Auf dieser Ebene ist die Konsonanz ohnehin nicht zu fassen, und die Formel

$$3:2 = 4:3$$

erscheint als mathematischer Unsinn. Entsprechend erscheint in den Schwingungsverhältnissen der Unterschied zwischen einfacher und zusammengesetzter Konsonanz ausgelöscht. Theoretiker, welche die äußere Erscheinung der Harmonien mit ihrem Wesen verwechseln, siedeln die Quarte harmonisch zwischen Quinte und Terz an, weil sie von der mathematischen Reihe

$$2:1,\ 3:2,\ 4:3,\ 5:4,\ 6:5$$

fasziniert und geblendet sind. Werden Quinte und Quarte in einer solchen Reihe vorgestellt, dann wird der Unterschied in der Art der Konsonanz ebenso ignoriert wie die Gemeinsamkeit im abstrakten harmonischen Wesen. Es ist dann nicht verwunderlich, dass solche Theoriebildung in Schwierigkeiten kommt, wenn sie die Konsonanz zuerst als Verhältnis kleiner Zahlen missversteht, um dann herumzurätseln, ob das Verhältnis 16:5 (eine Erscheinungsform der großen Terz) nun eine Konsonanz sein kann oder nicht.[1]

Die abstrakte Identität der konsonanten Klänge reflektiert sich schließlich in den Tönen, aus denen sie bestehen:

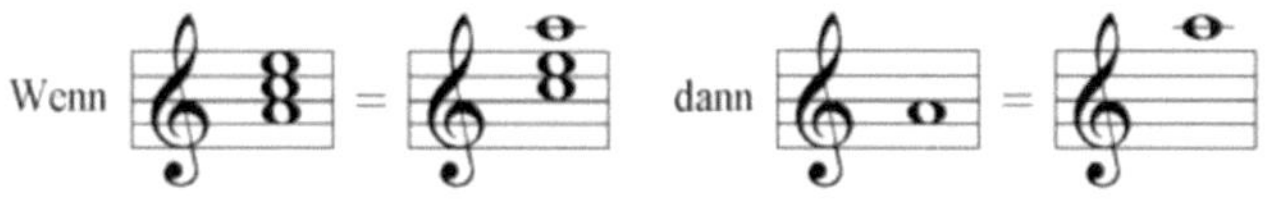

Die Töne, die im Verhältnis 2:1 erklingen, sind identisch, weil und insofern von ihrem unwesentlichen Beitrag zur harmonischen Differenzierung in allen Zusammenklängen abstrahiert ist. Neben den konkreten Ton tritt also der Ton in seiner abstrakten Bestimmung, so dass wegen dieser doppelten Bedeutung des Ausdrucks Ton gesagt werden kann, dass die Oktave ein harmonisches Verhältnis zwischen identischen Tönen ist. Es ist daher durchaus konsequent und angemessen, wenn die betreffenden Töne den gleichen Namen erhalten.[2]

Der Musiker stellt sich die Sache in der Regel umgekehrt vor: Die Identität zweier Harmonien leuchtet ihm insofern ein, als die Harmonien aus den gleichen Tönen bestehen. Und dass diese Töne gleich sind, ist ihm nicht als harmonische Abstraktion bewusst, sondern durch die Namen geläufig, unter denen ihm die Töne vorgestellt worden sind. Das funktioniert in der Praxis ganz gut. Wozu soll man sich auch den Kopf zerbrechen über die Absurdität, dass Sprachregelungen sich auf die Identität von Harmonien auswirken sollen?

Die abstrakte Bestimmung der Töne schlägt sich auch in der Kennzeichnung der Töne eines Dur- oder Mollklangs nieder: Grundton, Terz und Quinte sind un-

---

[1] *„Die Töne konsonanter Klänge stehen zueinander in einfachen Schwingungszahlproportionen. Allerdings läßt sich das Konsonanzphänomen weder mathematisch noch physikalisch eindeutig erklären."* (Meyers kleines Lexikon Musik, Mannheim 1986, S.186) Den Weg zur *musikalischen* Erklärung der Konsonanz haben sich die Theoretiker mit ihrer Vorliebe für außermusikalische Deutungsmuster verstellt.

[2] Bereits Jean-Philippe Rameau bemerkte, dass die gleiche Benennung unterschiedlicher Töne einen objektiven harmonischen Sachverhalt widerspiegelt. In Begriffen wie „Umkehrung", „Grundton" usw. prägte er die heute durchgesetzte Terminologie, die dieser Erkenntnis Rechnung trägt. Er erkannte jedoch nicht die Abstraktion, auf deren Grundlage die Rede von identischen Tönen bei der Oktave Sinn macht. Ebenso entging ihm das zugrunde liegende Harmonieren der Töne, weil er in der (bis heute) gängigen Vorstellung einer in den Zahlenverhältnissen hausenden Harmonie befangen war. Im Bemühen um eine Erklärung verfabelte er die Identität der gleichnamigen Töne in eine Eigenschaft der Proportion 2:1. *„La proportion du tout à sa moitié, ou de la moitié au tout est si naturelle, qu' elle se conçoit d' abord; ce qui doit nous prévenier en faveur de l' Octave, dont la raison est comme 1. à 2. L' Unité est le principe des nombres, & 2. En est le premier, se trouvant un grand rapport entre ces deux Epithetes,* Principe & Premier, *dont l' application est très juste. Aussi dans la pratique, l' Octave n' est distinguée que sous le nom de replique."* (Traité de L' Harmonie, Paris 1722, S. 6).

abhängig von ihrer jeweiligen Oktavlage die einzigen Komponenten dieser Klänge, die insofern nicht nur in der eingangs untersuchten Grundform, sondern auch in allen anderen Formen konsonante *Dreiklänge* im abstrakten Sinne sind. Der untere Ton eines Klanges ist daher nicht dasselbe wie sein Grundton. Dies gilt auch für die harmonischen Komponenten der Dreiklänge: Die Quarte hat den Grundton oben, ist also die auf den Kopf gestellte Quinte.

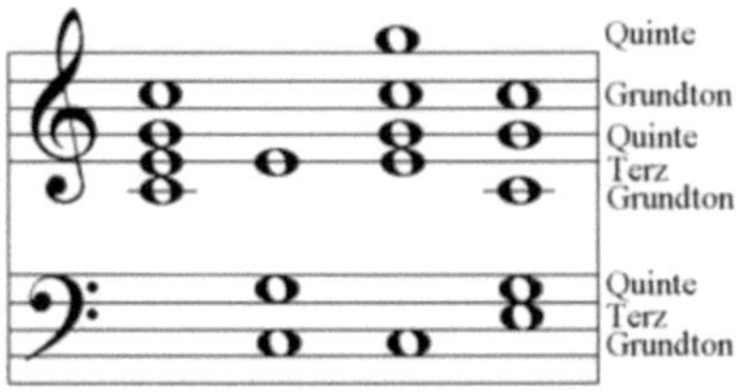

Grundton, Terz und Quinte in C-Dur-Klängen

c) Theorien über Dur und Moll

Gioseffo Zarlino hat zuerst die Auffassung vertreten, dass Dur- und Mollklänge die Elementarformen des Harmonischen seien. Er wandte sich gegen die damals übliche Behandlung der Terzen als „unvollkommener" Zusammenklänge und die dieser Behandlung zugrunde liegende pythagoreische Stimmung, welche alle Tonverhältnisse aus Quinten ableitet, so dass das Schwingungsverhältnis der großen Terz nicht den Wert

$$5:4 = 1{,}25$$

hat, sondern

$$81:64 = 1{,}265625$$

Zum Nachweis des harmonischen Charakters der Dur- und Mollklänge fehlten ihm allerdings die notwendigen Grundlagen, nämlich Kenntnisse über die innere Struktur der Töne. Eigentlich hätte er feststellen müssen, dass er das Harmonieren der Töne nicht erklären kann. Nichtsdestotrotz bemerkte er, dass konsonante Tonverhältnisse sich durch Teilung einer schwingenden Saite durch 2, 3, 4, 5 und 6 vorführen lassen. In der Tat ergeben sich dadurch die Schwingungsverhältnisse von Oktave, Quinte, Quarte und Terzen. Dies verleitete Zarlino dazu, den Zusammenhang zwischen Konsonanz und den bemerkten Zahlenverhältnissen in einer Besonderheit der Zahl sechs zu ergründen. Dazu brachte er zwei traditionelle Denkfiguren der Zahlenspekulation in Anschlag:

Erstens behauptet er eine mathematische Besonderheit der Zahl sechs, mit der er die Darlegung der ihm bekannten Zahlenarten wie Primzahlen usw. schöpferisch ergänzt: *„Vollkommene Zahlen sind diejenigen, die sich aus ihren Teilen addieren lassen ...“* [1] Um das Vollkommene besser zu verdeutlichen, sagt er, die Zahl sechs besitze *„ein gewisses Maß, bei dem nichts zuviel und nichts zuwenig ist.“* (S. 84)

Zweitens macht er auf die Rolle der Zahl sechs in vielerlei bedeutsamen Kontexten aufmerksam. Das geht in der Heiligen Schrift gleich mit der Schöpfungsgeschichte los und wird dann bald aus guten Gründen abgebrochen: *„Es würde lange dauern, alle Dinge im einzelnen zu erzählen, die mit der Zahl 6 zu einem Abschluß kommen.“* (S. 85)

Die Bemühung, bestimmte Tonverhältnisse als notwendige Erscheinungsformen der Konsonanz nachzuweisen, kommt auf diese Weise nie zum Wesen der Konsonanz, weil sie nicht *deren* Besonderheit thematisiert, sondern die Besonderheit einer Zahl. Als Erklärung der Dur- und Mollklänge wird deren Beglaubigung durch Gesetze angeboten, die *unabhängig* von jeglicher Musik walten, also ihre Deutung im Rahmen einer Weltanschauung.

Als 200 Jahre später die Zusammensetzung der Töne aus Teiltönen bekannt war, hätte der Ergründung der Konsonanz nichts mehr im Wege gestanden. Tatsächlich wurden Dur- und Mollklang mit den Partialtönen in Verbindung gebracht, aber als Fortsetzung des Unterfangens, die Befunde über Dur und Moll durch unabhängig von ihnen vorfindliche Erscheinungen zu beglaubigen. Die innere Struktur der Töne fungiert von nun an in der spekulativen Musiktheorie als Vorbild, als Muster der Natur, dem die Harmonie nachgebildet ist. Die Attraktivität dieses Vorbilds liegt in ihrem Charakter als unzweifelhafte und experimentell nachweisbare Naturerscheinung. Diese soll getrennt von den Harmonien, um die es geht, Harmonie verbürgen.

Sehr verbreitet ist die Interpretation des Durklangs als Nachbildung des vierten, fünften und sechsten Teiltons. Beim Mollklang wird entweder ein direktes Vorbild im Verhältnis von 10., 12. und 15. Teilton ausfindig gemacht, oder man findet nur die große und kleine Terz in der Obertonreihe vorgebildet, woraus dann Dur- und Mollklänge zusammengefügt sind, oder man erfindet eine umgekehrte „Untertonreihe“, die zwar in der Natur nicht nachweisbar ist, aber so gut zu der Vorstellung von einer *„Naturwahrheit des dualen Harmonieprinzips“* [2] passt ... Die spekulative Musikwissenschaft kann auf einen unerschöpflichen Pluralismus derartiger Theorien zurückgreifen, die sich selbst in einen Richtungsstreit zwischen Monisten und Dualisten einordnen und erst recht von einem

[1] Gioseffo Zarlino, Theorie des Tonsystems, Das erste und zweite Buch der Istituzioni harmoniche (1573), Übersetzung v. Michael Fend, Frankfurt am Main 1989, S. 79.

[2] Hugo Riemann, Handbuch der Harmonielehre, Leipzig 1918, S. 214

wissenschaftlichen Berichtswesen so eingeordnet werden, dem es eher um Übersichtlichkeit als um Klarheit geht.[1]

Die Gegensätze der Theorien über Dur und Moll sind rein weltanschaulicher Natur. Einig sind sich die Kontrahenten nämlich im ideologischen Ausgangspunkt der Debatte: Sie bemerken an der Harmonie nicht das Werk ästhetisch interessierter Subjekte und ihres auf Klanggenuss erpichten Materialismus, sondern unterstellen das Walten eines in der Natur vorgegebenen höheren Prinzips, nach dem die Welt im wahrsten Sinne des Wortes *konstruiert* ist. Die beliebtesten Argumente sind daher Bekenntnisse zum jeweils eigenen Weltbild, wie zum Beispiel in der folgenden Polemik gegen den Dualismus:

„Alles Irdische sucht einen Stützpunkt ... Wenn nun aber die Natur nur nach oben hin baut und wachsen läßt, niemals aber auch „symmetrisch-gegensätzlich" nach unten hin, so ist der zum Beweis angeführte „Naturwille" nicht vorhanden und der Beweis hinfällig."[2]

[1] *„Dur und Moll sind demnach einer Wurzel entsprungen ... Dieses System heißt „Monismus" ... Riemanns Dur- und Mollklang entspringt verschiedenen Wurzeln ... Dies ist das System des Dualismus."* (Hermann Grabner, Allgemeine Musiklehre, Kassel 1974, S. 155)

[2] Josef Achtélik, Der Naturklang als Wurzel aller Harmonien, II. Teil, Leipzig 1922, S. 104

2. Tonalität

a) Kadenz

Dur- und Mollklänge, die fertigen Gestalten der Konsonanz, treten ihrerseits in harmonische Verhältnisse: als Dreiklänge, die im Quintverhältnis zueinander stehen, bilden sie die Elemente der Tonalität. Diese Art von Harmonie drückt sich zunächst in einer Abfolge von konsonanten Dreiklängen aus, die Kadenz heißt.[1]

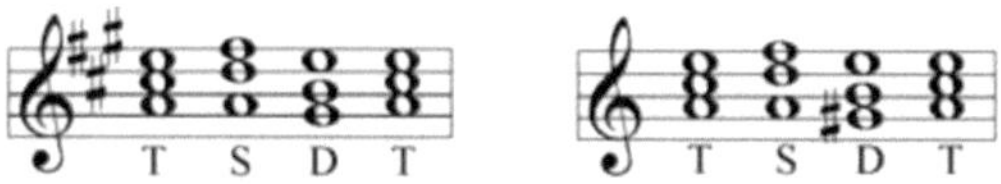

Kadenzen in A-Dur und a-Moll

Jean-Philippe Rameau hat für die Klänge in einer solchen Konstellation die Begriffe Tonika, Dominante und Subdominante geprägt. In den obigen Beispielen hat die Tonika (T) den Grundton a, die Dominante (D) den um eine Quinte höheren Grundton e, und die Subdominante (S) den Grundton d, der eine Quinte unter dem tonischen Grundton liegt. Das Wesen der Kadenz liegt jedoch nicht im Verhältnis der Grundtöne, sondern in der Harmonie zwischen den kompletten Dreiklängen.

Für sich genommen sind diese Dreiklänge nur die bereits im ersten Kapitel untersuchten – einfachen oder zusammengesetzten – Konsonanzen, die im unmittelbaren Harmonieren der Töne ihre Grundlage haben, die aber eben deswegen abstrakt bestimmt sind, also unabhängig von der Form des Dreiklangs und von der Oktavlage der Töne. Die Konsonanzform als solche ist aber gerade *nicht* das, was Tonika, Dominante und Subdominante ausmacht, denn diese haben ihre Bestimmung nur durch ihr wechselseitiges Verhältnis zueinander, wie dies ja auch bei Grundton, Terz und Quinte im Dur- oder Mollklang der Fall ist.[2]

Mit der Harmonie *zwischen* den Dreiklängen verhält es sich ebenso wie mit derjenigen *innerhalb* der Dreiklänge: Sie liegt nicht in dem Frequenzverhältnis 3:2, sondern in der Konsonanz, die in einem solchen Schwingungsverhältnis in Erscheinung tritt. Abgesehen von der Oktave, die ja kein Verhältnis zwischen *verschiedenen* Klängen begründen kann, ist die Quinte das *stärkste* harmonische

---

[1] *„Die Kadenz ist der vollkommenste Ausdruck der Tonalität."* (Hermann Grabner, Allgemeine Musiklehre, Kassel 1974, S. 109)

[2] *„Jeder der Akkorde ist das, was er ist, Tonika, Dominante und Subdominante, in Relation zu den anderen, und das Resultat der Wechselwirkung ist die Kadenz, das Modell tonaler Harmonik."* (Carl Dahlhaus, Untersuchungen über die Entstehung der harmonischen Tonalität, Kassel 1968, S. 33)

Verhältnis, das zwischen Dur- und Mollklängen bestehen kann. Übrigens notwendigerweise auch das *einzige*, wie sich bei näherer Betrachtung noch zeigen wird. Die Tonalität ist also, wenn man so will, ein konsonantes Verhältnis zwischen Konsonanzen. Allerdings hat sich dieses konsonante Verhältnis damit zu einer neuen Form von Harmonie gemausert: von einem Verhältnis zwischen *Tönen* ist es zu einem Verhältnis zwischen *Dreiklängen* geworden, und genau dies ist das Wesen des *tonalen* Verhältnisses.

Jeder konsonante Dreiklang kann dieses harmonische Verhältnis nach zwei Seiten hin haben, nach oben und nach unten. Tritt er in dieser doppelten Beziehung in Erscheinung, so ist er eine Tonika. Die doppelseitig angelegte Harmonie der Tonika bedingt an ihren Gegenpolen eine einseitige Beziehung von Dominante und Subdominante auf die Tonika, auf ihr gemeinsames harmonisches Zentrum. Die Gegenklänge haben aber darüber hinaus ein spezielles Verhältnis zueinander, das sich aus ihrer Beziehung zur Tonika ergibt:

$$9:4 = (3:2)^2$$

In diesem Verhältnis, das zwei Quinten umspannt, drückt sich eine Harmonie aus, die durch die Tonika vermittelt ist. Im Verhältnis von Dominante und Subdominante ist die Tonika somit *indirekt* enthalten.

Dass der Klang, mit dem die Kadenz beginnt, eine *Tonika* ist, zeigt sich dem Hörer erst im Nachhinein. Denn die Verhältnisse, in denen sich die Tonika als solche zeigt, können mit dem ersten Klang noch nicht aufgetreten sein. Erst wenn Dominante und Subdominante erklungen sind, existieren die tonalen Verhältnisse und damit Tonika und Dominanten für die Wahrnehmung. *Danach* erscheint die Tonika während ihres Erklingens unmittelbar als das, was sie harmonisch ist. Für die Wahrnehmung wirkt sie nach der Konfrontation der Dominanten als Einlösung der darin indirekt enthaltenen Harmonie, als harmonische *Auflösung* der Spannung, die im Verhältnis der Dominanten liegt. Oder anders ausgedrückt: Das Wesen der Auflösung in die Tonika liegt darin, dass die harmonische Spannung zwischen den Gegenklängen durch denjenigen Klang aufgehoben wird, durch dessen Vermittlung sie überhaupt nur existiert.

Die Bewegung, in der die Dominanten einander entgegentreten und sich in die Tonika auflösen, vollzieht sich in zweierlei Formen:

authentische und plagale Kadenz

Bei der plagalen Kadenz verwandelt sich die subdominantische Quinte im Akt der Auflösung in den tonischen Grundton. Diese Verwandlung vollbringt dieser Ton nicht von sich aus, sondern als Folge des Auftretens von Terz und Quinte der Tonika. In der authentischen Auflösung tritt dagegen der tonische Grundton als derjenige Ton auf, mit dem sich die Tonika gegen die Dominante absetzt.

Die beiden Formen der Kadenz sind Formen, in denen sich die Tonalität realisiert. Diese Tonalität ist nichts anderes als die harmonische Beziehung, die zwischen Dreiklängen besteht und die sich in der Bestimmung dieser Klänge als Tonika, Dominante und Subdominante niederschlägt. Eine ganz andere Auffassung von der Tonalität hat durch die *„Lehre von den tonalen Funktionen der Harmonie“* [1] von Hugo Riemann Verbreitung gefunden. Riemann bestimmt Tonalität unter Berufung auf Fétis, der diesen Terminus geprägt hat, als

„Beziehung einer Melodie, einer Harmoniefolge, ja eines ganzen Tonstückes auf einen Hauptklang als das Centrum, durch die Stellung, zu welchem alle übrigen Harmonien ihren speciellen Sinn, ihre Bedeutung für die harmonische Logik, die Kadenzbildung usw. erhalten.“ [2]

Zunächst einmal verwandelt Riemann in seiner Theorie die *harmonischen* Beziehungen zwischen konsonanten Dreiklängen in Beziehungen, die etwas mit *Sinn und Bedeutung* zu tun haben. Es geht ihm nämlich darum,

„die Gesetze aufzuweisen, nach denen unser Geist die Bedeutung der Töne in der Melodiefolge wie im Zusammenklange mit anderen auffasst.“ [3]

Was das Musikhören und den Musikgenuss betrifft, so verwechselt er – wie viele andere auch – die Leistungen der *Wahrnehmung* mit denjenigen des *Verstandes*. *Ästhetische* Verhältnisse erscheinen ihm daher als *logische*, insofern sie angeblich ein Verständnis ermöglichen. Logische Zusammenhänge wiederum erschließen sich für Riemann, indem er die Beziehungen zwischen Dominanten und Tonika ihres harmonischen Charakters entkleidet und ihnen einen für Bedeutungen charakteristischen Repräsentationszusammenhang überstülpt: Alle Klänge außer der Tonika sind demnach nicht sie selbst, sondern recht eigentlich *Vertreter* der Tonika. Als solche werden sie angeblich *subjektiv* aufgefasst, dies aber – streng idealistisch – mit *objektiven* harmonischen Konsequenzen:

„Erst der in seiner Beziehung zu andern vorgestellte, d.h. seinem logischen Zusammenhange nach verstandene Accord ist Konsonanz oder Dissonanz.“ [4]

Riemann ist weit davon entfernt, Konsonanz und Tonalität als Formen des Harmonierens voneinander zu unterscheiden. Er fasst das Harmonische nur in der Unterscheidung von Konsonanz und Dissonanz, und das ist für ihn der Unterschied von „aus sich selbst heraus verständlich“ und „im Verhältnis zur Tonika begreiflich“. Seine ganze Funktionenlehre ist ein programmatisch durchgezogenes Verfahren, jegliche Harmonie „im Sinne“ eines Klanges zu deuten, der diese Harmonie *nicht* ist:

„Wenn eine Harmonie erst ihren vollen ästhetischen Wert durch Beziehung auf eine Tonika erhält, ... so wird ja doch jeder Klang, der nicht selbst Tonika ist, eigentlich nicht als er selbst, sondern vielmehr im Sinne desjenigen Klanges ge-

[1] Hugo Riemann, Handbuch der Harmonielehre, Leipzig 1918, S. 214

[2] Riemann, Handbuch, S. 214

[3] Riemann, Handbuch, S. 1

[4] Riemann, Handbuch, S. 139

hört, welcher Tonika ist, das heißt: eigentlich ist nur der tonische Akkord selbst absolute Konsonanz.“ [1] Oder an anderer Stelle: *„Für die Tonika ist charakteristisch ihre vollständige Konsonanz, ihre Schlußfähigkeit; da alle anderen Harmonien in ihrem Sinne verstanden werden, ist eigentlich keine von jenen, sondern nur sie selbst für sich befriedigend (absolut konsonant).“* [2]

Die Konstruktion, wonach das Wesen der Tonika gewissermaßen darin liegt, sich selbst zu bedeuten, enthält keine Ahnung davon, dass Tonika und Dominante gleichermaßen Bestimmungen sind, die Konsonanzen erst durch ihr harmonisches Verhältnis zueinander erhalten. In dieser Theorie wird die Tonika umgekehrt als gegebene Voraussetzung vorgestellt, auf die sich die übrige Klangwelt nur noch beziehen muss.

b) Dissonanz

Die Kadenz ist die Form, in der Tonika, Dominante und Subdominante sich durch ihr harmonisches Verhältnis zueinander definieren, indem sie aufeinander folgen. In dieser Form erklingen die tonalen Klänge als die Konsonanzen, die den Ausgangspunkt dieses Verhältnisses bilden. Die harmonischen Verhältnisse zwischen den tonalen Grundklängen können aber auch als Zusammenklang auftreten. Dieser Zusammenklang ist dann allerdings keine Konsonanz.

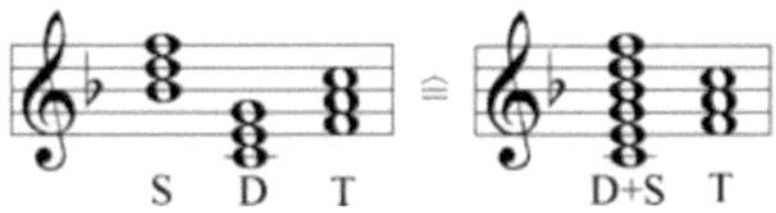

Vergleich zwischen Kadenz und Dissonanz

In den obigen beiden Klangfolgen werden jeweils Subdominante und Dominante einander gegenübergestellt und in die Tonika aufgelöst. Die harmonische Sache ist die gleiche. Nur die Form ist verschieden. Auf der rechten Seite erscheint die Konfrontation der Dominanten in einem Zusammenklang und daher als Dissonanz. Die Auflösung der Entgegensetzung von Dominante und Subdominante nimmt daher die Form der Auflösung einer Dissonanz an.

Die Dissonanz unterscheidet sich also dadurch von der Konsonanz, dass sie ein tonales Verhältnis in sich enthält. Sie ist kein Zusammenklang von unmittelbar harmonierenden Tönen, sondern von Tönen, die als Bestandteile der tonalen Dreiklänge harmonieren. Dabei müssen nicht immer alle Bestandteile eines Dreiklangs in einer Dissonanz vorkommen. Die Dissonanz kann beliebige Einzelteile von Tonika, Dominante und Subdominante in sich vereinigen, so dass es eine

[1] Riemann, Handbuch, S. 140

[2] Hugo Riemann, Allgemeine Musiklehre, Berlin 1918, S. 76 f.

ganze Reihe von Dissonanzen gibt, die man je nach Zusammensetzung in verschiedene Gruppen einteilen kann.

Um die harmonische Analyse der Dissonanzen zu vereinfachen, sollen im folgenden Grundton, Terz und Quinte als Striche hinter den Kürzeln von Tonika, Dominante und Subdominante notiert werden. Die Striche symbolisieren die Lage der Töne in der Grundform des Dreiklangs: Der Grundton wird in dieser harmonischen Formel unten notiert, die Quinte oben. Beispiele in F-Dur:

Dissonanzen aus Dominante und Subdominante

Soweit der Schwerpunkt einer Dissonanz auf der Subdominante liegt, wird die Auflösung in die Tonika auch gerne über die Dominante vermittelt, um eine authentische Bewegung zu erzielen:

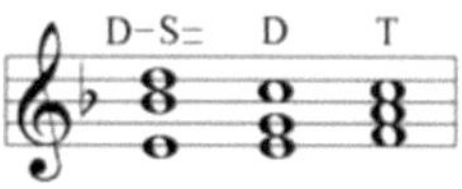

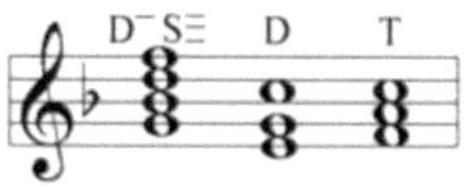

Authentische Auflösung subdominantischer Dissonanzen

Ein zweiter Typ von Dissonanzen besteht aus Tonika, Dominante und Subdominante. Innerhalb einer solchen Dissonanz hat die Tonika natürlich nicht den Charakter einer Auflösung. Als Auflösung erscheint die Tonika nur, wo sie für sich erklingt, also in der Gestalt der Konsonanz.

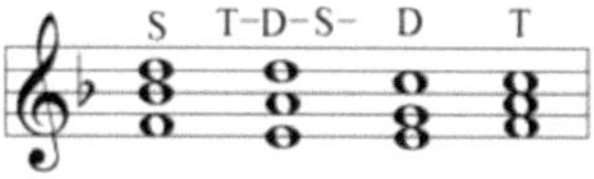

Dissonanz aus Tonika, Dominante und Subdominante

Die obige Dissonanz aus den Terzen der tonalen Dreiklänge enthält die Tonika nicht nur ideell im Verhältnis der Dominanten, sondern sehr reell. Dieses Hinzukommen der Tonika hat jedoch nichts, was die Dissonanz entschärft, sondern bringt die Auflösungsbedürftigkeit in die für sich erklingende Tonika nur noch krasser zum Ausdruck. Die Auflösung selbst erhält dadurch eine doppelte Bestimmung: Sie ist erstens Auflösung des Gegensatzes der Dominanten und zweitens Herauslösung der Tonika aus dem Zusammenklang mit den Dominanten.

Eine Dissonanz aus Tonika, Dominante und Subdominante muss immer die tonische Terz enthalten. Denn Grundton und Quinte der Tonika sind zugleich Töne der Dominante bzw. Subdominante und werden auch ausschließlich als solche wahrgenommen, wenn die tonische Terz fehlt. Es besteht dann kein Anlass, eine Dissonanz aus drei tonalen Klängen zu unterstellen.

Die mildeste Form der Dissonanz ist der Zusammenklang der Tonika mit nur einer ihrer Dominanten.

Dissonanz aus Tonika und Dominante in verschiedener Harmonienfolge

Diese Form der Dissonanz enthält nicht den Gegensatz der Dominanten, sondern nur den Zusammenklang eines unmittelbar konsonanten Verhältnisses von Konsonanzen. Infolgedessen erscheint die Auflösung des Gegensatzes der Dominanten, in den die Dissonanz nur eingebettet ist, nicht als *ihre* Auflösung, und die Auflösung der *Dissonanz* ist reduziert auf die Herauslösung der für sich klingenden Tonika, gegebenenfalls vermittelt über die Dominante.

Hier noch weitere Beispiele dieses dritten Typs von Dissonanzen:

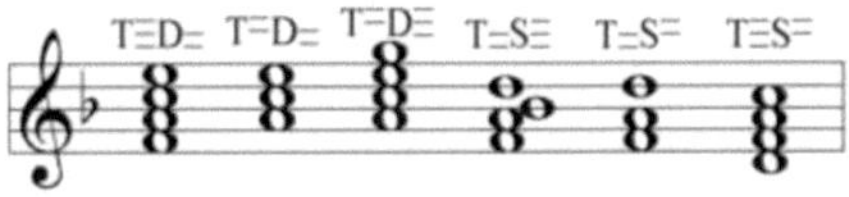

Dissonanzen aus Tonika und Dominante bzw. Subdominante

Der Charakter einer Dissonanz hängt von ihrer Zusammensetzung aus tonischen, dominantischen oder subdominantischen Komponenten ab. Dass die Tonika je einen Ton mit je einer Dominante gemeinsam hat, bedeutet allerdings nicht in jedem Fall, dass der betreffende Ton gleichermaßen Vertreter von zwei tonalen Dreiklängen ist. Die bloße Tonika ist und bleibt eine Konsonanz und enthält wegen der gemeinsamen Töne mit den Dominanten noch lange keinen dominantischen Ton. Dass ein Ton in einem Klang sowohl tonischen als auch dominantischen Charakter hat, ist eine *Wirkung* der Dissonanz, aber nie ihre *Ursache.*

Das Ohr hört eine Konsonanz, wenn keine Töne hinzutreten, die einen Hinweis auf eine Dissonanz geben. Es hört eine *milde* Dissonanz, wenn es keinen Anlass hat, eine *krasse* Dissonanz zu hören. Es hört zum Beispiel nie eine Dissonanz mit der Formel $D^{=}S^{-}$, sondern statt dessen die mildere Dissonanz $T^{=}D^{=}$, die aus den gleichen Tönen besteht, welche die erste Formel unterstellt. Und um der Wahrnehmung einen Zusammenklang aus allen drei tonalen Klängen nahe zu bringen, ist die Präsenz der tonischen Terz unerlässlich. Die musikalische Wahrnehmung mag harmonisch inspiriert sein, aber sie ist nicht spekulativ, sondern hält sich an das, was harmonisch geboten wird.

Die harmonische Formel der Dissonanz veranschaulicht den jeweiligen Charakter eines solchen Klangs: seine Zusammensetzung aus Komponenten der Tonika, Dominante und Subdominante. Sie bringt damit überhaupt das Wesen der Dissonanz als tonale Klangform auf den Begriff. Anders verhält es sich mit den Formeln, welche die Klangverhältnisse fixieren, in denen die Dissonanz *erscheint.*

Jede Dissonanz enthält Verhältnisse zwischen Tönen, die verschiedenen tonalen Dreiklängen angehören. In der Form des dissonanten Zweiklangs hat ein solches Tonverhältnis sogar eine selbständige Gestalt. Die zugehörigen Schwingungsverhältnisse errechnen sich jeweils als Produkt aus mehreren konsonanten

Verhältnissen. Das Frequenzverhältnis zwischen dominantischem und subdominantischem Grundton zum Beispiel, das auch im Dominantseptakkord (D≡S_) vorkommt, ist das Verhältnis aus zwei Quinten:

$$(3:2) \cdot (3:2) = 9:4$$

Das resultierende Schwingungsverhältnis 9:4, das üblicherweise als None bezeichnet wird, ist von anderen Schwingungsverhältnissen nur *quantitativ* zu unterscheiden. *Qualitativ* ist es daher von der gleichen Art wie die Verhältnisse 6:5, 4:3 usw. In der Form des Frequenzverhältnisses verschwindet nicht nur der besondere harmonische Charakter einer Dissonanz, sondern auch überhaupt der prinzipielle Unterschied von Konsonanz und Dissonanz. Betrachtet man ein harmonisches Verhältnis nur in seiner äußerlichen Gestalt, so übersieht man das spezifisch Harmonische daran. Allerdings unterscheiden sich die Dissonanzen durchaus noch im Ausmaß, worin sich die Spuren ihrer inneren Natur in ihrem äußeren Verhältnis verlieren. Um dies zu verdeutlichen, zeigt die folgende Tabelle dissonante Zweiklänge einer Durtonart mit ihrer harmonischen Formel, die Berechnung zugehöriger Schwingungsverhältnisse aufgrund ihrer Zusammensetzung aus konsonanten Verhältnissen, sowie die üblichen Namen für diese Verhältnisse:

Formel	**Integrierte Konsonanzen**	**Verhältnis**	**Quotient**	**Bezeichnung**
D_S_	$(3:2) \cdot (3:2)$	9:4	2,2500	None
D-S-	$(3:2) \cdot (3:2)$	9:4	2,2500	None
D¯S¯	$(3:2) \cdot (3:2)$	9:4	2,2500	None
T_D¯	$(3:2) \cdot (3:2)$	9:4	2,2500	None
T¯S_	$(3:2) \cdot (3:2)$	9:4	2,2500	None
T¯S_	$(3:2) \cdot (3:2) \cdot (1:2)$	9:8	1,1250	große Sekunde
T¯S_	$(2:3) \cdot (2:3) \cdot (2:1)^2$	16:9	1,7777	kleine Septime
T_D-	$(3:2) \cdot (5:4)$	15:8	1,8750	große Septime
T_D-	$(2:3) \cdot (4:5) \cdot (2:1)$	16:15	1,0667	kleine Sekunde
T-D¯	$(3:2) \cdot (6:5)$	9:5	1,8000	kleine Septime
T-D¯	$(2:3) \cdot (5:6)$	10:9	1,1111	große Sekunde
D-S_	$(3:2) \cdot (3:2) \cdot (5:4) \cdot (1:2)$	45:32	1,4063	verminderte Quinte
D¯S-	$(3:2) \cdot (3:2) \cdot (6:5) \cdot (1:2)$	27:20	1,3500	Quarte
D¯S-	$(2:3) \cdot (2:3) \cdot (5:6) \cdot (2:1)^2$	40:27	1,4814	Quinte
D¯S_	$(3:2) \cdot (3:2) \cdot (3:2) \cdot (1:2)$	27:16	1,6875	große Sexte
D¯S_	$(2:3) \cdot (2:3) \cdot (2:3) \cdot (2:1)^2$	32:27	1,1852	kleine Terz
T-D-	$(6:5) \cdot (5:4)$	3:2	1,5000	reine Quinte
T-S-	$(6:5) \cdot (5:4)$	3:2	1,5000	reine Quinte

In einem Frequenzverhältnis wie der None (9:4) können sich, wie in der Tabelle zu sehen ist, durchaus *verschiedene* Dissonanzen darstellen. Schon der mathematische Ausdruck, in dem dieses Verhältnis berechnet wird und der noch die Verhältnisse der eingeschlossenen Konsonanzen wiedergibt, enthält keinen Hinweis mehr auf den tonalen Ursprung des Verhältnisses. Entsprechend ist einem Zweiklang mit diesem Schwingungsverhältnis für sich genommen keineswegs anzuhören, ob seine Komponenten Grundtöne, Terzen oder Quinten sind und ob sie tonischer oder dominantischer Natur sind. Nur im Rahmen der Klangfolgen, worin sich die Ästhetik der Tonalität entfaltet, macht sich dieser Zweiklang mit seiner besonderen harmonischen Eigenart geltend.

Das Frequenzverhältnis 9:4 ist umgekehrt nicht die einzige Form, in der sich eine Dissonanz wie D–S– darstellt. Aufgrund der aus der Harmonie der Oktave entspringenden harmonischen Identität der Töne kann dieselbe Dissonanz auch die Gestalt einer großen Sekunde (9:8), ihrer Umkehrung zur kleinen Septime (16:9) usw. annehmen. Die Vielfalt der Erscheinungsformen einer Dissonanz vermehrt die Zahlenverhältnisse, die in ihrem äußerlichen Zusammenhang nichts mehr von ihrem Ursprung erkennen lassen. Dies gilt erst recht an der Oberfläche der musikalischen Ästhetik, in der Sphäre der Tonstufen und Intervalle, in der die harmonischen Beziehungen auf Basis der zugehörigen Frequenzverhältnisse noch weitere Metamorphosen durchlaufen. Aus dieser Sphäre stammen nicht nur die oben genannten Bezeichnungen für Tonverhältnisse, sondern auch alle Vorstellungen der gängigen Musiktheorien. Zu welcher Begriffsverwirrung die melodischen Ausformungen der harmonischen Strukturen Anlass geben, wird sich noch im sechsten Kapitel zeigen.

Die Identifizierung von Dissonanzen über ihre Schwingungsverhältnisse wird weiterhin dadurch erschwert, dass in etlichen Fällen unterschiedliche Verhältnisse vom Ohr kaum auseinander gehalten werden können. Die für die akustische Unterscheidung maßgeblichen Quotienten der Verhältnisse 16:9 und 9:5 zum Beispiel liegen so nahe beisammen, dass die Tonverhältnisse auch dem Namen nach nicht unterschieden werden.

kleine Septime: 16:9 = 1,777
kleine Septime: 9:5 = 1,800

Der „Unterschied“ zwischen den Verhältnissen 16:9 und 9:5 heißt syntonisches Komma, dessen Frequenzverhältnis sich folgendermaßen errechnet:

syntonisches Komma: (9:5) : (16:9) = 81:80

Das syntonische Komma wird nicht mehr als Tonverhältnis wahrgenommen, sondern als Nuance in der Stimmung eines Tons. Auf dieser Grundlage kann selbst ein geübter Hörer den Unterschied zwischen den Verhältnissen 16:9 und 9:5 auch bei größter Konzentration allenfalls im direkten Vergleich herausfinden. Was aber in diesem Zusammenhang noch schwerer wiegt, ist der Umstand, dass der harmonische Charakter eines Klangs von dem tonalen „Kontext“ abhängt, in dem er erklingt, und gar nicht davon, wie genau die ihm theoretisch zugehörigen Schwingungsverhältnisse intoniert werden. Umgekehrt kann der musikalische

Hörer aufgrund der tatsächlichen harmonischen Charakteristik eines Klangs, wie sie in der harmonischen Formel fixiert wird und die harmonische Wahrnehmung bestimmt, intuitiv entscheiden, ob die dargebotenen Töne sauber intoniert sind oder nicht. Der kleinen Septime ist daher für sich genommen nicht anzumerken, ob sie aus zwei Quinten gebildet ist oder aus Quinte und kleiner Terz, geschweige denn, aus welcher harmonischen Konstellation sie stammt, die sich aus solchen Konsonanzen zusammensetzt. Allenfalls ist der kleinen Septime anzuhören, dass sie überhaupt eine Dissonanz ist – aber auch dies nur in dem ganz abstrakten und negativen Sinn, dass sie eben keine Konsonanz sein kann.

Aber selbst diese abstrakte Form, als Dissonanz in Erscheinung zu treten, kommt nicht allen Dissonanzen zu. Denn auch die aus drei Quinten gebildete kleine Terz (32:27) ist nur durch das syntonische Komma von der konsonanten Terz (6:5) geschieden und kann daher für sich genommen als Konsonanz erscheinen.

$$32:27 = (6:5) : (81:80) \approx 6:5$$

Die dissonante kleine Terz zählt daher zu den *Scheinkonsonanzen.* Zu diesem Typus von Dissonanzen gehören zu guter Letzt auch noch Klangverhältnisse, die auch das genaueste Messgerät nicht mehr von einer Konsonanz unterscheiden kann: Die aus den konsonanten Terzen unterschiedlicher tonaler Dreiklänge gebildete Quinte (3:2) in den Dissonanzen T–D– und T–S– ist, rein äußerlich betrachtet, absolut das gleiche Verhältnis, worin auch die Konsonanz von Grundton und Quinte in einem Dur- oder Mollklang in Erscheinung tritt.

Die Schwingungsverhältnisse, in denen sich harmonische Verhältnisse darstellen, sind keineswegs das, was die Eigenart der Harmonien begründet. Schon die bloße Form des quantitativen Verhältnisses bringt jeglichen qualitativen Unterschied zum Verschwinden. Das Verhältnis 16:5 enthält größere Zahlen als das Verhältnis 9:5 oder 6:5, aber was besagt das schon über Konsonanz und Dissonanz? Und selbst der Versuch, von den puren Schwingungsverhältnissen auf die sich darin ausdrückende Harmonie zu schließen, kann wegen der vielfältigen Verwechslungsmöglichkeiten nur ausnahmsweise gelingen. Harmonien bewähren sich als das, was sie ihrem Begriff nach sind, nur in der Abfolge von Klängen, in denen sich die Entgegensetzung der Dominanten und die Auflösung in die Tonika vollzieht. Harmonien sind wesentlich Momente dieser tonalen Bewegung.

c) Theorien über Konsonanz und Dissonanz

Die vorhandene oder nicht vorhandene Auflösungsbedürftigkeit einer Harmonie gab den Musiktheoretikern den Anlass zur qualitativen Unterscheidung zwischen Dissonanz und Konsonanz. Bei der Erklärung dieses Unterschieds nahmen sie sich die Harmonien allerdings stets als Schwingungsverhältnisse vor, also in der ganz äußerlichen Erscheinungsform, worin der innere Zusammenhang und der wirkliche harmonische Unterschied in bloßen Zahlenverhältnissen verschwindet. Das Vorurteil aller diesbezüglichen Theorien besteht darin, dass die Qualitäten von Konsonanz und Dissonanz in quantitativen Verhältnissen zu suchen sein müssten. Alle diese Theorien sind auf der Suche nach einer *Grenze*, bis zu der Harmonien Konsonanzen sind und von der an sie Dissonanzen werden.

Die älteste Lösung dieses Rätsels liegt in der Identifizierung von Quantität und Qualität. Dies ist das Terrain der Zahlenmystik,[1] in dem sich auch Zarlino tummelte. Man sieht jetzt auch, wie jener auf die bereits erwähnte Erklärung der Konsonanz aus der Zahl Sechs gekommen ist: Diese Zahl sollte die natürliche Eigenschaft haben, für die Konsonanz noch nicht zu groß zu sein. Spätere Theoretiker haben versucht, die Qualität des Harmonischen auf Umwegen mit der Quantität zusammenzuschließen, also die ominöse Grenze zwischen Konsonanz und Dissonanz durch eine genauere Untersuchung der Klangverhältnisse herauszufinden. Ein paar Beispiele mögen die Logik dieses Verfahrens erläutern: die Theorien von Helmholtz, Stumpf und Husmann.

Helmholtz verwandelt zunächst einmal den Gegensatz, den er erklären will, in einen von Wohlklang und Missklang, leugnet also vorweg die harmonische Gemeinsamkeit von Konsonanz und Dissonanz. Dann verwandelt er den ästhetischen Gegensatz in einen physiologischen, und widmet sich der Wirkung der Klänge auf den Gehörnerv – dies allerdings spekulativ.[2] Er behauptet, dass Schwebungen, ein auf der periodischen Überlagerung von Schwingungen beruhender physikalischer Effekt, von einer gewissen Frequenz an dem Gehör un-

[1] *„Es könnte noch aus anderen Gebieten, in denen die Zahlen ebenfalls als Qualitäten wirksam sind ... mancherlei beigebracht werden, das die Sonderstellung der Qualität Sieben sowie die Kluft, welche sie von vorhergehenden Zahlen trennt, bestätigt ...“* (Ernst Bindel, Die Zahlengrundlagen der Musik im Wandel der Zeiten, Teil II, Stuttgart 1950, S. 110 f.)

[2] Dass er die Ursache des Gegensatzes von Konsonanz und Dissonanz außerhalb der Musik sucht, hält Helmholtz für einen Qualitätsbeweis seiner Theorie: *„Somit stehe ich nicht an zu behaupten, dass in den vorliegenden Untersuchungen die wahre und ausreichende Ursache des consonanten und dissonanten Verhaltens der musikalischen Klänge dargelegt worden sei, gegründet auf eine genauere Analyse der Tonempfindungen und auf rein naturwissenschaftliche, nicht auf ästhetische Principien.“* (Hermann von Helmholtz, Die Lehre von den Tonempfindungen als physiologische Grundlage für die Theorie der Musik, Braunschweig 1863, S. 343)

angenehm seien.[1] Die Schwebungen, deren Frequenzen sich aus den Schwingungsverhältnissen der Töne errechnen lassen, die also eine abgeleitete physikalische Größe darstellen, verweisen ihn aber zurück auf das Problem der Grenzziehung, das sich seine kongenialen Vorgänger schon bei den Klangverhältnissen selber ausgedacht haben.

„Ein Punkt könnte den Musiker vielleicht bedenklich machen. Wir haben gefunden, dass von den vollkommensten Consonanzen zu den entschiedenen Dissonanzen hin eine continuirliche Reihe von Stufen existirt, von Zusammenklängen, die immer rauher und rauher werden, so dass hiernach keine scharfe Trennung der Consonanzen von den Dissonanzen bestehen würde, und es ziemlich willkürlich erscheint, wo wir die Grenze zwischen ihnen zu ziehen geneigt sind. Die Musiker machen dagegen eine scharfe Trennung zwischen Consonanzen und Dissonanzen und lassen keine Zwischenglieder zwischen ihnen zu ...“ (S. 343 f.)

Mit dem Konstrukt einer Reihe ohne Zwischenglieder versucht Helmholtz, sich das Problem der qualitativen Unterscheidung so zurechtzulegen, dass es mit der Vorstellung von der kontinuierlichen Reihe versöhnt werden soll. Dazu wendet er sich wieder der Musik zu, um Klangverhältnisse zu entdecken, die es *nicht* gibt:

„Die Tonleiter der modernen Musik kann die durch die Zahl 7 bestimmten Töne nicht in sich aufnehmen ... Hier bleibt also eine wirkliche Lücke in der Reihe der nach ihrem Wohlklange geordneten Zusammenklänge, und diese Lücke bestimmt dann auch die Grenze zwischen Consonanzen und Dissonanzen.“ (S. 344 f.)

Für eine solche Ableitung eines Unterschieds aus einer Lücke wäre allerdings die ganze Konstruktion mit den angeblich so „rauhen“ Schwebungen nicht nötig gewesen.

Eine zweite Variante derartiger Theoriebildung ist die Tonpsychologie von Stumpf. Dieser leugnet zur Abwechslung nicht den harmonischen Charakter der Dissonanz, sondern die Wahrnehmbarkeit der Töne einer Konsonanz: Er behauptet, dass beim Zusammenklang zweier Töne mehr oder weniger der Eindruck entstehe, man würde nur einen Ton hören; der Unterschied der Töne verschwimme in der Wahrnehmung, und zwar mehr bei der Konsonanz, weniger bei der Dissonanz. Um dies zu beweisen, lässt er ausgesucht unmusikalische Testpersonen raten, ob sie einen oder zwei Töne hören.[2] Das absehbare Resultat: Bei der

---

[1] Schnelle Schwebungen *„sind für den Gehörnerven rauh und unangenehm ... In dem Rauhen und in dem Wirren der Dissonanz glauben wir den Grund ihrer Unannehmlichkeit zu erkennen.“* (S. 341)

[2] Auch Stumpf hält sich viel darauf zugute, dass er die Ursache eines harmonischen Unterschieds außerhalb der Musik sucht. Er berichtet von der Sorgfalt, mit der er die Verunreinigung seiner Untersuchung durch musikalische Urteile auszuschließen sucht, und beurteilt entsprechend die Eignung seiner Testpersonen: *„Zwei von den 14, die sich anfänglich gemeldet, erwiesen sich ... sogleich als unbrauchbar für den vorliegenden Zweck. Der Eine deswegen, weil er ... Octaven ... nicht bloß regelmäßig als zwei Töne erkannte, sondern sie auch als Octaven bezeichnete.“* (Carl Stumpf, Tonpsychologie,

Oktave ist die Verwechslung von Einklang und Zweiklang am häufigsten anzutreffen. Mit der Häufigkeit der akustischen Täuschungen bzw. der Zugeständnisse an die erwünschte Interpretation des Gehörten misst Stumpf den Grad der Verschmelzung der Töne und demonstriert, dass nur ein gradueller Unterschied zwischen Konsonanz und Dissonanz besteht, sofern man sie als mehr oder weniger verschmolzene Zusammenklänge deutet.[1]

Husmann schließlich, der die Konsonanz richtig durch das Zusammenfallen der Teiltöne bestimmt, unterscheidet sie dennoch nicht als harmonische Form von der Dissonanz, sondern unterstellt bei jeder Harmonie die Form des *unmittelbaren* Harmonierens der Töne. Er betrachtet die Harmonien nämlich auch nur nach ihrer physikalischen Seite und sieht daher nur die Quantitäten. So versucht er, die Harmonien *als Zahlenverhältnisse* auseinander abzuleiten, und findet dabei keinerlei harmonischen Unterschied:

„Wenn man die harmonischen Intervalle in dieser Weise auseinander durch die harmonische Teilung hervorgehen läßt, so ist wenig verständlich, warum Konsonanz und Dissonanz Gegensätze sein sollen. Es ist doch vielmehr zu erwarten, daß der physikalischen Eigenschaft, da die Frequenzen eines Intervalls ein sehr einfaches Verhältnis bilden, auch im Seelischen nur eine einzige Besonderheit entspricht, die, je nachdem das objektive Schwingungsverhältnis mehr oder weniger einfach ist, auch mehr oder weniger ausgeprägt ist. Wir wollen hier daher unter Konsonanz nur die seelische Eigenschaft verstehen, die der Ausdruck des objektiv einfachen Schwingungsverhältnisses ist.“ [2]

Als *„objektiv“* erscheint Husmann nur das Schwingungsverhältnis, nicht die Form des Harmonierens. Dabei suggeriert das Wörtchen „einfach“ einen Gegensatz zu „kompliziert“, für den aber nie sachliche Bestimmungen angegeben werden. So bleibt „einfach“ ein Synonym für relativ kleine Zahlen, worauf sich im Übrigen die Quantifizierung *„mehr oder weniger einfach“* stützt. Da die „Seele“ mit ihrer Gabe der harmonischen Wahrnehmung und Unterscheidung Husmanns Erwartungen nicht *„entspricht“*, wird der aus der musikalischen Praxis entspringende Begriff der Konsonanz einfach im Sinne einer bloß physikalischen Objektivität zurechtdefiniert.

Alle angeführten Theorien bieten nur etwas umständliche Vorgehensweisen in dem Bemühen, die qualitative Differenz zwischen Konsonanz und Dissonanz mit dem Vorurteil zusammenzuschließen, die Harmonien seien im Wesentlichen Zahlenverhältnisse. Ausgangspunkt ist immer der unerschütterliche Glaube, dass

---

Band II, Leipzig 1883, S. 158) *„Äußerste Unfähigkeit ... fand ich bei Herrn ... Er kann wirklich gegenwärtig keinen Ton seiner Höhe gemäß nachsingen ... Auf die Frage, welcher von zwei aufeinanderfolgenden Tönen der höhere sei, gibt er ... sehr viel falsche Antworten.“* (S. 362 f.)

[1] Durch die Verwandlung der Harmonie in eine Verschmelzung von Tönen wird diese eine sehr diffuse und trübe Angelegenheit. Die Theorie erklärt uns die Stumpfheit unserer Sinne. Das kommt eben heraus, wenn ein Tonpsychologe den Manifestationen der Musikalität mit quasi-physiologischen Experimenten zu Leibe rückt.

[2] Heinrich Husmann, Einführung in die Musikwissenschaft, Heidelberg 1958, S. 124

der Unterschied von Konsonanz und Dissonanz außermusikalisch begründet sein müsse. Dann machen die beiden harmonischen Gestalten eine merkwürdige Verwandlung durch und sind das, was sie in einem sehr abstrakten Sinne *sind*, immer auch ein bisschen *nicht*: *Wohl*klänge, Zusammenklänge *mehrerer* Töne usw. Auf diese Weise werden aus unterschiedlichen Klangformen zwei Extreme eines kontinuierlichen Spektrums. Und das Endresultat der diesbezüglichen Unterscheidungskunst ist die *theoretische* Auflösung der Dissonanz in eine Konsonanz.

Die ganze Gedankenbewegung vom Ausgangspunkt zum Endpunkt der Theorien über Konsonanz und Dissonanz findet sich kurz gefasst in den Stichwortartikeln moderner Lexika. Dass Konsonanz und Dissonanz im *Gegensatz* stehen und dass sie *nicht* im Gegensatz stehen, steht nur wenige Zeilen auseinander:

*„**Konsonanz** ... in tonaler Musik ein Klang ... mit Ruhe- und Entspannungscharakter im Gegensatz zur auflösungsbedürftigen Dissonanz. Die Töne konsonanter Klänge stehen zueinander in einfachen Schwingungszahlproportionen. Allerdings läßt sich das Konsonanzphänomen weder mathematisch noch physikalisch eindeutig erklären. Denn die Konsonanz ist keine feststehende Größe, sondern ein relativer Klangwertbegriff ... ohne klar bestimmbare Grenze zur Dissonanz ...“* [1]

Oder noch kürzer:

„Zwischen Konsonanz und Dissonanz besteht einerseits ein gradueller Unterschied (die höhere Konsonanz- ist die niedrigere Dissonanz-Stufe und umgekehrt), andererseits eine spezifische Differenz oder ein Gegensatz.“ [2]

Das beziehungslose Nebeneinander von qualitativer und quantitativer Bestimmung der Harmonien fasst Hugo Riemann als Unterscheidung von „physischer“ und „musikalisch-logischer“ [3] Konsonanz bzw. Dissonanz. Er bemerkt durchaus die tonale Zusammensetzung von Dissonanzen, ohne darin den harmonischen Charakter der Dissonanz zu erkennen:

„Zufolge dieser Vereinigung von Elementen beider Dominanten hat dieser Accord (der sogenannte Dominantseptimenaccord D^7) eine ähnliche Schlusskraft zu der umschriebenen Tonika wie die Folge Gegenquintklang – schlichter Quintklang (S – D)... Der Dominantseptimenaccord entspricht ziemlich genau dem Zusammenklange des 4., 5., 6. und 7. Obertones ... Die Dissonanz des Accordes ist daher eine ausserordentlich milde ...“ [4]

Der Dominantseptakkord ist für Riemann dissonant, insofern er einerseits angeblich als Dominante „zu verstehen“ ist, andererseits aber einen der Dominante fremden Ton enthält. Ob dieser fremde Ton wesentlich als subdominantischer

---

[1] Meyers kleines Lexikon Musik, Mannheim 1986, S. 186

[2] Dahlhaus/Eggebrecht (Hrsg.), Brockhaus Riemann Musiklexikon, Taschenbuchausgabe 1998, 2. Band, S. 321

[3] Hugo Riemann, Handbuch der Harmonielehre, Leipzig 1918, S. 88

[4] Riemann, Handbuch, S. 141

Ton bestimmt ist oder als Entsprechung zum siebten Oberton, ist Riemann offenbar nicht wichtig. Beide Bestimmungen dienen gleichermaßen als Beleg für das Fremde und Störende in dem Konstrukt, das Riemann sich als eigentliche „Bedeutung“ der Harmonie zurechtlegt:

„Alle Accorde, welche ausser der Prim, Terz und Quinte des Klanges, in dessen Sinne sie verstanden werden, noch einen oder mehrere andere Töne, oder auch statt der Prim, Terz und Quinte des Klanges einen oder mehrere andere Töne enthalten, nennt man dissonant. Dissonanz ist also ganz allgemein: Störung der Einheit der Klangbedeutung durch fremde Elemente.“ [1]

Es zeigt sich hier das Prinzip der Riemannschen Harmonielehre, das er an allen Objekten seiner Funktionsbezeichnungen durchexerziert: Als Dissonanz lastet er jeder *wirklichen* Harmonie ihre Abweichung von einer angeblich *eigentlich gemeinten* Harmonie an.

d) Tonart

Tonalität ist das Harmonieren von Tonika, Dominante und Subdominante. Diese Harmonie realisiert sich in einer Klangfolge, die ganz unterschiedliche Form haben kann. Sie kann als Kadenz auftreten, und zwar in authentischer oder auch plagaler Bewegungsform. Oder es können Dissonanzen unterschiedlichster Zusammensetzung mit Konsonanzen abwechseln. Sowohl die Art der Harmonien als auch ihre Reihenfolge ist völlig unerheblich für die substanzielle Harmonie der Tonalität, die in den jeweiligen klanglichen Konstellationen zur Geltung kommt. Alle diese Formen, in denen das Verhältnis von Tonika und Dominanten wirksam ist, lassen sich jedoch in einer Grundfigur zusammenfassen: Die Töne von Tonika, Dominante und Subdominante drücken ganz unabhängig davon, wie sie als Konsonanzen oder Dissonanzen zusammenklingen und aufeinander folgen, durch die Gesamtheit ihrer Verhältnisse zueinander den tonalen Zusammenhang aus. Als solche bilden sie den *Tonbestand einer Tonart.*[2]

Eine Tonart hat also sieben Töne, die als Grundton, Terz und Quinte von Tonika, Dominante und Subdominante bestimmt sind:

S_{-} S-   S7/T_{-} T-   T7/D_{-} D- D^{-}

Dieses Ensemble von Tönen – in welcher Form auch immer es in Erscheinung tritt – enthält die Tonalität als sein Gesetz. Entsprechend werden alle aus diesem Tonbestand realisierten Klangfolgen in der Wahrnehmung intuitiv in die Grundklänge zerlegt, so dass die Auflösung in die Tonika als harmonisch empfunden

[1] Riemann, Handbuch, S. 138

[2] *„Durch die drei Dreiklänge der Tonika, Dominante und Unterdominante ist die Tonart vollständig und erschöpfend bestimmt.“* (Rudolf Louis/Ludwig Thuille, Harmonielehre, Stuttgart 1907, S. 3) Dieser Satz gilt auch gegen alle Schwarmgeister, die viel Gefühlsbetontes, Tiefsinniges und Wunderliches in die Tonart hineingeheimnissen.

wird. Der Tonbestand einer Tonart ist nicht *irgendein* Ausdruck der Tonalität, sondern ihre *maßgebliche* Existenzform, die alles enthält, was die Tonalität ausmacht. Er liefert mit seinen inneren Verhältnissen das Material für die Wahrnehmung der Tonika.

Tonarten unterscheiden sich also in ihren Tonbeständen. Verschiedene Tonbestände ergeben sich auch in Abhängigkeit davon, ob die tonalen Komponenten Dur- oder Mollklänge sind. Dieser Unterschied wurde bisher nicht behandelt, weil der Begriff der Kadenz und der Dissonanz vom Tongeschlecht der Dreiklänge unabhängig ist. Nun ist zu klären, inwieweit *Dur- und Mollklänge* der Bildung von Tonarten zugrunde liegen.

Die Charakteristik von Kadenz und Dissonanz wurde am Beispiel einer Durtonart erläutert, die aus drei Durklängen besteht. Dabei zeigte sich auch das Phänomen der Scheinkonsonanz, auf das nun zurückzukommen ist. In einer Durtonart gibt es drei Dissonanzen, die ebenso wie Mollklänge aufgebaut sind:

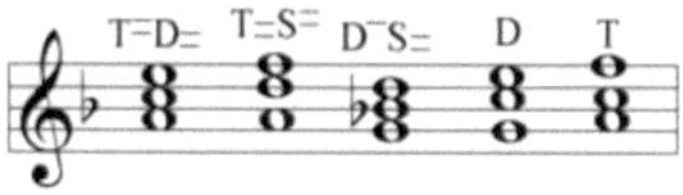

Drei Scheinkonsonanzen in F-Dur

Die beiden ersten Dissonanzen enthalten die Konsonanzen mit den Schwingungsverhältnissen 6:5 und 5:4, die allerdings von Haus aus jeweils zwei verschiedenen Grundklängen angehören. Der dritte Klang enthält das Verhältnis 5:4 der Subdominante und das Verhältnis 32:27, die dissonante Terz aus subdominantischem Grundton und dominantischer Quinte. Das obige Beispiel enthält also drei Klänge, die außerhalb des dargestellten Zusammenhangs als Mollklänge gelten würden, im Tonbestand einer Durtonart aber Dissonanzen sind. Hinzu kommt, dass die scheinbaren Konsonanzen im Quintverhältnis zueinander stehen, sich also verhalten wie Dominante, Tonika und Subdominante einer kompletten Scheintonalität. Wären diese Klänge nicht nur scheinbare, sondern echte Konsonanzen, so müssten umgekehrt die Durklänge Dissonanzen einer Molltonart sein. Soviel hat die Analyse der Tonalität jedoch schon ergeben: Das Verhältnis von Konsonanz und Dissonanz lässt sich nicht umkehren. Dieselben Klänge können nicht gleichzeitig Konsonanzen und Dissonanzen sein. Im Tonbestand einer Tonart muss die Tonika eindeutig bestimmbar sein, sonst kann es so etwas wie Tonalität nicht geben.

Tatsächlich ist die Tonika ja auch in jeder Tonart zweifelsfrei identifizierbar. Demnach muss das Ohr in der Frage der echten und der scheinbaren Tonalität für seine Entscheidung eine objektive harmonische Grundlage haben. Die Klangfolgen aus dem Tonbestand einer Durtonart werden *deshalb* in die Durtonika aufgelöst, weil der Durklang die stärkere Konsonanz ist. Anhand der Konsonanzschemata im ersten Kapitel lässt sich ersehen, dass im Durklang mehr Teiltonfrequenzen zusammenfallen als im Mollklang. Auf dieser Grundlage tritt das konsonante Verhältnis von Durklängen in einem entsprechenden Tonbestand als harmonisch dominant hervor.

Eine Tonalität aus drei Mollklängen kann es daher nicht geben, so sehr dies auch von Naturmystikern mit ihren abstrakten Symmetrievorstellungen behauptet worden ist. Es stellt sich also die Frage, durch welche Gegenüberstellung von Dominanten überhaupt eine harmonische Auflösung in eine Molltonika zustande kommen kann. Zwei *Moll*dominanten erweisen sich sofort als Scheinkonsonanzen. Zwei *Dur*dominanten lösen sich in eine Durtonika auf. Also kann nur eine *Kombination* von Dur und Moll zu einem Tonbestand führen, der eine Alternative zur Durtonart darstellt.

Entweder die Dominante oder die Subdominante muss also ein Durklang sein. Dazu kann man ein kleines Experiment machen: Wie würde eine Tonalität in Moll mit einer Subdominante in Dur klingen?

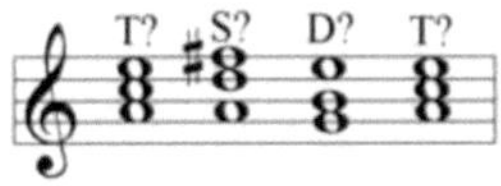

Zweite Scheintonalität

In dieser Klangfolge bemerkt das Ohr sehr schnell den Tonbestand der Tonart G-Dur und lässt sich die diesem Tonbestand immanente Tonalität in folgender Auflösung gefallen:

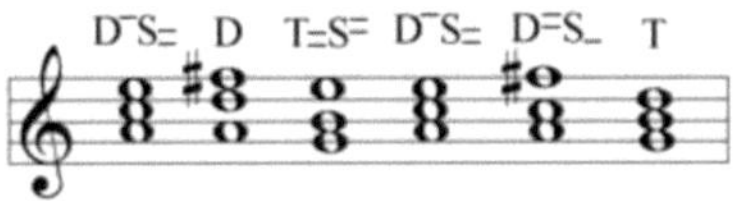

Auflösung in die Tonika von G-Dur

Es ist also die *Dominante*, die ein *Dur*klang sein muss:

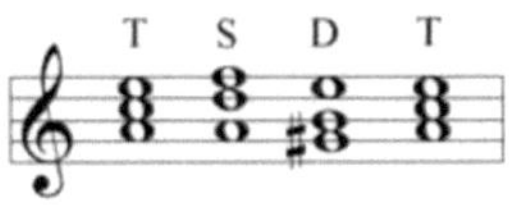

Kadenz in a-Moll

Es gibt nur *eine* mögliche Alternative zum Tonbestand einer Durtonart: eine Molltonart mit Dur-Dominante. Die Gegenüberstellung von Dur-Dominante und Moll-Subdominante ist eine eindeutige harmonische Konstellation von Klängen, die sich als Antipoden einer eigenständigen Tonika zu erkennen geben. Zugleich legt die Subdominante als Mollklang ein harmonisches Fundament, zu dem eine Tonika in Moll gut passt, weil auf dieser Grundlage alle ihre Töne im konsonanten Verhältnis zu den subdominantischen Tönen stehen.

e) Ursprüngliche Tonalität

Die Analyse der Tonalität nahm ihren Ausgangspunkt von der Konsonanz, also von den Dur- und Mollklängen. Jetzt zeigt sich, wie diese Grundklänge in der tonalen Musik vorkommen: Was als Dur- oder Mollklang und daher als Konsonanz zählt, kann nicht unabhängig von der aus diesen Kategorien entwickelten Tonalität bestimmt werden. Die Tonalität scheidet die Konsonanz von der Scheinkonsonanz. Sie hat daher ihre eigene Voraussetzung zum Resultat.

Dieser Zustand, worin die Tonalität ihre logische Grundlage selbst hervorbringt, kann nur aus einer ursprünglichen Tonalität hervorgegangen sein, die noch nicht auf der Trennung von Konsonanz und Scheinkonsonanz beruhte, die diese Trennung aber zum Ergebnis hatte. Dieser Übergang vollzog sich in der Renaissance.

Grundlage der beginnenden Renaissancemusik waren die Kirchentonarten, die damals Modi genannt wurden. Das sind die aus einem gemeinsamen Tonbestand gebildeten mittelalterlichen Tonskalen, die jeweils eine Oktave umspannen und sich nur in der *Behandlungsweise* der Töne voneinander unterscheiden: Verschiedene Töne können jeweils

- den Ausgangspunkt einer Skala bilden,
- die Rolle des Schlusstons (finalis) bei einem Gesang spielen,
- als Halteton (tenor, repercussa, Rezitationston) fungieren.

Die Kirchentonarten fixieren nämlich Modalitäten der Psalmodie, der mittelalterlichen Hauptform des gehobenen Sprechgesangs, der rituellen Monotonie. Der Begriff Psalmodie wird inzwischen zu Recht ganz allgemein als Synonym für kultische Rezitation verwendet,[1] und der aus den Modi abgeleitete Begriff der *modalen Musik* kennzeichnet – ebenfalls zu Recht – die auf einem Rezitationston beruhende Musik, wie sie in allen (vorbürgerlichen) Hochkulturen gebräuchlich war (oder heute noch ist), und zwar ganz unabhängig von den für die modale Musik völlig gleichgültigen Tonskalen. Anzahl und Stimmung der Töne beruhten auf einer harmonischen Spekulation, worin einerseits anerkannt war, dass die Musik eine harmonische Grundlage habe; andererseits wurde die harmonische Grundlage nicht als solche entwickelt, weil der religiöse Ritus die wirklich maßgebliche Grundlage war.

Insofern das Ensemble der im christlichen Mittelalter verwendeten sieben Töne aus übereinander gelegten Quinten (3:2) gewonnen worden ist, hatte es rein äußerlich betrachtet eine gewisse Ähnlichkeit mit dem Tonbestand einer Durtonart. Mit diesen Tönen wurden bei aufkommender Mehrstimmigkeit Klangfolgen ausprobiert, die sich vom Standpunkt der entwickelten Tonalität aus weitgehend wie ein Schwelgen in Scheintonalität anhören.

---

[1] Vgl. Eberhard Thiel, Sachwörterbuch der Musik, Stuttgart 1984, S. 527

Hans Judenkunig, Christ ist erstanden (Schlusstakte), Wien 1523 [1]

Archaische Tonalität

In diesem Beispiel wurden Konsonanzen in einer Weise aneinander gereiht, die schon Ansätze einer Auflösung in eine Tonika erkennen lässt. Auf jeden Fall sollte die Musik in einer Konsonanz ausklingen. Dies wäre aus der Sicht der entwickelten Tonalität gewährleistet, wenn statt dem g ein gis gesetzt würde. Dann würde durch eine Durdominante eine Auflösung nach a-Moll bewirkt, was offensichtlich der Vorstellung des Komponisten am nächsten kommt, andererseits aber nicht in den Rahmen der Kirchentonarten passt.

In der isolierten Wahrnehmung der Zusammenklänge fällt der Mangel dieser archaischen Tonalität nicht auf. Je lebhafter eine solche Musik jedoch gespielt wird, desto mehr macht sich die in der Klangfolge eingeschlossene Harmonie geltend, also die Tonalität einer Durtonart, für die eine Auflösung in einen Durklang angemessen erscheint. Umgekehrt führt der Versuch, Klangfolgen in einen Mollklang aufzulösen, zu einer unwillkürlichen Anpassung des verwendeten Tonbestands. Die ursprüngliche Tonalität enthält somit selbst den Keim zur Entstehung der Dur- und Molltonarten, in deren Tonbeständen sich eine fertige Tonalität mit feststehender Tonika manifestiert.

Helmholtz und andere Musiktheoretiker gehen davon aus, dass das gis in a-Moll mitunter schon sehr früh abweichend vom notierten g gesungen und gespielt worden ist,[2] was jedenfalls der gesamten Christenheit schon im 14. Jahrhundert ausdrücklich untersagt war:

„1324/25 verordnete Papst Johannes XXII. in der Constitutio docta Sanctorum *die Wahrung der modesta gravitatis des Singens gegenüber der lascivia der novellae scholae discipuli, deren Kompositionen unter Strafandrohung aus der Kirche verbannt wurden.“* [3]

Noch in der Übergangsphase zur tonalen Musik mussten die Komponisten sehr vorsichtig sein, damit ihre „vulgären“ Abweichungen vom vorgeschriebenen

---

[1] Noten aus einer Bearbeitung von Siegfried Behrend (Altdeutsche Lautenmusik für Gitarre, Hamburg 1959, S. 5, © mit freundlicher Genehmigung MUSIKVERLAG HANS SIKORSKI, Hamburg). Was Behrend schon für die Musizier*praxis* in die Notenschrift der tonalen Musik übertragen hat, wird oben noch ergänzt durch eine harmonische Kommentierung, die auch *theoretisch* den Maßstab der tonalen Musik anlegt und daher aus dem Tonbestand der Tonart C-Dur die zugehörige Tonika erschließt.

[2] Vgl. Hermann von Helmholtz, Die Lehre von den Tonempfindungen, Braunschweig 1913, S. 465

[3] Dahlhaus/Eggebrecht (Hrsg.), Brockhaus Riemann Musiklexikon, Taschenbuchausgabe 1998, 1. Band, S. 57

Modus nicht bemerkt wurden. Henricus Glarean interpretierte 1547 gewisse Neuerungen, die er an der Musik beobachtete, als neue Modi, die er unter den Namen „jonisch“ und „äolisch“ einführte. Allerdings waren diese Vorformen von Dur- und Moll-Tonleitern keineswegs geduldet.

„Der äolische Modus aber galt im Mittelalter als illegitim. Um die Melodie dem Oktoechos einzufügen, musste man sie entweder als hypophrygisch oder als hypodorisch rubrizieren ... Um das Chroma fis zu verbergen, notierte man sie (die Melodie) mit der Finalis a statt e. (Einzig im Antiphonar von Lucca ist sie mit der Finalis e überliefert, und der Ton fis ist ausgelassen.) ... Andererseits ist es keine gleichgültige Äußerlichkeit, dass die Notierung in dem Petrucci-Druck von 1503, der als authentisch gelten darf, den Schein wahrt, der Modus sei hypolydisch.“ [1]

Die modale Musik ist unvereinbar mit unbefangenem Musikgenuss. Ihre Kultivierung ist eine Glaubensangelegenheit, und zwar in Gesellschaftssystemen, in denen es vor der Religion kein Entrinnen gibt. Entsprechend wird der Zweck, dem die Musikpflege unterworfen ist, gegen jegliche Verlockung verteidigt, sich für die Musik als solche zu interessieren. Der sündige Mensch neigt zu Abweichungen von der Eintönigkeit des Haltetonstils. Bevor daraus jedoch die tonale Musik wird, müssen sich nicht nur gesellschaftliche Voraussetzungen ändern, sondern auch die Prinzipien einer kompletten Ästhetik entwickelt werden, die sich ganz und gar aus dem Wesen der Musik ergeben. Dass dies nicht über Nacht passieren konnte, wird durch die weitere Analyse dieser Ästhetik deutlich. Ist die tonale Musik jedoch erst einmal fertig und jedermann vertraut, so kann sie die modale Musik in ihren heutigen Refugien sehr schnell verdrängen. In einem islamischen Gottesstaat ist dazu nicht viel mehr nötig als beispielsweise die Aufhebung eines Einfuhrverbots für westliche Musikinstrumente.

[1] Carl Dahlhaus, Untersuchungen über die Entstehung der harmonischen Tonalität, Kassel 1968, S. 236 und 239 f.

3. Ästhetik der Modulation

a) Verwandtschaft der Tonarten

Die Tonarten, in deren Tonbeständen sich die Tonalität kristallisiert, sind Ausgangspunkt eines *dritten* Typs harmonischer Verhältnisse. Das erste Kapitel handelte vom Harmonieren der *Töne*, das in der Konsonanz der Grundklänge perfektioniert ist. Im zweiten Kapitel ging es um die harmonischen Verhältnisse, in die diese *Grundklänge* ihrerseits zueinander treten, also um die in den tonartlichen Tonbeständen wirksame Tonalität. So sind die Grundgestalten der tonalen Musik fortlaufend aufgebaut: als ästhetische Formen, die jeweils selbst wieder Ausgangspunkt von Verhältnissen des Zusammenpassens sind. Der nächste Gegenstand in dieser Systematik ist die harmonische Beziehung, in die *tonartliche Tonbestände* zueinander eintreten. Solche Verhältnisse realisieren sich im Übergang einer Tonart zu einer anderen Tonart, also in der Modulation.

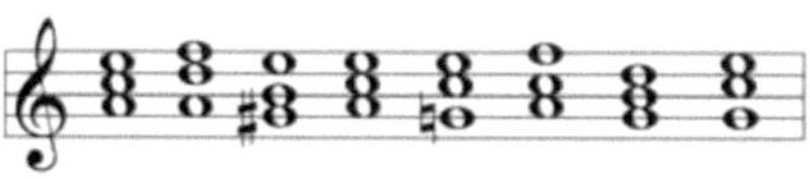

Modulation von a-Moll nach C-Dur

Man sieht hier, wie sich zunächst der Tonbestand der Tonart a-Moll mit der ihm innewohnenden Tonalität aufbaut. Die Tonart C-Dur stellt sich dann mit *ihrem* Tonbestand dagegen und bewirkt durch ihre eigenen tonalen Verhältnisse, dass eine Auflösung in die Tonika von C-Dur erwartet wird.

Die Tonbestände sind das, worin sich die Tonarten zusammenfassen, worin sie ihre harmonische Konsistenz haben und worin sie sich unterscheiden. Also besteht auch das harmonische Verhältnis der Tonarten zueinander in der Übereinstimmung, die ihre unterschiedlichen Tonbestände aufweisen. Auf dieser Grundlage passen Tonarten zueinander.

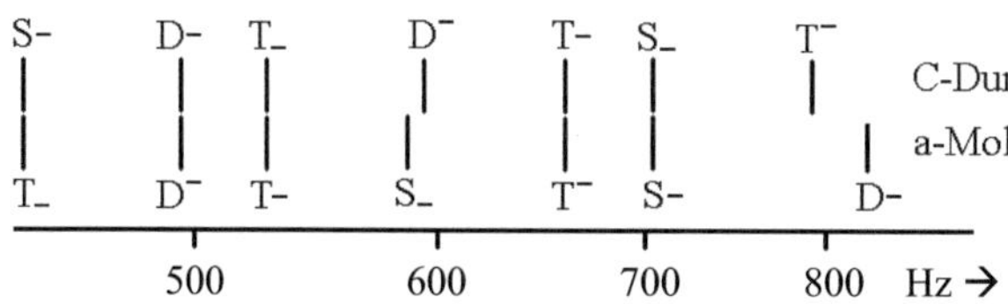

Koinzidenz der Töne von a-Moll und C-Dur

Die beiden Tonarten a-Moll und C-Dur haben sechs Töne gemeinsam: a, h, c, d, e, f. Diese Töne gehören zu unterschiedlichen tonalen Grundklängen und zu Tonarten mit unterschiedlichem Grundton und Tongeschlecht, aber als Töne stimmen sie überein. Eben darin liegt die Harmonie im Übergang von einer Tonart zur andern. In Anlehnung an Husmanns Koinzidenztheorie der Konsonanz kann man sagen, dass die im Übergang zwischen Tonarten eingeschlossene Harmonie nur durch eine Koinzidenztheorie der Modulation richtig erklärt wird.

Die Gemeinsamkeit der Tonbestände hängt nicht davon ab, ob die Tonverhältnisse in beiden Tonarten exakt gleich sind. Die aus drei Quinten gebildete Dissonanz 32:27 und die Konsonanz 6:5 unterscheiden sich, wie schon gezeigt worden ist, nur durch das syntonische Komma (81:80), das nicht mehr als Tonverhältnis wahrgenommen wird. Also ist auch die Gemeinsamkeit in den Tonbeständen zweier Tonarten nicht tangiert, wenn ein Ton in der einen Tonart um ein syntonisches Komma höher liegt.

Drei der gemeinsamen Töne von a-Moll und C-Dur

Musiker können bei besonders sauberem Spiel den reinen Tonverhältnissen sehr nahe kommen, so dass sie den Ton d in C-Dur entsprechend höher intonieren als in a-Moll, wenn ihre Instrumente (z.B. Streichinstrumente) dies zulassen. Es ist dies aber nicht notwendig und bei der temperierten Stimmung überhaupt kein Problem, wenn bei einer entsprechenden Modulation der Ton d in einer einheitlichen und unveränderlichen Stimmung gespielt wird.

So wenig die Stimmung eines Tons die Harmonie zwischen den Tonarten stört, so sehr kommt es umgekehrt auf die merkliche Distanz der Töne an, in denen sich Tonbestände unterscheiden. Die Tonarten a-Moll und C-Dur unterscheiden sich durch die Töne gis und g. Das Verhältnis dieser Töne ist dasselbe wie dasjenige zwischen den Terzen von Dur- und Mollklang bei gleichem Grundton:

$$(5:4) : (6:5) = \mathbf{25:24}$$

Dieses Verhältnis heißt *kleiner* Halbton, und zwar im Unterschied zum *großen* Halbton, der in Dur und Moll gleichermaßen zwischen der dominantischen Terz und dem tonischen Grundton liegt:

$$D\text{–}T_{-} \Rightarrow (2:3) \cdot (4:5) \cdot (2:1) = \mathbf{16:15}$$

Zwischen dem kleinen Halbton und dem syntonischen Komma liegt von der Größenordnung der Intervalle her gesehen das Komma 128:125, das zum Beispiel im Verhältnis der Tonarten a-Moll und f-Moll vorkommt, und zwar zwischen as und gis (in der folgenden Abbildung eingekreist):

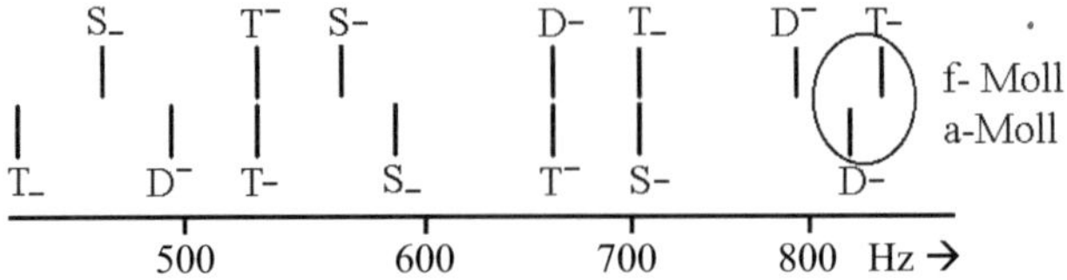

Koinzidenz der Töne von a-Moll und f-Moll

Die Tonarten a-Moll und f-Moll haben nicht drei, sondern vier gemeinsame Töne, weil auch das Komma 128:125 noch kein Tonverhältnis konstituiert. Noch deutlicher zeigt sich die Harmonie zwischen den Tonarten a-Moll und f-Moll in der temperierten Stimmung:

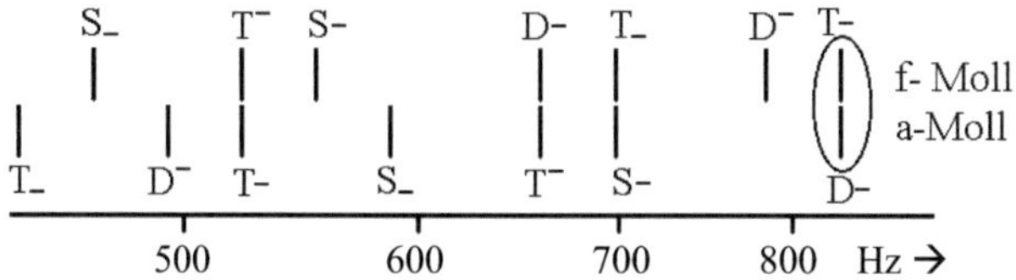

Harmonie zwischen a-Moll und f-Moll in temperierter Stimmung

Der kleine Halbton ist das kleinste Verhältnis zwischen Tönen, die in der Wahrnehmung auseinander gehalten werden. Ob Töne im Vergleich der Tonarten ungleich oder gleich sind, hängt also davon ab, ob ihr Verhältnis im Bereich eines Kommas liegt oder schon im Bereich eines Halbtons, ob also durch ihr Schwingungsverhältnis eine offenkundig vorhandene Schwelle zur Wahrnehmung von Tonverhältnissen überschritten wird oder nicht.[1]

Man sieht jetzt, dass im Harmonieren der Tonbestände der Ton unabhängig von seiner Stimmung zu fassen ist. Der immanente harmonische Charakter der Tonverhältnisse, ihre Bestimmung durch die Konsonanz und die Tonalität, wird durch geringfügige Abweichungen von den harmonisch reinen Schwingungsverhältnissen nicht beeinträchtigt. Auf diese reinen Tonverhältnisse, wie sie bisher zum besseren Verständnis angeführt wurden, kann die weitere Darstellung durchaus verzichten, weil in der Modulation von ihnen abstrahiert ist.

Der Ton erweist sich also nicht nur durch die Konsonanz der Oktave als abstrakter Ton, sondern darüber hinaus noch hinsichtlich seiner Bestimmung im Verhältnis der Tonarten. Die Abstraktion von den wechselnden Stimmungen, die ein Ton im Rahmen der Modulation annehmen kann, ist die Grundlage der gleichschwebend temperierten Stimmung, in der die Stimmung eines jeden Tons konstant gehalten wird. Bei der temperierten Stimmung wird selbst zwischen kleinem und großem Halbton nicht unterschieden, sondern die Oktave gleichmäßig in zwölf Halbtöne unterteilt.[2] Es ist kein Zufall, dass diese temperierte Stimmung sich durchsetzte, als die Barockmusik das Prinzip der Modulation auf gesicherter tonaler Grundlage zur vollen Entfaltung brachte. Denn die zwölf Töne in der temperierten Stimmung bilden ein Tonsystem, in dem es keine Beschränkung für den Übergang einer Tonart in eine andere Tonart gibt: Keine Tonart kann ein harmonisches Verhältnis zu einer Tonart haben, die nicht ebenfalls in diesem Tonsystem darstellbar wäre. Folglich kann jeder beliebige tonart-

[1] Dass die *musikalische* Wahrnehmung bei der Identifizierung von Tönen eine größere Toleranz besitzt als physikalische Messgeräte, ergibt sich aus der Analyse der *Musik*. Akustische und physiologische Experimente zum Nachweis dieser Wahrnehmungsschwelle sind also nicht nur überflüssig, sondern nachgerade fehl am Platze.

[2] Der Unterschied zwischen kleinem und großem Halbton beträgt 128:125.

liche Übergang innerhalb dieses Tonsystems mit seinen zwölf unveränderlichen Tönen intoniert werden.

Im Folgenden wird die temperierte Stimmung unterstellt, weil sie auch hilfreich ist, um die Darstellung des Harmonierens der Tonarten zu vereinfachen. Man kann so leichter feststellen, dass jede Tonart prinzipiell mit 23 anderen Tonarten harmonieren kann, weil aus zwölf Tönen insgesamt zwölf Dur- und zwölf Molltonarten mit jeweils besonderem Tonbestand gebildet werden können.[1] Und da jeder Tonbestand sieben Töne hat – also mehr als die Hälfte der zwölf festgelegten Töne –, müssen sich in jeder beliebigen Gegenüberstellung zweier Tonarten immer mindestens zwei Töne finden, in denen die jeweiligen Tonarten übereinstimmen.

	c	cis	d	es	e	f	fis	g	gis	a	b	h
C-Dur	●		●		●	●		●		●		●
Cis-Dur	●	●		●		●	●		●		●	
D-Dur		●	●		●		●	●		●		●
Es-Dur	●		●	●		●		●	●		●	
E-Dur		●		●	●		●		●	●		●
F-Dur	●		●		●	●		●		●	●	
Fis-Dur		●		●		●	●		●		●	●
G-Dur	●		●		●		●	●		●		●
Gis-Dur	●	●		●		●		●	●		●	
A-Dur		●	●		●		●		●	●		●
B-Dur	●		●	●		●		●		●	●	
H-Dur		●		●	●		●		●		●	●
c-Moll	●		●	●		●		●	●			●
cis-Moll	●	●		●	●		●		●	●		
d-Moll		●	●		●	●		●		●	●	
es-Moll			●	●		●	●		●		●	●
e-Moll	●			●	●		●	●		●		●
f-Moll	●	●			●	●		●	●		●	
fis-Moll		●	●			●	●		●	●		●
g-Moll	●		●	●			●	●		●	●	
gis-Moll		●		●	●			●	●		●	●
a-Moll	●		●		●	●			●	●		●
b-Moll	●	●		●		●	●			●	●	
h-Moll		●	●		●		●	●			●	●

Die Tonbestände der 24 Tonarten

Anhand der obigen Tabelle ist leicht zu sehen, dass es zwischen den Tonarten unterschiedliche Grade der Übereinstimmung gibt. Tonarten, die relativ viele gemeinsame Töne haben, harmonieren besonders stark. Man kann auch sagen, dass

[1] Auf die Tastatur eines Klaviers bezogen *„verlangt jede Tonart die Benutzung einer eigenen Kombination von schwarzen und weißen Tasten."* (Gerhard Marhold, in: Das Musikinstrument, Heft 5/1986, S. 78)

zwischen diesen Tonarten eine enge *Verwandtschaft* besteht,[1] was recht besehen nur ein anderer Ausdruck für diese Harmonie ist. Dass diese Verwandtschaft vielfach falsch erklärt wird und nicht einmal als Form des Harmonierens erkannt wird, ist eine andere Sache.

Aus der Tabelle der Tonbestände kann man die Verwandtschaftsgrade der Tonarten untereinander ermitteln. Wenn die Ausgangstonart C-Dur ist, so sind G-Dur, F-Dur und a-Moll die nächsten Verwandten. Danach folgen D-Dur, B-Dur, c-Moll, d-Moll und e-Moll. Der Grund dafür ist jedoch nicht die Quinte oder Terz im Verhältnis der Grundtöne, wie es einhellige Meinung der Lehrbücher ist, sondern der Grad der Übereinstimmung in den respektiven Tonbeständen.[2] Betrachtet man nur die Durtonarten, so haftet jenem Irrtum noch ein gewisser Anschein von Plausibilität an. Denn die Harmonie zwischen den Durtonarten scheint um so geringer zu werden, je weiter die tonartlichen Grundtöne sich in fortlaufenden Quinten voneinander entfernen. Bei den Molltonarten ist diese Herleitung tonartlicher Verwandtschaft aus Grundtonverhältnissen schon weniger plausibel.

Wählt man die Ausgangstonart um einen Halbton höher, so erscheinen auch die nächsten Verwandten chromatisch erhöht. Die harmonischen Beziehungen zwischen Tonarten lassen sich transponieren und können daher in einer Form dargestellt werden, die für alle Ausgangstonarten gilt. Die nachfolgende Übersicht zeigt, wie viele Töne eine bestimmte Durtonart mit jeder der anderen 23 Tonarten jeweils gemeinsam hat.

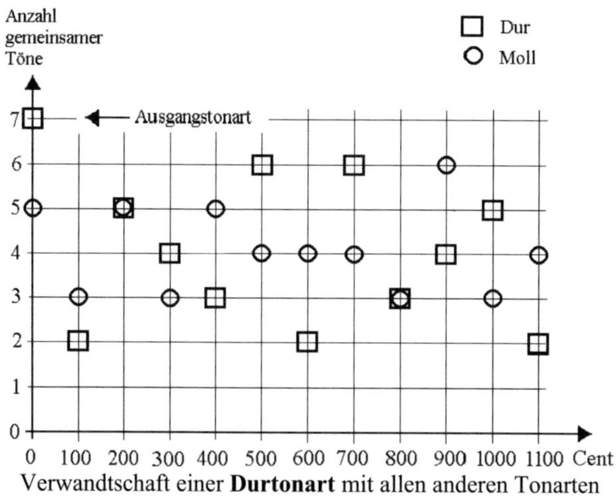

Verwandtschaft einer **Durtonart** mit allen anderen Tonarten

[1] „*Je weniger gemeinsame Töne zwei Tonleitern haben, desto entfernter ist ihre* Verwandtschaft.“ (Christoph Hempel, Neue Allgemeine Musiklehre, Mainz 2001, S. 130)

[2] „Direkt *quintverwandt sind Tonarten, die im Quintenzirkel benachbart sind: C-Dur und G-Dur* ... Indirekt *quintverwandt sind Tonarten, die eine* vermittelnde *quintverwandte Tonart gemeinsam haben, also C-Dur und D-Dur (durch Vermittlung von G-Dur)* ...“ (Hermann Grabner, Allgemeine Musiklehre, Kassel 1974, S. 71)

Eine andere Darstellung ergibt sich, wenn die Ausgangstonart eine Molltonart ist:

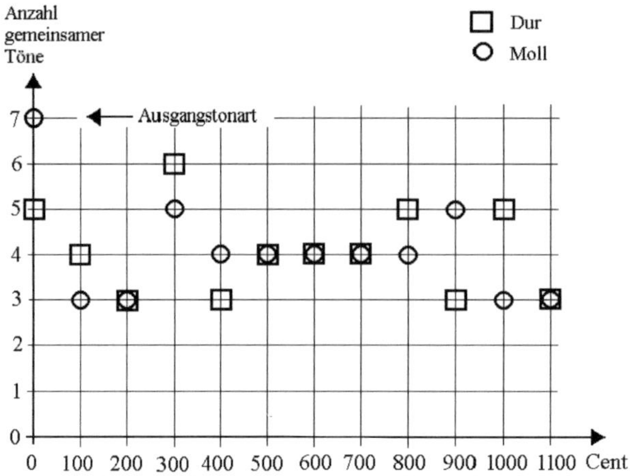

Verwandtschaft einer **Molltonart** mit allen anderen Tonarten

Die Tonarten werden durch ihre (tonischen) Grundtöne repräsentiert, deren Verhältnisse zueinander in Cent angegeben werden. Diese Einheit ist ein auf der temperierten Stimmung basierendes, logarithmisches Maß für Frequenzverhältnisse. 100 Cent entsprechen einem temperierten Halbton, 1200 Cent entsprechen einer Oktave.

Die Verwandtschaft der Tonarten wird gewöhnlich am Quintenzirkel erläutert, der allerdings *dafür* nicht geeignet ist. Alles, was sich am Quintenzirkel veranschaulichen lässt, ist die Logik der Vorzeichnung:

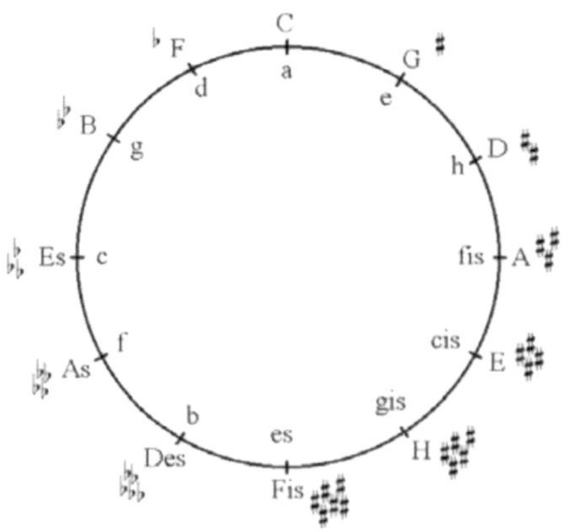

Quintenzirkel

Die Notierung von Tonarten ist eine ganz und gar *praktische* Angelegenheit, die überdies auf melodischen Verhältnissen beruht, die im sechsten Kapitel noch analysiert werden. Mit der Erklärung harmonischer Verhältnisse hat diese Praxis nichts zu schaffen. Die gängigen Musiktheorien machen mit der Vorstellung von Quint- und Terzverwandtschaften auch die dritte Hauptform des Harmonierens zum Material ihrer Verwechslung von Harmonie und Frequenzverhältnis. Dass die Modulation gerade auf der Abstraktion von den genauen Schwingungsproportionen beruht, kümmert sie wenig. Über den Unterschied im Harmonieren von Tönen, Dreiklängen und Tonarten wird ganz selbstverständlich hinweg gesehen.[1] Entsprechend hat bisher noch keine Musiktheorie die Formen des Zusammenpassens der jeweiligen Klangfiguren sowie deren Platz im Aufbau der musikalischen Ästhetik zum Gegenstand einer Analyse gemacht.

b) Vorgang der Modulation

Das harmonische Verhältnis der Tonarten realisiert sich in der Modulation, im Übergang von einer Tonart zur andern. Damit ein solcher Übergang stattfinden kann, muss sich zuerst einmal eine Ausgangstonart konstituieren.

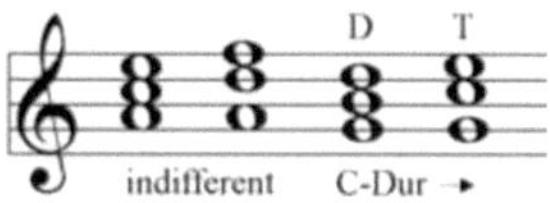

Konstitution der Tonart C-Dur

In dieser Klangfolge tritt die Tonart C-Dur mit dem *dritten* Klang in Erscheinung. Die beiden Klänge *davor* können noch verschiedenen Tonarten angehören. Während sie wahrgenommen werden, stellt sich noch nicht das Gefühl für eine Tonika ein, die als harmonische Auflösung erwartet wird. *Vor* dem Auftreten des dritten Klangs muss sich die Identität einer Tonart erst noch herausstellen. *Von dort aus* kann sich im Fortgang der Harmonien die Tonart C-Dur konstituieren, aber auch die Tonart a-Moll:

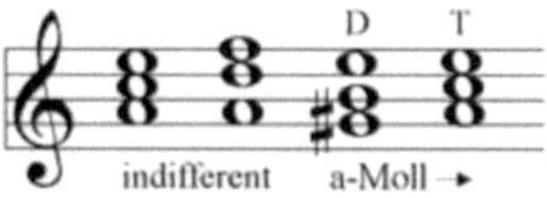

Konstitution der Tonart a-Moll

In der Konstitutionsphase einer Tonart *sucht* die harmonische Wahrnehmung sozusagen nach der Tonalität. Sie *findet* sie aber nur, wenn die präsentierten

[1] *„Quintverwandt sind Tonarten und Klänge, deren Grundtöne im Verhältnis der reinen Quinte stehen."* (Grabner, S. 70)

Klänge jede Unsicherheit ausschließen. Dies ist spätestens dann der Fall, wenn der Tonbestand einer Tonart vollständig hervorgetreten ist, also in den obigen Beispielen jeweils beim Auftreten des dritten Klangs. Sobald ein solcher Klang als Vertreter einer Tonart in Erscheinung tritt, macht sich auch sein tonaler Charakter geltend, der in seiner harmonischen Formel angegeben werden kann.

Die Konstitution einer Tonart setzt allerdings nicht unbedingt voraus, dass alle Töne einer Tonart erklingen. Das Ohr kann auch in Bruchstücken der tonalen Entgegensetzung und Auflösung eine Tonart identifizieren, sofern in den präsentierten Tonverhältnissen eine Verwechslung mit anderen Tonarten ausgeschlossen ist.

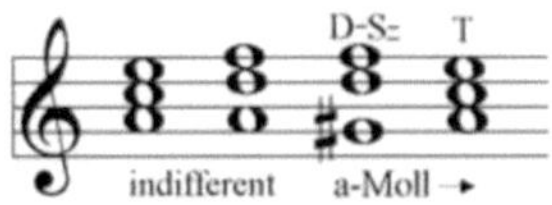

Konstitution der Tonart a-Moll

Auch in dieser Klangfolge konstituiert sich die Tonart a-Moll im *dritten* Klang. Dafür mussten nur sechs Töne aus dem Tonbestand der Tonart a-Moll in Erscheinung treten; denn diese Kombination von Tönen kann nur in a-Moll exklusiv vorkommen. Mit dem dritten Klang ist für das Ohr jegliche Indifferenz beseitigt, und die Tonart a-Moll tritt durch unverwechselbare tonale Verhältnisse in Erscheinung.

Erst *nach* der Konstitution einer Tonart kann es zu einer Modulation kommen. Die zweite Voraussetzung einer Modulation besteht darin, dass ein Klang in Erscheinung tritt, der *nicht* in den Tonbestand der Tonart gehört, in den sich das Ohr eingehaust hat.

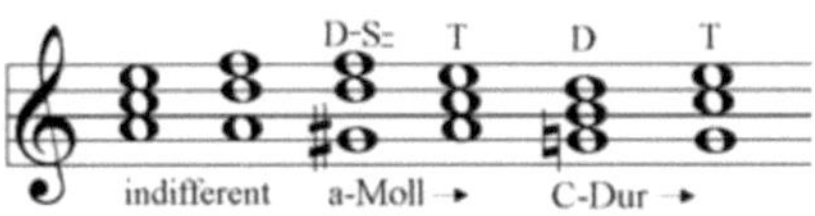

Modulation von a-Moll nach C-Dur

Der fünfte Klang im obigen Beispiel kann nicht zum Tonbestand der Tonart a-Moll gehören. Dieser Klang setzt die Tonart a-Moll also mitsamt ihren tonalen Beziehungen außer Kraft. Auf dieser Grundlage ist die harmonische Wahrnehmung bestrebt, sich in einer neuen Tonart einzuhausen. Dazu muss jetzt aber keine neue Konstitutionsphase durchlaufen werden. Denn die Modulation besteht nicht darin, dass unabhängig voneinander sich aufbauende Tonarten äußerlich kombiniert werden. Die Modulation ist ein harmonischer Übergang, in dem sich die Harmonie zwischen den Tonarten verwirklicht, also die Übereinstimmung in ihren Tonbeständen.

Die harmonische Wahrnehmung unterstellt also nicht nur, dass der Klang, der eine Tonart außer Kraft setzt, seinerseits einer Tonart angehört, sondern auch, dass diese Tonart mit der außer Kraft gesetzten Tonart optimal harmoniert. Im

Prinzip kann der fünfte Klang im obigen Beispiel den Tonarten C-Dur, c-Moll, G-Dur usw. angehören. Aber so sehr die Tonart a-Moll verklungen ist, so ist sie doch die Tonart, zu der sich die neue Tonart in Beziehung setzt. Mit *ihrem* Tonbestand vergleicht sich der Tonbestand der neuen Tonart. Unter dem Gesichtspunkt der optimalen Harmonie erweist sich der fünfte Klang als Vertreter der Tonart C-Dur, weil diese Tonart enger mit a-Moll verwandt ist als jede andere Tonart, in der dieser Klang vorkommen könnte.

Der fünfte Klang setzt also nicht nur a-Moll *außer* Kraft. Er setzt zugleich C-Dur *in* Kraft und bestimmt sich in dieser Tonart sofort als Dominante. In dieser doppelten Bestimmung ist er ein modulierender Klang. Die sofortige Präsenz der Tonart C-Dur beruht also auf dem harmonischen Vergleich der Tonbestände. Die Tonart muss sich nicht erst aufbauen wie eine Ausgangstonart. Deshalb wirkt die nachfolgende Tonika auch sofort als harmonische Auflösung. Sie erscheint als Auflösung nicht aufgrund der *wirklichen* Entgegensetzung der Dominanten, sondern wegen der im Verhältnis zur vorhergehenden Tonart sofort in Kraft gesetzten Tonalität, in der diese Entgegensetzung *der Sache nach* inbegriffen ist.

Folgt dem nach C-Dur modulierenden Klang ein Klang, der *nicht* zu C-Dur gehören kann, so handelt es sich um eine weitere Modulation.

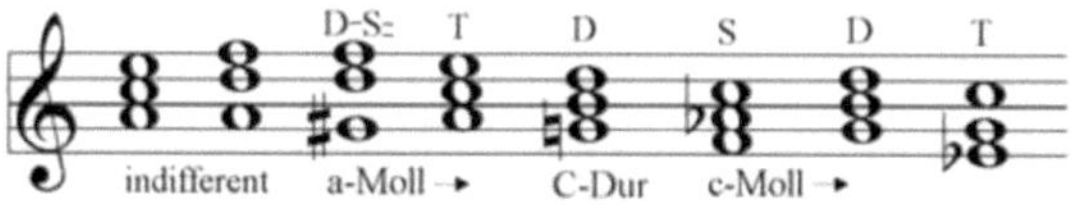

Modulation von a-Moll nach C-Dur und von C-Dur nach c-Moll

Auch der *sechste* Klang im obigen Beispiel hat modulierenden Charakter: Von den Tonarten, in deren Tonbeständen seine Töne vorkommen können, setzt er die mit C-Dur am engsten verwandte Tonart in Kraft. Es ist dies c-Moll. Der fünfte Klang könnte *ebenfalls* dem Tonbestand von c-Moll angehören, aber er kann *während* seines Erklingens nur von a-Moll nach C-Dur modulieren. Das Ohr unterstellt nämlich die maximale Übereinstimmung der Tonbestände. An *dieser* Stelle besteht kein Anlass, eine weitläufigere Verwandtschaft zu unterstellen. Auch die subjektive Kenntnis des harmonischen Fortgangs erzeugt an dieser Stelle keinen *objektiven* Übergang nach c-Moll. Allenfalls nimmt das Subjekt schon die nachfolgende Modulation von C-Dur nach c-Moll in der Vorstellung vorweg.

Ein direkter Übergang von a-Moll nach c-Moll könnte dagegen so aussehen:

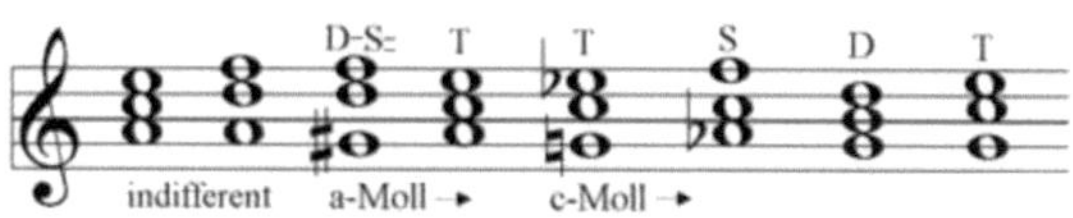

Modulation von a-Moll nach c-Moll

Der modulierende Klang kann hier nur ein Vertreter von c-Moll sein, weil alle andern Tonbestände, in denen seine Töne enthalten sind, weitläufiger mit a-Moll verwandt sind.

Es kann auch vorkommen, dass ein mit der bisherigen Tonart unvereinbarer Klang in mehreren Tonbeständen vorkommt, die alle den gleichen Verwandtschaftsgrad mit der außer Kraft gesetzten Tonart aufweisen. Im folgenden Beispiel kann der sechste Klang sowohl in B-Dur als auch in c-Moll auftreten. Beide Tonarten stimmen jedoch gleichermaßen in fünf Tönen mit C-Dur überein.

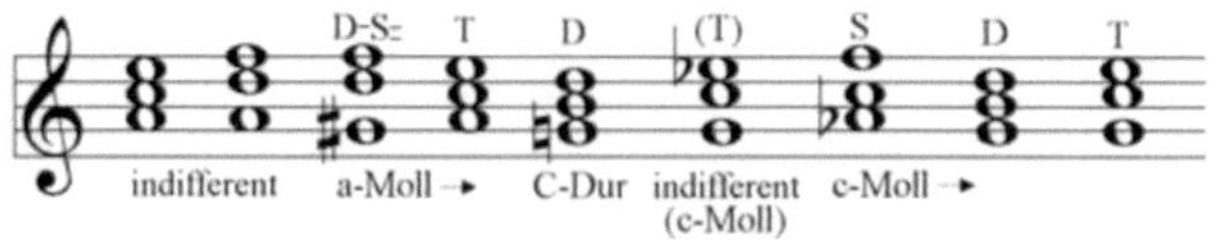

Auflösung einer Indifferenz nach c-Moll

Beim sechsten Klang in dieser Passage kann sich das Ohr nicht entscheiden und wartet den harmonischen Fortgang ab. Durch weiter hinzukommende Töne kann dann im siebten Klang entschieden werden, welche Tonart in Frage kommt und welche nicht. *Während* seines Erklingens ist der sechste Klang mehrdeutig, *im Nachhinein* – daher in Klammern notiert – kann er als Bestandteil einer Tonart wahrgenommen werden. Im obigen Fall ergibt sich ein Übergang nach c-Moll, im folgenden Fall ein Übergang nach B-Dur.

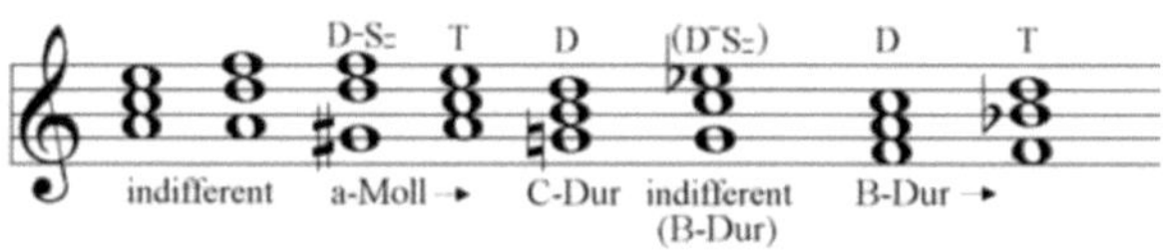

Auflösung derselben Indifferenz nach B-Dur

Bei vorübergehender harmonischer Indifferenz gibt es keinen *einzelnen* modulierenden Klang, sondern eine modulierende Klangfolge mit einer spezifischen Rollenverteilung: Der erste Klang setzt eine Tonart *außer* Kraft, ohne eine neue Tonart *in* Kraft zu setzen, der zweite setzt eine Tonart in Kraft, während die vorangegangene Tonart schon nicht mehr in Kraft ist.

Es gibt noch eine zweite Möglichkeit, eine tonale Indifferenz aufzulösen: Dem indifferenten Klang folgt eine Harmonie, die keiner der fraglichen Tonarten angehört und dennoch eine harmonische Bestimmtheit in die Klangfolge bringt.

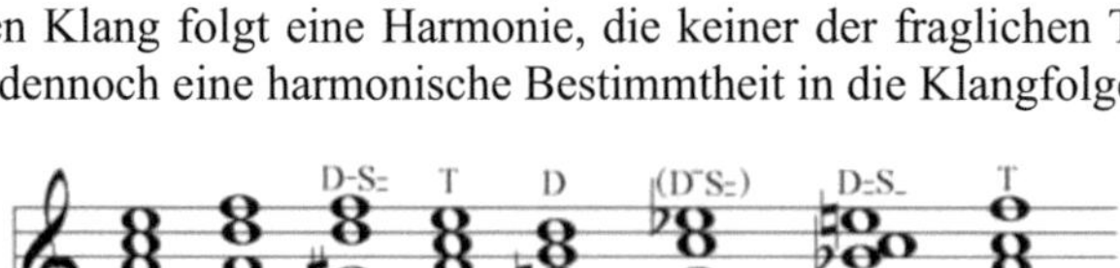

Indirekte Auflösung einer tonalen Indifferenz

Hier wird dem Ohr im siebten Klang eine Modulation von B-Dur nach F-Dur angeboten. Der Charme dieses Angebots besteht in der besonders engen Verwandtschaft zwischen den Tonarten B-Dur und F-Dur, die sechs Töne gemeinsam haben. Dazu wird von der Wahrnehmung freilich verlangt, dass sie den indifferenten Klang im Nachhinein als Klang in B-Dur auffasst und die Möglichkeit c-Moll fallen lässt. Das Ohr beurteilt in diesem Fall die Harmonie von zwei aufeinander folgenden Klängen in ihrer Gesamtwirkung. Der nach F-Dur modulierende Klang schafft sich dabei zugleich den Ausgangspunkt dieses Übergangs: Er verleiht seinem Vorgänger eine tonale Identität, auf deren Basis er sich als Angehöriger einer verwandten Tonart präsentieren kann. Er setzt also die ihm vorausgehende Tonart und zugleich die von ihm selbst repräsentierte Tonart *in ein und dem selben Akt* in Kraft. Die harmonische Intuition verfährt in diesem Fall abwartend, um den durch Aufmerksamkeit und Übung verinnerlichten Maßstab der maximalen Übereinstimmung zwischen den Tonarten bei jeder sich bietenden Gelegenheit anzulegen.

Wird eine tonale Indifferenz *nicht* durch nachfolgende Klänge aufgelöst, sondern durch weitere Indifferenz komplettiert, so entfällt die Möglichkeit einer rückwirkenden Integration der Klänge in eine Abfolge von Modulationen. Umgekehrt kann tonale Indifferenz in die Länge gezogen werden, um dem Hörer den harmonischen Boden unter den Füßen wegzuziehen und ihn nach schwindelerregenden harmonischen Eskapaden wieder in tonale Gefilde zurückzuführen. Ein Beispiel:

Tonale Indifferenz in einer Gigue von Bach [1]

Der erste Klang der zitierten Passage steht aufgrund der vorausgehenden Klänge in F-Dur. Der nächste Klang moduliert nach B-Dur, gefolgt von einem verminderten Septakkord ($D^{=}S_{=}$), der nur der Tonart c-Moll angehören kann, welche in fünf Tönen mit B-Dur übereinstimmt. Der vierte Klang – ebenfalls ein verminderter Septakkord – könnte den Tonarten f-Moll und as-Moll *gleichermaßen* angehören. Beide Tonarten haben vier Töne mit c-Moll gemeinsam, so dass keine der beiden Tonarten sich durch größere Verwandtschaft mit c-Moll eindeutig qualifizieren kann. Der Klang bleibt also harmonisch unbestimmt und wird auch nicht durch die nachfolgenden Klänge tonalisiert. Denn diese sind der äußerlichen Form nach allesamt verminderte Septakkorde, die chromatisch absteigend die Indifferenz in die Länge ziehen. Diese Klänge haben zwar die *Struktur* von dominantisch-subdominantischen Dissonanzen ($D^{=}S_{=}$), aber nicht deren harmonischen *Charakter*; denn sie bewähren sich nicht als Zusammenklänge aus dominantischen und subdominantischen Tönen, weil sie in ihrer Abfolge keine Tonalität stiften.

Der Eindruck, den die zitierte Passage beim Musikhörer erweckt, beruht keineswegs auf einer Kapitulation der Wahrnehmung vor einer womöglich zu komplizierten Harmonik, sondern – ganz im Gegenteil – auf der objektiven Be-

[1] Partita I, BWV 825, Takt 32 bis 40 der Gigue (vereinfachte Notierung)

schaffenheit dessen, was die Wahrnehmung vorfindet: Die tonale Indifferenz bleibt tatsächlich über mehrere Klänge hinweg definitiv unaufgelöst. Es handelt sich um Klänge, die keiner Tonart angehören und für die keine Tonika existiert. Man kann diese Klänge *potenzielle Dissonanzen* nennen; denn jeder dieser Klänge könnte durch einen geeigneten nachfolgenden Klang zu einer wirklichen Dissonanz einer bestimmten Tonart werden.

Bei solchen Ausflügen ins tonale Niemandsland reißt jeglicher Bezug zu einer vorausgegangenen Tonart ab, die den Ausgangspunkt einer Modulation bilden könnte. Das Wiedereintreten gesicherter tonaler Verhältnisse erfolgt daher nicht als Übergang von einer Tonart zu einer andern, sondern als erneute Konstitution einer Tonart.

Ganz ähnlich verhält es sich bei einem Zusammenklang von Tönen, die in keiner Tonart vorkommen können. Auch in diesem Fall geht der Bezug zur bisherigen Tonart verloren, welche daher nicht als Ausgangspunkt einer Modulation zur Verfügung steht. Solche atonalen Klänge wie zum Beispiel der so genannte Tristan-Akkord (f, h, dis, gis) sind keine Dissonanzen, die in eine Tonika aufgelöst werden können, sondern Disharmonien, deren „Auflösung" nur im Wiedereintreten tonaler Verhältnisse bestehen kann, worin sich eine neue Tonart konstituiert.[1] Disharmonien werden zuweilen zur Untermalung einer tragischen oder komischen Stimmung eingesetzt, zum Beispiel als Koketterie mit musikalischem Unvermögen.

[1] Der Tristan-Akkord ist ohne eigene Schuld in eine aufgeregte Debatte darüber geraten, ob er als Vorbote für die prinzipielle Abkehr von der Tonalität zu verstehen sei. Es ist nämlich für das Geltungsbedürfnis bürgerlicher Komponisten ungeheuer wichtig, dass sich die eigene Komposition einerseits höchst originell von allem Bisherigen unterscheidet, andererseits aber auch furchtbar im Trend liegt und daher durch eben dieses Bisherige legitimiert ist. Der Komponist Schönberg war daher nicht nur auf der Suche nach einem Ersatz für die Tonalität, sondern auch nach Beweisen für eine unaufhaltsame Erosion dieses harmonischen Gesetzes, das ihm nur als Konvention galt. Der Tristan-Akkord, als Neuheit in einer Entwicklung zu immer Neuerem aufgefasst, soll dann die Unausweichlichkeit einer historischen Notwendigkeit belegen, die Schönberg mit seinen ungenießbaren Kompositionen exekutiert. (Näheres dazu im Anhang)

c) Tonale Analyse

Durch die Analyse der drei Grundformen des Harmonierens sind alle Begriffe entwickelt worden, die benötigt werden, um den harmonischen Ablauf in einem Musikstück aufklären zu können. Für eine Abfolge von Harmonien kann angegeben werden, in welcher Tonart die einzelnen Harmonien stehen und aus welchen tonalen Grundklängen sie zusammengesetzt sind.

Solche harmonischen Befunde können im Prinzip auch intuitiv zustande kommen: Der Musikhörer kann bei entsprechender harmonischer Aufmerksamkeit ein Gefühl für den Vorgang der Entgegensetzung der Dominanten und Auflösung in die Tonika entwickeln. Er bemerkt dann diesen Vorgang auch bei wechselnden Tonarten und kann eine tonale Auflösung als solche gewöhnlich erkennen. Auch der Wechsel der Tonart kann bei entsprechender Übung intuitiv erfasst werden.

Über das, was man hört, kann man sich jedoch auch täuschen. Bereits die Untersuchung der Tonalität hat gezeigt, dass es Dissonanzen gibt, die beim unmittelbaren Anhören wie Konsonanzen klingen und ihren wirklichen harmonischen Charakter also nur innerhalb einer Klangfolge zeigen. Die Reihe der harmonischen Täuschungen, die sich dem empirischen Beobachter aufdrängen, lässt sich vom Begriff der Modulation her vervollständigen, wie das folgende Beispiel zeigt:

J. S. Bach Präludium, BWV 999 (Schluss)

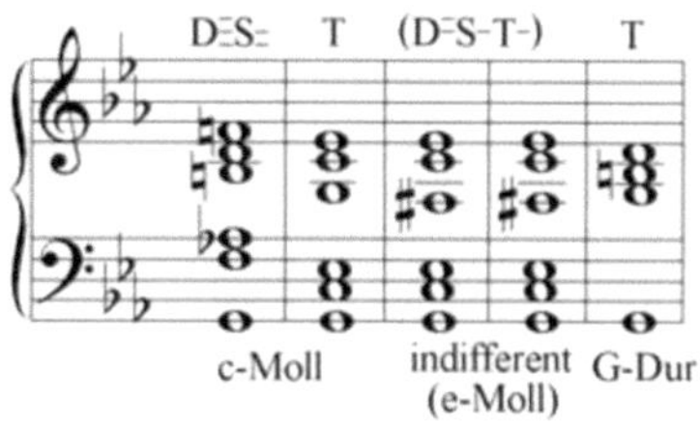

Scheinauflösung nach G-Dur

Hier wird zunächst ein Dominantnonakkord (D≡S=) in c-Moll in seine Tonika aufgelöst. Danach erscheint eine tonal indifferente Harmonie, welche den Tonarten g-Moll und e-Moll gleichermaßen angehören könnte. Der letzte Klang präsentiert sich als G-Dur-Tonika, welche die Indifferenz auflöst, indem er rückwirkend eine Modulation von e-Moll nach G-Dur als Klangfolge mit der größten Harmonie erscheinen lässt.

Der Eindruck, den diese Klangfolge auf das Ohr macht, ist einerseits dadurch bestimmt, dass die letzte Dissonanz unaufgelöst bleibt. Sie ist Ausgangspunkt einer Modulation nach G-Dur. Der modulierende Klang andererseits ist eine Tonika und daher selbst nicht auflösungsbedürftig. Was dieser Klang wirklich auflöst, ist nicht die vorausgehende Dissonanz, sondern deren tonale Unbestimmtheit. Eine tonale Auflösung dieser Dissonanz könnte allenfalls durch eine

Tonika in g- oder e-Moll bewerkstelligt werden. *Diese* Auflösung jedoch hat sich durch eine Modulation erübrigt. Da jedoch die während ihres Erklingens auflösungsbedürftige Dissonanz durch eine Tonika „erledigt" wird, entsteht der Anschein, als ob die modulierende Tonika die vorausgehende Dissonanz aufgelöst habe. Eine solche Schcinauflösung ergibt sogar einen eleganten und eindrucksvollen Schluss, wie das obige Beispiel zeigt. Nimmt man den harmonischen Schein jedoch theoretisch für bare Münze, so behandelt man die letzte Dissonanz ungeachtet der darin enthaltenen Töne als G-Dur-Dissonanz, und solche Ignoranz gegenüber der im jeweiligen Tonbestand liegenden Identität einer Tonart ist in der populären harmonischen Analyse in der Tat gang und gäbe.[1]

Die hier entwickelten Begriffe erklären, warum und inwiefern bestimmte Harmonien in einer harmonischen Abfolge als Auflösung empfunden werden. Sie können daher auch einer harmonischen Analyse zugrunde gelegt werden, die sich von harmonischen Täuschungen unabhängig macht. Eine solche harmonische Analyse muss aufgrund der bereits dargestellten Eigentümlichkeiten der Modulation folgendermaßen verfahren: Sie muss

- feststellen, welche Ausgangstonart sich konstituiert,
- feststellen, ob die Tonart beibehalten oder außer Kraft gesetzt wird,
- die passenden Tonbestände der modulierenden Klänge finden,
- den Tonbestand mit maximaler Übereinstimmung zur vorigen Tonart finden,
- bei tonaler Indifferenz den nachfolgenden Klang hinzuziehen,
- die tonalen Grundklänge der gefundenen Tonart bestimmen,
- die harmonische Zusammensetzung der Klänge ermitteln.

Dieses Verfahren der harmonischen Analyse lässt sich als Algorithmus formulieren, der in ein Computerprogramm umgesetzt werden kann. Die harmonischen Befunde zum folgenden Präludium von Bach stammen von einem solchen Computerprogramm.[2]

---

[1] Anmerkung zur 4. Auflage: Die meisten Notenbeispiele, mit denen in Diskussionen versucht worden ist, die hier vorgelegte Theorie zu widerlegen, waren der Sache nach Scheinauflösungen, die aber für „echte" Auflösungen gehalten wurden.

[2] Der Verfasser hat zusammen mit Jörg Teschner im Jahre 1987 einen „tonalen Sensor" konstruiert, der das Tastenspiel eines Synthesizers in der hier angegebenen Weise analysiert und die harmonischen Befunde simultan auf einem Bildschirm anzeigt. Die Vorrichtung sollte dazu dienen, die Tonstimmung der gespielten Musik aufgrund der gefundenen Tonart zu steuern. Wenngleich dieses Projekt wegen einiger Probleme, die mit den im folgenden Kapitel entwickelten Bestimmungen zu tun haben, aufgegeben worden ist, so war doch der Entwurf des „tonalen Sensors" Anlass zu der hier ausgeführten Analyse des Vorgangs der Modulation. Die Kerngedanken dieser Theorie der Modulation wurden erstmals Anfang 1988 bei der Vorstellung des entwickelten Instruments in der Hochschule für Musik und darstellende Kunst in Hamburg vorgetragen. Ein Abdruck des Vortrags findet sich in: Tonale Analyse und Suche nach reiner Stimmung, Neue Musikzeitung 2/1988, Ausgabe Schulmusik S. 48 f.

J. S. Bach, Das Wohltemperierte Klavier I, Präludium I, BWV 846 (vereinfacht)

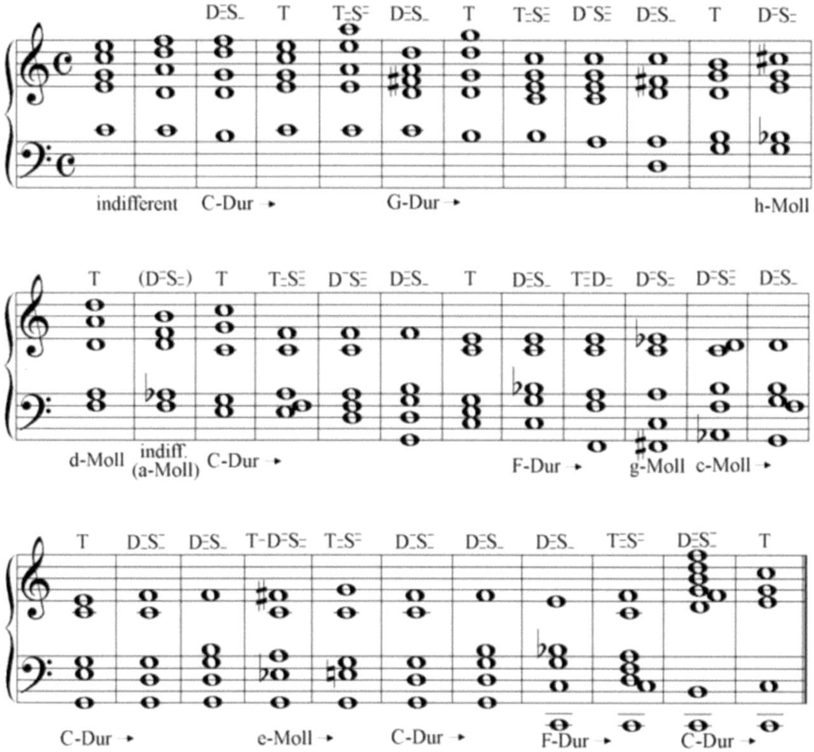

Harmonische Struktur eines Musikstücks

Einige Harmonien sind in einer Weise notiert, die den Blick auf die jeweils gespielte Tonart verstellt. Solche Schreibweisen sind unter dem Namen „enharmonische Verwechslung“ bekannt: [1]

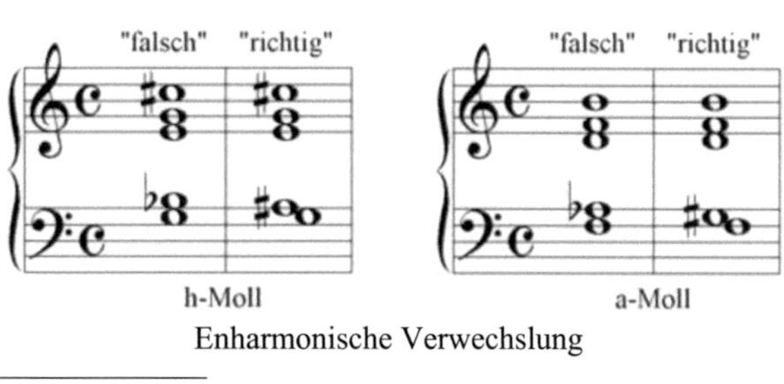

Enharmonische Verwechslung

[1] *„Mit der temperierten Stimmung (...) fallen enharmonisch unterschiedene Töne in einem zusammen (fis = ges). – Enharmonische Verwechslung ist die bloß schreibtechnische, zum Lesen praktischere Vertauschung zweier solcher gleichklingender Töne.“* (Meyers kleines Lexikon Musik, Mannheim 1986, S. 95)

Die Notation ist zunächst einmal pragmatisch darauf berechnet, die Töne zu bezeichnen, die gespielt werden sollen. Abweichungen von einer durchaus vorhandenen Konvention in der Notierung von Tönen einer Tonart sind dabei üblich. Man hört den Tönen ohnehin nicht an, wie sie notiert worden sind. Bei komplizierteren Harmoniefolgen fällt die enharmonische Verwechslung nicht einmal auf, da die jeweils gespielte Tonart nicht so einfach zu bestimmen ist. Die tonale Analyse muss sich an die harmonischen Tatsachen halten – die Notenschrift nicht. Zum Musizieren braucht man ja auch ansonsten keinerlei Musiktheorie. Insofern ist die korrekte Erklärung der musikalischen Gesetze ein Spaß für sich, der zu nichts führt, außer zu Klarheit im Kopf.

Klarheit ist jedoch nicht gerade das, was die gängigen Theorien über die Modulation zutage fördern. Diese Theorien betrachten die Verwandtschaft zwischen Tonarten völlig getrennt vom Vorgang der Modulation. Letztere wird nicht als *Realisierung* eines harmonischen Verhältnisses zwischen den Tonarten begriffen, sondern als *Methode*, zu einer neuen Tonart überzuleiten. Nach Riemann

„versteht man unter Modulation im engeren Sinne die Gewinnung einer neuen Tonika vermittelst Umdeutung von Harmonien aus Funktionen der alten Tonart zu solchen der neuen.“ [1]

Das Konstrukt der Umdeutung lässt sich nur zirkulär definieren: Die neue Tonika, die „vermittelst Umdeutung“ gewonnen werden soll, ist schon in der neuen Tonart unterstellt, zu der die Harmonien umgedeutet werden sollen. Das Konstrukt der Umdeutung enthält die Absurdität, dass der Übergang in eine *andere* Tonart ausgerechnet durch solche Töne bewirkt werden soll, in denen die respektiven Tonarten *übereinstimmen*. Die neue Tonart soll sich angeblich schon ankündigen, *bevor* der Übergang in die neue Tonart vollzogen ist. Nicht das Prinzip der Übereinstimmung zwischen aufeinander folgenden Tonbeständen und die darin begründete Bestimmtheit der tonartlichen Übergänge begreift diese Theorie als inneres Gesetz der Modulation, sondern eine angebliche Zielgerichtetheit der Musik auf die neue Tonart hin.

„Meist erfolgt die Modulation durch Umdeutung. Darunter versteht man die Vermittlung des Übergangs durch einen beiden Tonarten gemeinsamen Akkord, der gewissermaßen als Drehpunkt der modulatorischen Bewegung dient, indem er seine funktionelle Bedeutung, die er in der alten Tonart hatte, mit der neuen Bedeutung der Zieltonart wechselt („Umdeutung“).“ [2]

Auch Grabner beherrscht das zirkuläre Definieren: Der Wechsel in eine neue Tonart soll *durch* einen Bedeutungswechsel erfolgen, der *mit* dem Wechsel in die neue Tonart eintritt. Die Umdeutung soll die Modulation erklären, und die Modulation die Umdeutung.

Wo die Theorie der Umdeutung ihren ominösen „gemeinsamen Akkord“ beim Tonartwechsel nicht vorfindet, leugnet sie gleich alles Harmonische und jeg-

[1] Hugo Riemann, Handbuch der Harmonielehre, Leipzig 1918, S. 216

[2] Hermann Grabner, Allgemeine Musiklehre, Kassel 1974, S. 131

lichen inneren Zusammenhang in der Abfolge der Harmonien und nennt diese Erfindung „Rückung“:

*„**Rückung**: plötzlicher Tonartwechsel, ohne vermittelnden Übergang und ohne Beschränkung auf Verwandtschaftsgrade zwischen den Tonarten; gilt nicht als Modulation.“* [1]

[1] Meyers kleines Lexikon Musik, Mannheim 1986, S. 329

II. Rhythmik

4. Gleichmaß der Harmonienfolge

a) Verwandlung der Harmonien in Takte

Die harmonische Substanz der tonalen Musik entfaltet sich in der Abfolge der Harmonien. Die Ästhetik dieser Bewegung hat ihre Grundlage in ihrem formellen Charakter als Folge von Übergängen von einer Harmonie zur anderen. Der Abschnitt zwischen den Harmoniewechseln erscheint in dieser Abfolge jeweils als Klangdauer einer Harmonie, und zwar unabhängig davon, ob diese Harmonie wirklich bis zum Anklingen der nächsten Harmonie vernehmbar durchgehalten wird. Diese ihre Klangdauer ist das Kriterium, nach dem die Harmonien sich in ihrer Abfolge vergleichen können. Das vierte Prinzip der tonalen Musik besteht daher in der Übereinstimmung der Harmonien im Hinblick auf ihre Klangdauer oder, was dasselbe ist, in der gleichmäßigen Abfolge der Harmonien.

Die einfachste Form dieser Ästhetik besteht in einer Abfolge von Harmonien mit konstanter Klangdauer:

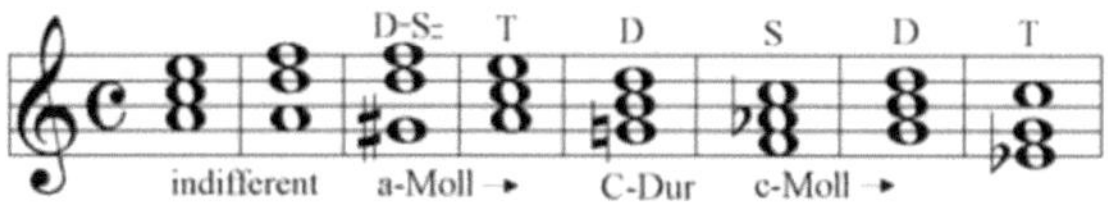

Absolut gleichmäßige Harmonienfolge

Dieses im dritten Kapitel benutzte Beispiel für eine Folge von Harmonien, kann hier als Beispiel für eine gleichmäßige Harmoniebewegung dienen, weil die Harmonien nun als *Takte* geschrieben sind. Denn genau dies teilen die Taktstriche dem Musiker mit, dass der zwischen ihnen erklingende Inhalt von gleicher Dauer ist. Die Angaben zum Charakter der Harmonien dienen hier nur der Verdeutlichung eines sehr abstrakten Befundes, auf den es aber sehr ankommt: Die einzelnen Klänge *unterscheiden* sich harmonisch voneinander, so dass am Taktstrich ein *Harmoniewechsel* stattfindet. Auf dieser Grundlage folgen die Harmonien hier stets in Form von Takten aufeinander.

Der Takt zeigt sich in dieser einfachen Form ganz unmittelbar als der den Harmonien anhaftende Reflex ihrer gleichmäßigen Bewegung. Er ist seinem Begriff nach die übereinstimmende Klangdauer der Harmonien. An der einzelnen Harmonie ausgedrückt, ist er die Klangdauer dieser Harmonie, insofern sie sich an vorausgehenden Harmonien misst oder für nachfolgende Harmonien maßgebend ist.

Der *Begriff* des Taktes, der hier entwickelt wird, darf nicht verwechselt werden mit dem *notierten* Takt. Der notierte Takt hat zwar seine Grundlage in objektiven Gegebenheiten, um die es hier geht, und gibt vielfach den in der Musik hörbaren Takt exakt wieder, unterliegt aber zugleich gewissen pragmatischen Konventionen, die durchaus ihre Berechtigung haben. Und selbst der gehörte Takt wird in der Praxis, wie sich noch zeigen wird, weniger an der harmonischen Bewegung selbst dingfest gemacht als an deren abgeleiteten Erscheinungsformen.[1]

Die gleichmäßige Abfolge von Harmonien kann auch in der folgenden Form vonstatten gehen:

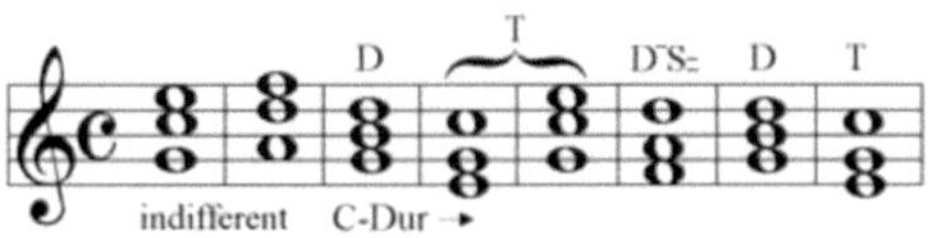

Beibehaltung einer Harmonie

Zwischen dem vierten und dem fünften Takt findet *kein* Harmoniewechsel statt. Beide Takte enthalten die Tonika in C-Dur. Dass dieser Klang in verschiedener *Form* (als erste oder zweite Umkehrung der Grundform) auftritt, spielt dabei keine Rolle. Auch die Form der *Wiederholung* einer Harmonie ist nicht der Witz an der Sache. Ebenso gut kann der Klang einer Harmonie zwei Takte lang durchgehalten werden. Worauf es bei dem Beispiel ankommt, ist das Ausbleiben des Harmoniewechsels, oder positiv: die *Beibehaltung* einer Harmonie über mehrere Takte hinweg. Die harmonische Bewegung stagniert an einer solchen Stelle, so dass eine harmonische Spannung oder Entspannung hinausgezögert und damit verstärkt wird.

Kennzeichnend für diese Form des Taktes ist das sporadische Auseinandertreten von Takt und Klangdauer einer Harmonie, deren Einheit jedoch die bleibende Grundlage ist: Der Takt konstituiert sich in der gleichmäßigen Bewegung der vorausgehenden Harmonien, die mit ihrer zunächst gleich bleibenden Klangdauer den Maßstab setzen, dem auch die beibehaltene Harmonie unterworfen ist. Der bestehende Takt wirkt sich auf diese Harmonie dergestalt aus, dass er den

---

[1] Aus Beobachtungen der folgenden Art pflegen die Musiktheoretiker keinen Schluss auf den Begriff des Taktes zu ziehen: *„Das Ohr aber ist gewöhnt, den Schritt über den Taktstrich als Wechsel der Harmonie aufzufassen, nicht nur als Wechsel von leichter und schwerer Zeit. Wir legen auf diesen Satz besonderen Nachdruck, da er nicht nur für die Harmonisierung, sondern auch für die Analyse von großer Wichtigkeit ist.“* (Johannes Schreyer, Lehrbuch der Harmonie und der Elementarkomposition, Leipzig 1924, S. 42) *„Zunächst ist allgemein zu konstatieren, daß, je schwerer ein Wert ist, desto mehr er einen Wechsel der Harmonie erwarten lässt ...“* (Hugo Riemann, Grundriß der Kompositionslehre, I. Teil: Allgemeine Formenlehre, Leipzig 1916, S. 51) Dass diese merkwürdigen Gewohnheiten und Erwartungen im Takt begründet sein könnten, kommt den Autoren nicht in den Sinn.

Zeitpunkt definiert, zu dem ein Harmoniewechsel zu erwarten ist. Findet dieser Wechsel nicht statt, so wird der Takt zur bloß passiven Eigenschaft der verlängerten Harmonie, deren Zerlegung in Takte nur durch die vorausgehende Harmoniebewegung bewirkt wird. Die beibehaltene Harmonie selbst beteiligt sich nicht aktiv und Maßstab setzend an der Konstitution des Taktes. Sie entgeht dadurch jedoch nicht der im Begriff des Taktes enthaltenen Bestimmung, Bestandteil einer gleichmäßigen Harmonienfolge zu sein.

Befinden sich die Harmonien mit längerer Klangdauer in der Überzahl, so bestimmen *sie* den Takt, so dass der schnellere Harmoniewechsel *im Taktinnern* stattfindet.

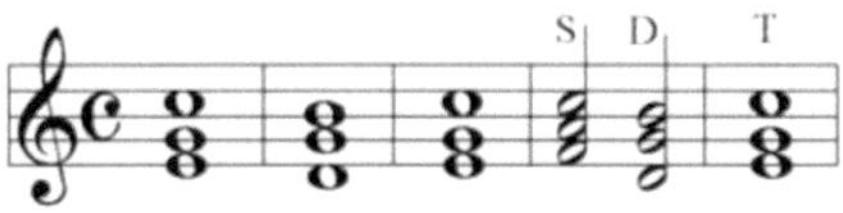

Harmoniewechsel im Takt

Auch hier ist der Takt die Klangdauer der gleichmäßig abfolgenden und daher maßgebenden Harmonien. Die längeren Harmonien bestimmen den Schwung der Bewegung und etablieren ihre Klangdauer als Takt. Vereinzelte schnellere Harmoniewechsel finden folglich *innerhalb* eines solchen Taktes statt und sind am harmonischen Kontrast der aufeinander folgenden Taktphasen kenntlich. Die verkürzten Harmonien definieren keinen Takt, sondern setzen sich nur mit ihrer Extravaganz in ein oppositionelles Verhältnis zum installierten Takt, dem sie unterworfen sind.

Die Mehrheitsverhältnisse zwischen schneller und langsamer aufeinander folgenden Harmonien können auch schwanken, so dass mit dem Maßstab, den die jeweils dominierenden Harmonien setzen, auch der Takt wechselt.

Taktwechsel

Der Taktwechsel widerspricht natürlich nicht dem Begriff des Taktes. Das dem Takt zugrunde liegende Gleichmaß der harmonischen Bewegung tut seine Wirkung vor und nach dem Taktwechsel. Und selbst das Verhältnis, in dem die wechselnden Takte zueinander stehen, enthält ein Moment der Übereinstimmung.

Bei den bisherigen Beispielen sind die Takte ihrem Begriff entsprechend notiert. Im letzten Fall würde man sich üblicherweise für eine leichter lesbare Notierung entscheiden, die einen einheitlichen Takt für das ganze Stück unterstellt. Ein Taktwechsel wird gewöhnlich nur dann notiert, wenn es dafür triftige Gründe gibt. Es ist nämlich für die musikalische Umsetzung der Noten ziemlich einerlei, ob zwei wirkliche Takte als *ein* Takt notiert werden oder auch umgekehrt. Das Gleichmaß der harmonischen Bewegung kommt unabhängig von einer solchen Notierung zustande. Meist bevorzugt man die Schreibweise, die mit weniger Taktstrichen auskommt.

Allerdings tut sich jeder Musiker beim Spielen nach Noten schwer, wenn der notierte Takt in keinerlei rationellem Verhältnis zum wirklichen Takt steht oder wenn auf den Taktstrich völlig verzichtet wird. Denn auch in dieser Hinsicht ist die Notenschrift ein Hilfsmittel, das den Eigentümlichkeiten der musikalischen Ästhetik Rechnung trägt. Kein Wunder also, dass der Taktstrich wie der Takt selbst ein genuines Produkt der tonalen Musik ist.

Die in gewissem Rahmen gegebene Freiheit bei der Notierung der Takte erweckt den Anschein, als ob der Takt selbst ganz unabhängig von den Harmonien bestimmt sei. Der *notierte* Takt wird ganz selbstverständlich als Inbegriff des Taktes betrachtet, da er praktisch die einzige Form ist, in der ein Takt zur Kenntnis genommen wird. Umgekehrt wird ein vom geschriebenen Takt unabhängig existierender, *gehörter* Takt in der Praxis gar nicht festgehalten. In ähnlicher Weise ist vielen Musikern die Tonart nur in der formellen Bedeutung der einem Musikstück insgesamt und einheitlich vorgezeichneten Tonart geläufig.

Die Musiklehren liefern zu diesen volkstümlichen Vorstellungen das passende theoretische Konstrukt eines Taktes, der nicht mehr ist als ein Abschnitt in einem Musikstück, welches aber prinzipiell auch in kleinere oder größere „Einheiten“ zerlegt werden kann. Quasi als Beweis für diese Auffassung behandeln sie in Abhandlungen über Metrik und Rhythmik den Takt im Zusammenhang mit Taktgruppen, die in vielen Tänzen und Liedern zu Phrasen ausgebildet sind und als solche gewissen Schlussformen (Ganzschluss, Halbschluss, Trugschluss usw.) zugrunde liegen – die wiederum vielfach mit Bestimmungen der Kadenz verwechselt werden. Diese Ästhetik der Phrasierung ist jedoch eine Spezialität gewisser Stilrichtungen und Musikgattungen (bei Bach z.B. findet man sie gewöhnlich in Suiten und Chorälen, nicht aber in Präludien und Fugen), hat also mit den *allgemeinen* Bestimmungen der tonalen Musik nichts zu tun, um die es im vorliegenden Buch geht. Diese stilistischen Besonderheiten stehen also in keinerlei notwendigem Verhältnis zum Takt, und die Schlussfolgerungen, die aus dem Begriff des Taktes zu ziehen sind, gehen in eine ganz andere Richtung.

b) Zerlegung des Taktinhalts

Die Harmonien nehmen durch ihre *gleichmäßige Bewegung* die Gestalt von Takten an, also prinzipiell dadurch, dass sie sich nach dem Kriterium ihrer Klangdauer miteinander vergleichen. Ihre Klangdauer fungiert in dieser Bewegung als Maßstab, den die Harmonien einander setzen und der ihnen daher auch umgekehrt immer jeweils von außen gesetzt ist. Die Harmonien sind daher wesentlich *Taktinhalte*, also dasjenige, was im Rahmen und im Verlauf von Takten erklingt.

Die einfachste Form, in der sich die Harmonien im Takt ausbreiten, ist die bisher der Einfachheit wegen unterstellte Form von Akkorden in dem Sinne, dass alle Töne simultan und während des ganzen Taktes erklingen:

Jimmy Page, Babe I'm Gonna Leave You (1969)

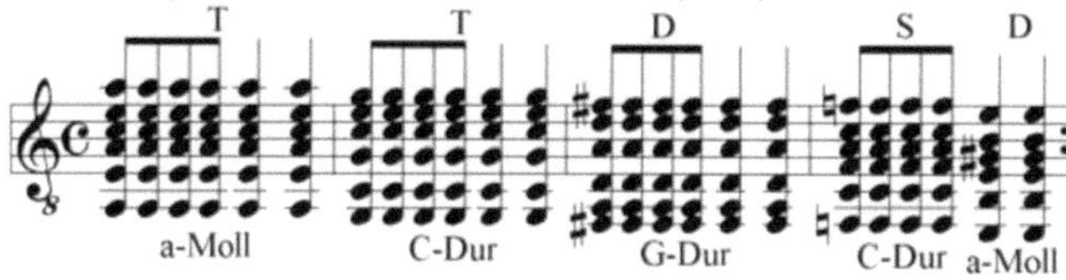

Einfache Akkorde

Aus der Bestimmung der Harmonie als Taktinhalt folgt jedoch, dass die Bestandteile einer Harmonie nicht sofort bei ihrem ersten Anklingen und während ihrer ganzen Klangdauer in Erscheinung treten müssen. Es genügt, wenn die betreffenden Töne irgendwann im Verlauf dieses Zeitabschnitts erklingen:

Jimmy Page, Babe I'm Gonna Leave You (1969)

Zerlegte Harmonien

Man sieht: Die Klangdauer der Harmonien ist der Zeitraum, in dem die Bestandteile der Harmonien erklingen. Das Zusammenklingen der Töne ist gleichbedeutend mit ihrer Koexistenz im gleichen Takt oder Taktteil.

Demnach wird jede Harmonie als im Takt zusammengefasste Einheit der nach und nach in Erscheinung tretenden harmonischen Partikel wahrgenommen. Der Hörer erfasst intuitiv die Stellen, an denen Harmoniewechsel stattfinden. Das Kriterium, nach dem die Harmonien identifiziert werden, ergibt sich aus dem Begriff des Taktes: Es besteht in der Unterstellung einer möglichst gleichmäßigen Folge von Harmonien.

Beim Notieren eines musikalischen Einfalls mag ein Autor zunächst im Zweifel sein, wo er den Taktstrich ziehen soll. Er schreibt die Noten vielleicht zunächst ohne Taktstrich auf, probiert dann Alternativen, den Taktstrich zu ziehen, und gibt einer Variante den Vorzug. Den Grund muss er nicht kennen, aber er lässt sich benennen: Die optimale Notierung berücksichtigt intuitiv die Logik des Taktes und wählt diejenige Variante, bei der in möglichst *gleichmäßigen* Abständen Übergänge stattfinden zwischen möglichst deutlich voneinander *unterscheidbaren* Harmonien, die ihrerseits möglichst viel *Harmonie* enthalten.

Nach demselben Kriterium wird auch der Harmoniewechsel innerhalb des Taktes erkannt. Im Falle des obigen Beispiels wird im vierten Takt ein Harmoniewechsel empfunden, und zwar sowohl wegen des harmonischen Kontrasts der beiden Takthälften, als auch wegen ihrer jeweiligen Konsonanz:

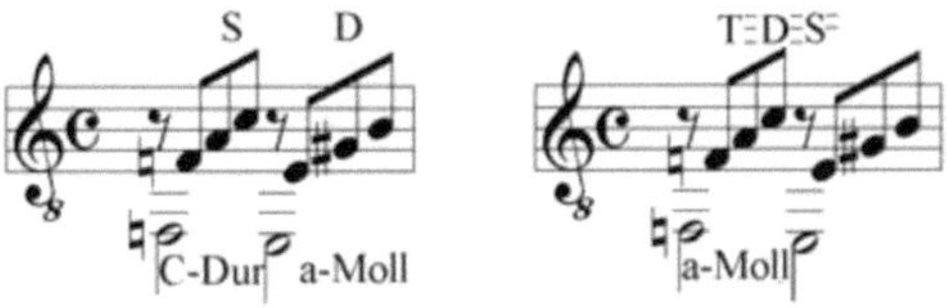

Tonale Befunde mit und ohne Rücksicht auf den Harmoniewechsel im Takt

Jede Takthälfte klingt für sich genommen harmonischer als ihre Einheit im Takt. Also wird ein Übergang zwischen diesen Hälften festgestellt. Bei den anderen Takten unterscheiden sich die Takthälften harmonisch überhaupt nicht, so dass für die Unterstellung von zwei Harmonien im Takt keine objektiven Anhaltspunkte gegeben sind.

Der Takt ist die den Harmonien aufgrund ihrer gleichmäßigen Bewegung angewachsene Form. In dieser Bewegung konstituiert er sich und wird als Takt bemerkt, erscheint dann aber rückwirkend auch als Eigenschaft der ersten Harmonie. Dem ersten Takt wird dabei sogar konzediert, dass er mit einer Pause beginnt, weil sich seine wirkliche Länge aus der nachfolgenden Harmoniebewegung ableiten lässt. In der Notenschrift wird die Pause am Anfang des Musikstücks notiert, wenn sie sich über einen kleineren Teil des Taktes erstreckt. Ansonsten wird ein verkürzter Anfangstakt auch ohne Pausenzeichen leicht auf dem Notenblatt gesehen und heißt dann Auftakt.

M. Jagger/K. Richards/A. L. Oldham, As Tears Go By (1966)

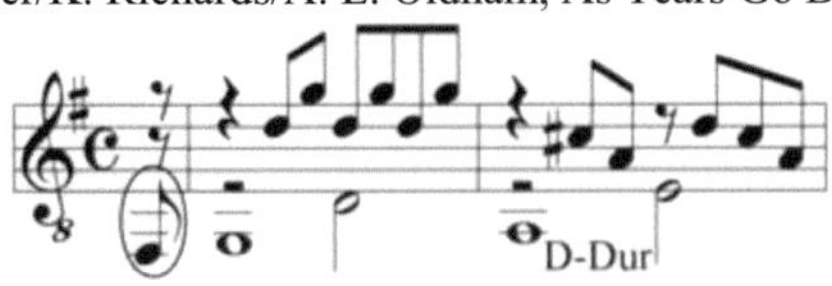

Auftakt

Wer einen Auftakt notiert oder spielt, muss übrigens nichts von der harmonischen Bewegung wissen, die er intuitiv berücksichtigt. Es wird sich, wie bereits angedeutet, noch zeigen, dass dem Musiker der Takt hauptsächlich aufgrund seiner abgeleiteten Formbestimmungen auffällt und bewusst wird.

c) Modulierender Taktinhalt

Da die Bestandteile einer Harmonie im Takt verstreut sind und als Taktinhalt zusammenklingen, erstreckt sich auch die Wahrnehmung der Harmonie auf ihre gesamte Klangdauer und ist erst am Ende der Harmonie abgeschlossen. Die Eigenart einer Harmonie erschließt sich also in der Regel erst am Taktende. Insofern durchläuft die Wahrnehmung im Taktverlauf verschiedene Phasen, in denen die anklingenden Töne nach und nach aufgenommen und harmonisch eingeschätzt werden.

Für die Modulation ergibt sich daraus eine eigentümliche Verlaufsform. Einerseits beginnt die neue Tonart mit der modulierenden Harmonie, also beim Übergang in die Harmonie, deren Töne einer neuen Tonart angehören. Andererseits steht die neue Tonart erst fest, wenn die modulierende Harmonie vollständig in Erscheinung getreten ist. Der harmonische Übergang ist immer schon vollzogen, wenn er sich als solcher zeigt. Zwei Beispiele sollen dies verdeutlichen:

J. S. Bach, Präludium (BWV 999), Takt 37/38

Modulation von G-Dur nach c-Moll

Takt 37 moduliert von e-Moll nach G-Dur, so dass G-Dur die Ausgangstonart von Takt 38 ist, der genauer betrachtet werden soll.

1. Der erste Ton, das g, passt noch in die Tonart G-Dur. An dieser Stelle wird noch keine Modulation bemerkt. Dasselbe gilt noch für die beiden folgenden Töne h und d.
2. Beim Ton f wird bemerkt, dass die Tonart G-Dur nicht mehr in Kraft ist. Dieser Ton gehört wegen der Auflösung des in Takt 36 gesetzten Vorzeichens nicht mehr zum Tonbestand von G-Dur. Für die bis dahin aufgetretenen Töne g, h, d, f kommen nur die Tonarten C-Dur und c-Moll in Betracht. Nach dem im letzten Kapitel dargestellten Prinzip der Modulation, also sozusagen nach dem Trägheitsgesetz des harmonischen Hörens, scheidet c-Moll aus, weil es in nur vier Tönen mit G-Dur übereinstimmt, C-Dur dagegen in sechs Tönen. Die nachfolgende Wiederholung der Töne h und d bestätigen den vorläufigen Eindruck, dass ein Wechsel in den Tonbestand der Tonart C-Dur stattfindet. Würde man an dieser Stelle die Wiedergabe des Stücks abbrechen und die passende Tonika suchen, so würde sich zeigen, dass das Ohr auf C-Dur eingestimmt ist.
3. Der Ton as zeigt, dass die Harmonie mit den Tönen g, h, d, f, as nicht der Tonart C-Dur angehören kann und dass offenbar doch eine Modulation nach

c-Moll stattfindet. Aber die Ausgangstonart dieser Modulation ist nicht C-Dur, sondern G-Dur. Denn die Modulation findet nicht statt zwischen den Bestandteilen einer Harmonie, sondern in der Abfolge der Harmonien, also beim Harmoniewechsel. Die Tonart c-Moll ist daher auch das Ergebnis des Vergleichs der Töne g, h, d, f, as mit der vorangehenden Tonart G-Dur. Würde das as auf C-Dur bezogen werden, so würde es als gis von a-Moll erscheinen. Innerhalb einer Harmonie finden also keine Modulationen statt, sondern nur gegebenenfalls Korrekturen eines vorläufigen Eindrucks.

4. Erst am Taktende, nachdem die Wiederholung der Töne h und f den Eindruck von der Modulation nach c-Moll bestätigt haben, steht fest, dass diese Tonart in Kraft getreten ist. Die verklungene Harmonie gehört zur Tonart c-Moll. Der Wechsel in diese Harmonie war also auch ein Übergang von G-Dur nach c-Moll. Stattgefunden hat dieser Übergang am Taktbeginn, bemerkt wurde er am Taktende.

   Ein anderes Beispiel:

J. S. Bach, Präludium (BWV 846), Takt 27/28

Modulation von C-Dur nach e-Moll

1. Ausgehend von C-Dur beginnt Takt 28 mit einem g, das noch keinen Hinweis auf eine neue Tonart gibt.
2. Der Ton es (im Bass) zeigt, dass die Tonart C-Dur nicht mehr in Kraft ist. Die Töne g und es (bzw. dis) können verschiedenen Tonarten angehören, wovon B-Dur und e-Moll am nächsten mit C-Dur verwandt sind. Beide Tonarten haben mit C-Dur fünf Töne gemeinsam. Es entsteht also an dieser Stelle der Eindruck einer tonalen Indifferenz. Bricht man das Spiel hier ab, so lässt sich nicht entscheiden, ob die Tonika von B-Dur oder die von e-Moll als bessere harmonische Auflösung erscheint. Die nachfolgenden Töne a und c bringen in dieser Hinsicht keine Entscheidung, weil sie in e-Moll und B-Dur gleichermaßen vorkommen.
3. Erst das fis macht deutlich, dass die Tonart B-Dur nicht mehr in Frage kommt, dass also eine Modulation nach e-Moll stattfindet. Demnach war auch der Ton es unangemessen notiert, weil dieser Ton in e-Moll gewöhnlich als dis geschrieben wird.
4. Da keine neuen Töne mehr hinzugekommen, steht am Taktende fest, dass die im Takt präsentierte Harmonie in e-Moll steht. Eine tonale Indifferenz war nicht wirklich eingetreten, sondern es war nur nicht sofort klar, welche Harmonie im Taktverlauf in Erscheinung tritt.

An den Gesetzen der Modulation hat sich durch den Takt nichts geändert: Der Übergang von einer Tonart zur andern ist eine Sache, die sich beim Harmoniewechsel ereignet. Dass die Harmonien im Takt einhermarschieren, hat nur zur Folge, dass der Charakter einer Harmonie sich erst am Taktende herausstellt. Im Taktverlauf treten die Komponenten der Harmonie nach und nach in Erscheinung und geben dabei nur einen vorläufigen Eindruck vom harmonischen Fortgang. Sofern die Wahrnehmung sich schon durch unvollständige Harmonien beeindrucken lässt, muss sie ihre Eindrücke gegebenenfalls korrigieren. Innerhalb der Klangdauer einer Harmonie findet jedenfalls keine Modulation statt.

Was sich nun aber zeigt, ist die genauere Beschaffenheit der tonalen Musik und die eigentümliche Leistung der harmonischen Wahrnehmung: Die Bestimmung der Harmonien, die Feststellung ihrer Tonart und ihrer tonalen Zusammensetzung, setzt unter Umständen die Identifizierung der Takte voraus. Umgekehrt setzt die Bestimmung der Takte aber auch die Unterscheidbarkeit der Harmonien voraus. Das Gleichmaß der harmonischen Bewegung *unterstellt* die Identität der Harmonien und etabliert den Takt zugleich als Vorgabe zur Bestimmung der Harmonien. Um Harmonie und Rhythmus genießen zu können, benötigt die Wahrnehmung gleichermaßen Anhaltspunkte für die regelmäßigen Übergänge zwischen den Harmonien wie auch für die Übergänge zwischen den Tonarten – was nicht immer völlig unabhängig voneinander zu haben ist.

Die Musikalität ist eine Fähigkeit, die dieses „Problem“ beim Erfinden und Wahrnehmen von Musik spielend bewältigt. Weniger leicht ist es, ein Computerprogramm zu schreiben, das diese geistige Leistung simuliert, indem es zum Beispiel zu einem improvisierten Musikstück automatisch den Taktstrich findet. Die im nächsten Kapitel untersuchten Ausgestaltungen des Taktes bieten zwar weitere Anhaltspunkte zur Identifizierung der Takte, aber auch weitere Gesichtspunkte zur Bestätigung des hier schon feststehenden Ergebnisses, dass der Takt in gewisser Weise seine eigene Grundlage hervorbringt. Die Frage nach der historischen „Initialzündung“ für diese Eigendynamik des Taktes wird also auch noch zu klären sein.

5. Gleichmaß der Taktteilung

a) Gliederung des Taktes

Das vorige Kapitel zeigte den Takt als die Gestalt, die Harmonien annehmen, wenn sie dem Prinzip ihrer gleichmäßigen Abfolge unterworfen sind: Der Takt ist die rhythmische Klangfigur, worin die Bestandteile der Harmonie zusammenklingen, indem sie im Verlauf seiner Klangdauer in Erscheinung treten. In diesem Zusammenhang interessiert das Verhältnis der Töne nur nach seiner *harmonischen* Seite hin, als Verhältnis, das sie als Bestandteile der im Takt zusammengefassten Harmonie haben. Im Folgenden geht es um das spezifisch *rhythmische* Verhältnis dieser Töne. Deren Zusammenklingen im Takt hat nämlich seine eigene Ästhetik insofern, als das Auftreten der einzelnen Töne auf der Grundlage einer gleichmäßigen Unterteilung des Taktes erfolgt. Der Takt ist also Ausgangspunkt einer Einteilung seiner Klangdauer in Zeitabschnitte, die eben deswegen übereinstimmen, weil sie das Ergebnis einer gleichmäßigen Teilung sind.

Die einfachste Form dieser Übereinstimmung zeigt sich in Takten, die ausschließlich in Takthälften oder -drittel zerlegt sind. Es ist dies die Form der gleichmäßigen Abfolge von Momenten, in denen Töne in Erscheinung zu treten pflegen.

J. Lennon/P. McCartney, Michelle (1965)

Einfache Halbierung des Taktes

Die Taktbezeichnung ist übrigens nicht identisch mit der Logik der Taktteilung. Die Notierung des obigen Beispiels als Zweivierteltakt geschah durchaus auch mit Rücksicht auf gewisse Vorstellungen bezüglich des Tempos. Die Viertelnote ist nicht im Verhältnis zum *Takt* definiert, sondern im Verhältnis zur *ganzen Note*. Diesbezüglich wurde die mit der Mensuralnotation für eine noch taktlose Musik entwickelte Vorstellung von ungefähren Tonlängen aus ganz praktischen Gründen heraus in modifizierter Form konserviert. In diesem Sinne gibt es auch keinen „Dritteltakt", sondern zum Beispiel einen Dreivierteltakt. Die Taktbezeichnung gibt dennoch einen Hinweis auf die Teilung des Taktes, und zwar darüber, dass sie das Verhältnis der ganzen Note zum Takt vorweg definiert. Im obigen Beispiel besagt die Taktbezeichnung, dass in ihrem Geltungsbereich die Dauer eines Taktes durch eine halbe Note dargestellt wird und dass dieser Takt prinzipiell in Hälften aufgeteilt ist.

Das aus dem Prinzip der Teilung resultierende Gleichmaß der Taktteile ist jedoch nur der einfache Ausgangspunkt der im Taktinnern lauernden Rhythmik. Schon bei der Teilung des Taktes in vier gleiche Abschnitte zeigt sich, dass die prinzipielle Übereinstimmung der Taktteile sich nicht auf die gleichmäßige Abfolge der Taktviertel beschränkt. Im geviertteilten Takt existiert auch eine Übereinstimmung der Takthälften. Diese Hälften sind nicht nur als mathematisches Abfallprodukt in der Vierteilung eingeschlossen, sondern vom ästhetischen Standpunkt umgekehrt die höhere Form der Übereinstimmung, welche die Unterteilung in Viertel in sich einschließt. Denn die Takthälften vergleichen sich nicht nur als Zeitperioden miteinander, sondern auch hinsichtlich ihrer übereinstimmenden Untergliederung. Die Vierteilung des Taktes ist also in erster Linie eine Halbierung des Taktes und in zweiter Linie eine Halbierung der Takthälften.

Auch die Viertel des Taktes können wieder in Teile zerfallen usw. Die Einteilung des Taktes erfolgt zuerst als Teilung seiner gesamten Klangdauer und setzt sich stufenweise fort als Teilung der Taktteile. Die Gliederung des Taktes geht insofern über die einfache Form der Taktteilung hinaus und ist als Hierarchie der Teilungsstufen ausgebildet.

Das folgende Beispiel zeigt eine fortlaufende Halbierung von Takt, Takthälften, Taktvierteln und Taktachteln. In der Notierung selbst wird die Struktur der Taktteilung durch die Form der Zusammenfassung von Sechzehntel-Noten verdeutlicht.

J. S. Bach, Präludium (BWV 846)

Hierarchie der Teilungsstufen bei Teilung durch 16

Ein Takt oder Taktteil kann in zwei oder drei Segmente aufgeteilt sein. Man spricht dann von einer geraden oder ungeraden Aufteilung. Das folgende Beispiel zeigt eine fortlaufend ungerade Teilung des Taktes.

J. S. Bach, Präludium (BWV 882)

Hierarchie der Teilungsstufen bei Teilung durch neun

Die Zerlegung des Taktes in vier, acht, sechzehn, oder auch neun Teile resultiert immer in einer eindeutigen Hierarchie der Teilungsstufen, so dass der Wahrnehmung mit der untersten Teilungsstufe auch gleich die gesamte Gliederung des Taktes gegenwärtig ist. Anders verhält es sich mit Gliederungen des Taktes, in denen gerade und ungerade Teilung kombiniert sind, wie dies bei folgenden Takten der Fall ist:

J. S. Bach, Präludium (BWV 999)

J. S. Bach, Gigue (BWV 825)

Verschiedene Formen der Teilung durch zwölf

Im ersten Beispiel ist der Takt vorrangig ungerade geteilt, im zweiten vorrangig gerade. Die Gliederung des Taktes wird in beiden Fällen durch die Form der Notierung *verdeutlicht*, kommt aber natürlich nicht dadurch zustande. Die Gruppierung der Noten hält nur die hörbare Gliederung fest, die der notierten Musik immanent ist. Ob der Takt zuerst ungerade oder gerade geteilt ist, wird vom Hörer auch ohne Kenntnis der Noten bemerkt, und zwar an den Tönen, die eine höhere Teilungsstufe repräsentieren, die also als Drittel oder Sechstel des Taktes erklingen, wie im ersten Beispiel, oder als Taktviertel, wie im zweiten Beispiel. Auch der Harmoniewechsel im Takt, also eine Verlaufsform der im vorigen Kapitel behandelten Ästhetik der Harmoniebewegung, kann die vorrangige Teilungsart des Taktes bestimmen.

Die bisherigen Beispiele zeigen die hierarchische Gliederung des Taktes fast ausnahmslos in der ganz expliziten Form, worin jedes Taktsegment der untersten Teilungsstufe durch das Auftreten eines Tons kenntlich ist. Der Grund für die hierarchische Gliederung des Taktes liegt jedoch nicht in dieser ausdrücklichen

Form, sondern *im Prinzip der Übereinstimmung der Taktteile*. Das folgende Beispiel zeigt, wie auch einige wenige Repräsentanten der untersten Teilungsstufe die gesamte Gliederung des Taktes bestimmen:

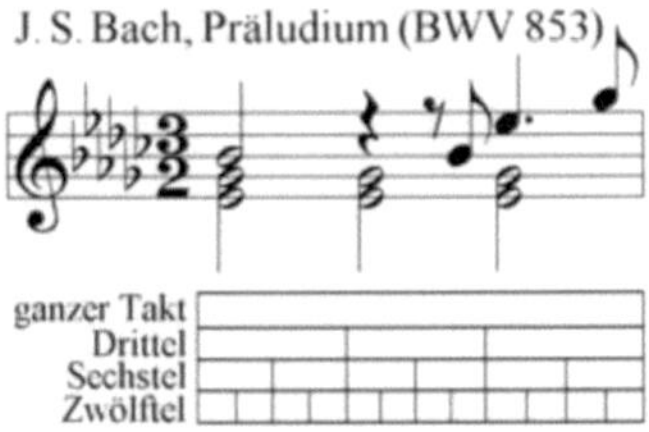

Implizite Gliederung des Taktes

Dieser Takt zeigt erstens eine explizite Dreiteilung des Taktes durch drei Vertreter der ersten Teilungsstufe. Zweitens erscheinen zwei Töne, die ein Viertel eines solchen Taktdrittels darstellen, also ein Zwölftel des Taktes. Daraus lässt sich ersehen, dass der Takt zunächst ungerade und dann zweimal gerade geteilt ist. Die Maßgeblichkeit der immanenten Gliederung des Taktes für die Wahrnehmung beruht auf der Unterstellung, dass die Taktdrittel erstens *in sich* gleichmäßig unterteilt sind und zweitens *untereinander* hinsichtlich ihrer weiteren Teilung übereinstimmen. Das erste Drittel enthält daher vier Zwölftel des Taktes in sich, und zwar aufgrund des Auftretens von Vertretern einer Zwölfteilung im weiteren Verlauf des Taktes.

b) Konstitution der Teilungsstufen

Die komplette Gliederung eines Taktes kann, wie man sieht, schon durch wenige Töne angedeutet werden. Andererseits ist die Teilung des Taktes nur soweit ausgebildet, wie sie durch Repräsentanten von Teilungsstufen ausgewiesen ist.

Hinzutreten von Teilungsstufen

Die Konstitution einer Taktgliederung wird in diesem Beispiel sukzessiv aufgebaut, indem die Hierarchie der Teilungsstufen in aufeinander folgenden Takten erweitert wird. Am ersten Takt ist noch keine Unterteilung wahrnehmbar, am zweiten Takt bemerkt der Hörer eine Dreiteilung, am dritten Takt eine Halbierung der Drittel.

Ist eine Taktgliederung jedoch erst einmal in die Welt gesetzt, so bleibt sie für nachfolgende Takte auch dann erhalten, wenn eindeutige Vertreter dieser Gliederung ausbleiben. Das liegt daran, dass es sich um die Gliederung von *Takten* handelt. Die Gliederung des Taktes ist die Ausgestaltung jener Klangdauer, worin die Harmonien in ihrer gleichmäßigen Abfolge übereinstimmen. Sie ist daher eingeschlossen in dieser Übereinstimmung, und zwar als Eigenschaft des Taktes, die für nachfolgende Takte maßgebend ist. Für eine gegebene Gliederung des Taktes bedeutet dies, dass sie nicht in jedem Takt vollständig in Erscheinung treten muss. Wegen der prinzipiellen Übereinstimmung der Takte genügt es, wenn eine Taktgliederung sich dadurch konstituiert, dass sie in irgendeinem Takt eindeutig hervortritt. Sie gewinnt dann eine gewisse Stabilität, die erhalten bleibt, wenn sie ab und an durch entsprechend unterteilte Takte bestätigt wird.

Die Stabilität einer Taktgliederung kann auf verschiedene Weise gebrochen werden: Eine Hierarchie von Teilungsstufen kann sich *zurückbilden*, wenn eine gröbere Gliederung sich als übereinstimmendes Merkmal der Takte durchsetzt. Eine Taktgliederung kann jedoch auch *abgelöst* werden durch eine neue Form der Unterteilung. Dabei sind wiederum zwei Fälle zu unterscheiden:

Der Übergang in eine neue Teilungsart kann *von einem Takt zum andern* vollzogen werden, wenn er auf einer abgeleiteten Stufe stattfindet. Das folgende Beispiel zeigt, wie die Verwandlung einer geraden Teilung in eine ungerade Teilung auf der dritten Stufe ganz plötzlich erfolgt. Die ungerade Teilung macht sich im Takt so massiv geltend, dass sie die gerade Teilung der vorangegangenen Takte sofort verdrängt. Die *innerhalb* des Taktes herrschende strukturelle Übereinstimmung vollendet die Konstitution der neuen Taktgliederung, noch bevor der Takt zu Ende ist.

J. S. Bach, Variatio 20 (BWV 988), Takt 8 und 9

Wechsel der Teilungsart

Für einen Wechsel der Teilungsart auf der *ersten* Teilungsstufe reicht ein einzelner Takt nicht aus. In einem solchen Fall müssen dem Ohr schon *mehrere Takte* mit der neuen Teilungsstruktur geboten werden, damit diese sich konstituiert. Ansonsten wirkt sich die Stabilität der Taktgliederung, die ja nur ein anderer Ausdruck für die prinzipielle Übereinstimmung der Takte im Hinblick auf die

Struktur ihrer Aufteilung ist, auch auf solche Takte aus, die selbst keinen Beitrag zu dieser Gliederung leisten. In diesem Sinne ist auch die vorrangige Dreiteilung im obigen Beispiel von vorhergehenden Takten vorgegeben.

c) Verschmelzung von Taktsegmenten

Die hierarchische Gliederung des Taktes, seine gleichmäßige und mehr oder weniger fortlaufende Zerlegung in Taktsegmente, wird durch Töne hervorgerufen, die sich durch den Zeitpunkt ihres Auftretens und durch ihre Klangdauer als Produkte dieser Zerlegung ausweisen. Auch bei der impliziten Gliederung des Taktes muss mindestens ein Ton auftreten, der das Ergebnis der Teilung auf der untersten Stufe verkörpert. Ansonsten können auch längere Töne auftreten, die sogar bei der Ausprägung von Taktgliederungen eine Rolle spielen können, wenn darin nämlich gerade und ungerade Teilungen kombiniert sind. Hat das Ohr genügend Anhaltspunkte für die Wahrnehmung einer Taktgliederung, so wird diese stabilisiert durch die prinzipielle Übereinstimmung sowohl der Taktsegmente als auch der gegliederten Takte selbst.

Auf dieser Grundlage kann sich die Klangdauer der Töne auch über mehrere Taktsegmente erstrecken wie in dem folgenden Beispiel:

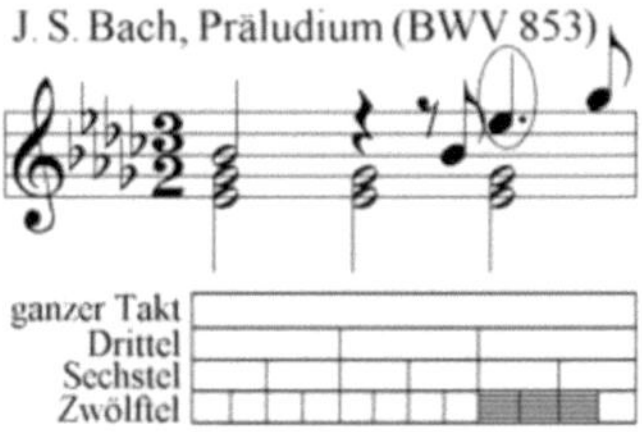

Verschmelzung von drei Zwölfteln des Taktes

Während in diesem Takt die halben Noten und Achtelnoten ganz unmittelbar Taktdrittel und Taktzwölftel darstellen und hörbar machen, vereinigt die punktierte Note (im Kreis) drei Zwölftel des Taktes, oder anders ausgedrückt: ein Sechstel und ein Zwölftel des Taktes. Dieser Ton unterscheidet sich von den andern Tönen im Takt ganz grundsätzlich: Er verkörpert kein einzelnes Segment der Taktteilung, sondern eine Verbindung zwischen Segmenten. Er leistet keinen Beitrag zur Konstitution der Taktgliederung, sondern setzt die Konstitution der Taktgliederung als gegeben voraus. Er beteiligt sich nicht an der Zerlegung des Taktes, sondern hebt die Trennung der Teile wieder auf, indem er sie in seiner Klangdauer miteinander verschmilzt.

In der Notenschrift werden Töne, in denen Taktsegmente verbunden sind, in zweierlei Form notiert: einerseits in der ganz unscheinbaren Form einer Note von – relativ zur ganzen Note – bestimmter Länge. Dass dieser Ton etwas Zusammengesetztes ist, bemerkt man dann erst bei näherer Betrachtung der Taktstruktur. Dies gilt für das obige und das folgende Beispiel:

W. A. Mozart, Minuetto (KV 15y)

Verschmelzung von zwei Dritteln des Taktes

Andererseits gibt es in der Notenschrift auch die äußerst auffällige Form, einen solchen zusammengesetzten Ton durch mehrere Noten darzustellen. Die Noten werden dann durch Haltebögen miteinander verbunden, um die Klangeinheit des Tons kenntlich zu machen. Diese so genannten Ligaturen werden aus verschiedenen Anlässen genutzt: Entweder erscheint es sinnvoll, die Taktstruktur für den Spieler zu verdeutlichen; oder die Schreibweise wird nahe gelegt infolge der hörbaren Bestimmtheit des Tons durch die Taktgliederung; oder es findet sich einfach keine andere Schreibweise für den betreffenden Ton – wie etwa im folgenden Takt:

J. S. Bach, Präludium (BWV 552)

Verschmelzung von fünf Sechzehnteln des Taktes

Durch die Ästhetik der Taktgliederung erscheint der musikalische Ton in einer fortentwickelten Gestalt: *Ausgangspunkt* der rhythmischen Zerlegung des Taktes ist der harmonische Taktinhalt, worin die Töne als Bestandteile von Harmonien bestimmt sind. Im *Resultat* der Taktgliederung verkörpern die Töne Taktsegmente, und zwar in zweierlei Form: Zunächst treten sie als *separate* Taktsegmente in Erscheinung und sind als solche Träger der Taktstruktur. Diese Rolle spielen sie zusätzlich zu ihrer Stammrolle als harmonische Komponenten. Sie konstituieren Taktgliederungen über den einzelnen Takt hinaus und ermöglichen dadurch den Auftritt einer zweiten Form von Tönen, die eine *Verbindung* von Taktsegmenten verkörpern. Was auf dieser abgeleiteten Ebene als Ton in Erscheinung tritt, *enthält* harmonische und rhythmische Partikel in sich, fällt aber weder mit einem Taktsegment noch mit dem Bestandteil einer Harmonie zusammen. Der Ton trennt sich in dieser Gestalt von seinen Grundlagen und beginnt ein eigenes Spiel. Während ein solchermaßen verselbständigter Ton erklingt, können Harmonien und sogar Tonarten wechseln.

J. S. Bach, Variatio 27 (BWV 988), Takt 14/15

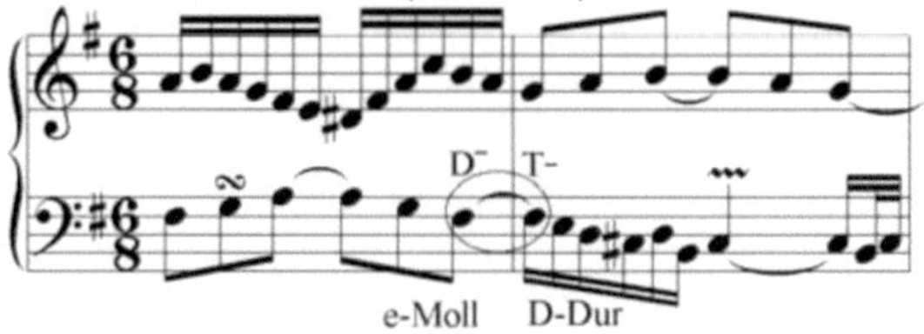

Harmonische Metamorphose eines Tons

Der Ton fis, der im Bass dieses Notenbeispiels über den Taktstrich hinweg gebunden ist, durchläuft während seiner Klangdauer eine harmonische Metamorphose, worin er Bestandteil nicht nur wechselnder Harmonien, sondern sogar wechselnder Tonarten wird. Am Taktstrich findet nämlich eine Modulation von e-Moll nach D-Dur statt, wie man leicht daran erkennt, dass beide Takte jeweils den kompletten Tonbestand ihrer Tonart enthalten. Das fis klingt als dominantische Quinte in e-Moll an, wechselt dann seine harmonische Identität und verklingt als tonische Terz in D-Dur.

Dass die Bestandteile verschiedener Tonarten als Taktsegmente zu *einem* Ton verschmelzen können, beruht auf der im Harmonieren der Tonbestände gegebenen Identität der Töne. Die Tonarten e-Moll und D-Dur haben fünf gemeinsame Töne, die bei einer Modulation miteinander verbunden werden können:

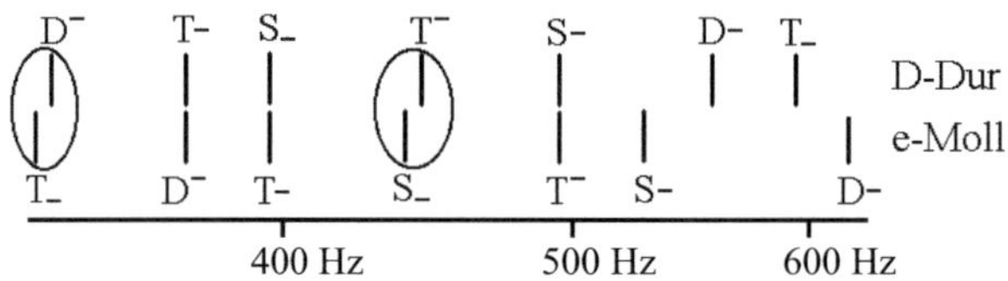

Harmonie zwischen e-Moll und D-Dur

Die Harmonie zwischen den Tonarten ist hier in den so genannten reinen Tonverhältnissen dargestellt, wie sie unmittelbar aus der Tonalität resultieren. Bei dieser reinen Stimmung erklingen die Töne a und e (im Kreis) in D-Dur um ein syntonisches Komma (81:80) höher als in e-Moll. Die kaum wahrnehmbare Differenz zwischen diesen Tönen existiert nur vom Standpunkt der Tonalität. Vom Standpunkt der Modulation sind die betreffenden Töne jeweils *identisch*. In der gleichschwebend temperierten Stimmung werden diese Töne nicht erst durch die Wahrnehmung gleichgesetzt, sondern schon bei der akustischen Darbietung. Diese *reelle* Gleichsetzung der Töne zeigt bei der Verschmelzung der Komponenten wechselnder Tonarten ihren Vorzug darin, dass sie die Identität des Tons in seinem Klangverlauf wahrt.

Die Identität des Tons, um die es hier geht, ist rhythmischer Natur: Der Ton verkörpert entweder ein oder mehrere Taktsegmente oder ganze Takte. Der Terminus Ton zeigt sich inzwischen in einer dritten Bedeutung. Die Bestimmung, die ihm in seiner ersten Bedeutung aus der Konsonanz erwuchs, hat er dabei gründlich abgestreift: Das Kunststück, in verschiedener Tonlage erklingen zu können, bleibt einem Ton vorbehalten, der mit andern Tönen harmoniert. Nur die Fähigkeit, in verschiedenen Tonarten verschiedene harmonische Berufe auszuüben, bleibt dem rhythmisch bestimmten Ton erhalten – allerdings nur als *Bedingung* seiner eigentlichen Bestimmung.

Die dritte Abstraktion mit dem Namen „Ton“ meint eine Klangform, welche die Taktgliederung trägt oder auch umgekehrt von ihr getragen wird, die einen Taktteil ebenso verkörpern kann wie die Verschmelzung von Taktteilen. Die gemeinsame Eigenart solcher Töne liegt einfach darin, eine gewisse Dauer ununterbrochen *auf konstanter Höhe* zu klingen. Dass der Ton während seiner Klangdauer über den Harmoniewechsel hinweg klingen kann, nacheinander tonische und dominantische Bestimmung annehmen kann, dass er sogar Vertreter wechselnder Tonarten sein kann, dies alles fällt in den Bereich seiner inneren Voraussetzungen, die seiner äußeren Gestalt nicht sofort anzusehen sind. Der Ton in dieser Bestimmung erscheint so einfach, dass er vielfach für den Ausgangspunkt der Musik überhaupt gehalten wird. In der tonalen Musik ist er jedoch eine sehr entwickelte Klanggestalt. Ausgangspunkt ist er nur in Bezug auf die Melodik.

d) Betonungsverhältnisse

Die Loslösung der Töne von der ihnen zugrunde liegenden Taktstruktur zeigt sich auch darin, dass die Taktgliederung als rhythmisches Gerüst gesondert wahrgenommen und vorgestellt werden kann. Wer im Gehen ein Lied pfeift oder beim Musikhören mit dem Fuß wippt, kann die Abfolge der Taktsegmente von der Abfolge der Töne trennen. Für die Wahrnehmung erscheint die abstrakte Taktgliederung als eine gleichmäßige Abfolge von Einschnitten im Ablauf des Taktes. Diese Einschnitte sind nichts anderes als die Übergänge zwischen den Taktsegmenten.

J. S. Bach, Prélude (BWV 1007)

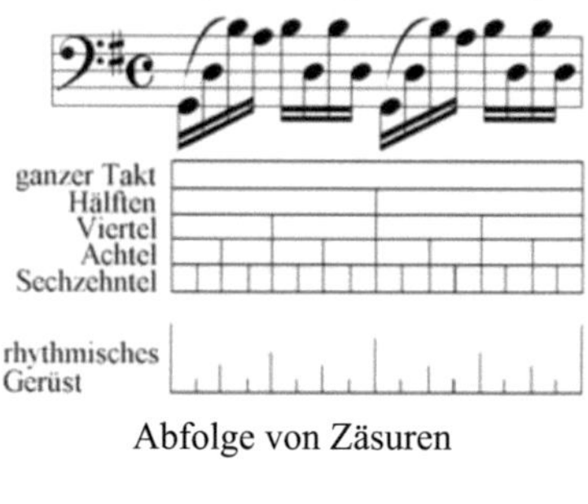

Abfolge von Zäsuren

Der Musikhörer bemerkt auch, dass die innerhalb des Taktes festgestellten Periodenwechsel nicht gleichwertig sind, dass vielmehr triftige und weniger triftige Einschnitte einander abwechseln. Was er als Wechsel von haupt- und nebensächlichen, schweren und leichten Zäsuren wahrnimmt, ist die zeitliche Abfolge der Übergänge in Taktsegmente verschiedener Teilungsstufe. Die Stufenfolge der Teilungen stellt sich im zeitlichen Ablauf als wechselnde Wertigkeit der Takteinschnitte dar.

Dieses abstrakte rhythmische Schema bezieht die Wahrnehmung zurück auf die Töne, die zum Zeitpunkt einer rhythmischen Zäsur an- oder fortklingen: Der *innere* Zusammenhang zwischen den Taktsegmenten und ihrer Verkörperung als Töne tritt hervor als *äußerer* Zusammenhang zwischen den selbständigen Tönen und der Rangfolge der auf sie fallenden Zäsuren. Die Töne haben insofern ihren rhythmischen Charakter durch ihre Beziehung zur abstrakten Taktstruktur. Als solche haben sie eine *Betonung.*

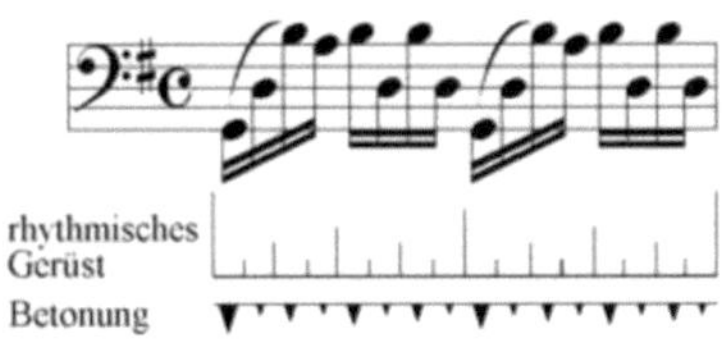

Betonungsverhältnisse

Am stärksten ist die Betonung bei denjenigen Tönen, die am Taktbeginn erklingen. Die rhythmische Qualität dieser Töne liegt in ihrem Zusammentreffen mit der schweren Zäsur, die den Harmoniewechsel markiert. Entsprechend ergibt sich im obigen Beispiel das größte Betonungsgefälle zwischen aufeinander folgenden Sechzehnteln am Taktbeginn.

Man kann die Betonungsverhältnisse innerhalb der Takte durch Hervorhebungen beim Musizieren *verdeutlichen.* Die Betonung selbst, um die es hier geht, existiert jedoch unabhängig von jeglicher Akzentuierung, die bei manchen Musikinstrumenten möglich ist. Sie wird auch bei einer völlig gleichmäßigen Intonation wahrgenommen, wie sie etwa auf Drehorgeln oder mit Computern erzeugt werden kann. Dass die Betonung auf der Taktgliederung beruht und nicht auf Vortragsmanieren, zeigt sich schlagend an Pausen, die mit schweren Zäsuren zusammenfallen. Diese Pausen werden als unterdrückte Betonung wahrgenommen.

J. S. Bach, Fuge (BWV 581)

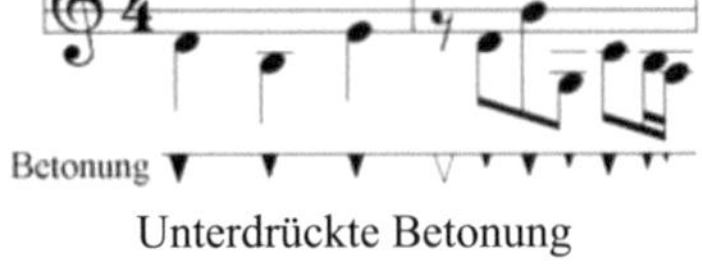

Unterdrückte Betonung

Die Betonung ist eine Eigenschaft des Tons. Sie existiert zwar nur im Verhältnis zu andern Tönen, als relative Betonung, und auch dies nur durch die Gliederung des Taktes. Aber sie haftet dem Ton an, sobald er erklingt. Verkörpert dieser Ton mehrere miteinander verschmolzene Taktsegmente, so bestimmt sich seine Betonung durch das Gewicht der schwersten Zäsur, die in seinen Klang fällt. Sofern die stärkere Zäsur auf den bereits klingenden Ton fällt, erklingt dieser Ton als *Synkope*. Ein solcher Ton zeigt seine Betonung nicht schon bei seinem Anklingen, sondern erst dann, wenn er über eine stärkere Zäsur hinwegklingt. Da die Betonung aber eine Qualität ist, die dem Ton *insgesamt* zukommt, also auch schon dann, wenn er anklingt, bezieht die Wahrnehmung auch den Beginn dieser Betonung auf den Zeitpunkt zurück, an dem der Ton beginnt. Die Betonung erscheint daher in der Wahrnehmung zurückversetzt auf einen Moment, in dem sie noch gar nicht bemerkt worden sein kann. Diese Fähigkeit der Wahrnehmung, den Beginn einer wahrgenommenen Klangfigur rückwirkend zu positionieren, liegt übrigens auch der Identifizierung von Tonarten und Takten zugrunde, wie sich bereits in den vorigen Kapiteln gezeigt hat.

J. Page, Babe I'm Gonna Leave You (1969)

Synkope

Die Synkope ist also ein Ton, dessen Betonung verschoben erscheint. Im obigen Beispiel tritt die Synkope schon während des vierten Achtels mit einer Betonung auf, die eigentlich erst aus dem Übergang in die zweite Takthälfte hervorgeht. Der rhythmische Effekt der Synkope ist um so drastischer, je größer das Ungleichgewicht zwischen den Zäsuren am Anfang und im Klangverlauf eines Tons ausfällt. Die stärksten Synkopen sind daher immer solche, die über den Taktstrich hinweg klingen.

Aus der bisherigen Begriffsentwicklung ist zu ersehen, worauf die Sensibilität des Musikhörers für Betonungen beruht: erstens auf der intuitiven Erfassung der Ästhetik, die im Gleichmaß der harmonischen Bewegung liegt; zweitens auf dem Gefühl für die Übereinstimmung der Segmente aus einer fortlaufenden Aufteilung der Takte. Die Wahrnehmung entnimmt die Art der Aufteilung ganz unbewusst und selbstverständlich aus den Anhaltspunkten, welche die Musik dafür bietet, und bezieht alle erklingenden Töne auf die sich herauskristallisierende Taktstruktur. Dieses Resultat stellt sich folglich ein ohne Erkenntnisse darüber, wodurch es zustande kommt, und selbst ohne Bewusstsein davon, dass es sich um ein Resultat handelt. Die aus dem Takt gebildeten Segmente können sogar umgekehrt für Elemente gehalten werden, aus denen der Takt gebildet ist, ohne dass dies einen Einfluss auf die Musik oder ihren Genuss hat.

Die Betonungsverhältnisse im Takt sind eine auffällige Erscheinung. Sie bieten daher eine wichtige Orientierungshilfe für die musikalische Praxis, für die

Aufführung von Konzerten und beim Aufschreiben von Noten. In der Tat wird der Taktstrich gewöhnlich nicht durch die Betrachtung der Harmonien gefunden, sondern durch die Suche nach den stärksten Betonungen. Es bildet sich daher leicht die Vorstellung, dass die Betonungsverhältnisse nicht nur in der Praxis, sondern auch der Sache nach der Ausgangspunkt sind, aus dem sich der Takt ergibt. Wie diese volkstümliche Verdrehung von Ursache und Wirkung auch in der Musikwissenschaft zu Ehren gekommen ist, soll am Ende dieses Kapitels noch etwas genauer beleuchtet werden.

e) Harmonischer Kontrast

Die Töne, die im Takt mit unterschiedlicher Betonung verteilt sind, haben darin nur ihren *äußerlichen* Zusammenhang. *Innerlich* hängen sie zuallererst als Bestandteile von Harmonien zusammen und liegen in dieser Bestimmung dem Takt zugrunde. Die Art aber, wie die Töne im Takt vorkommen, hat durchaus einen Einfluss auf ihr Gewicht als harmonische Komponenten und daher auf die Ausprägung der Harmonie selbst.

Die stärkere oder schwächere Präsenz eines Tons im Takt kann von verschiedenen Faktoren abhängen: Ein Ton hat relativ mehr Gewicht, wenn er

- in tieferer Lage erklingt, mehr Teiltöne liefert, mehr Klangmasse hat, besser trägt,
- in verschiedener Tonlage erklingt, und das womöglich noch gleichzeitig,
- lauter gespielt wird (zum Beispiel von einem lauteren Instrument),
- länger erklingt als andere Töne,
- häufiger im Takt auftritt,
- eine Betonung als Reflex der Taktgliederung aufweist.

J. S. Bach, Präludium (BWV 879)

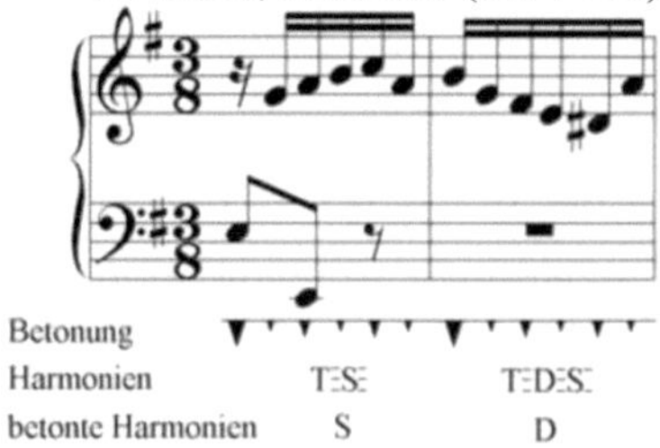

Haupt- und Nebentöne der Harmonien

Die obigen zwei Takte enthalten Dissonanzen der Tonart e-Moll. Betrachtet man jedoch nur die Töne, die in ihrer Betonung die Dreiteilung des Taktes markieren, so zeigt sich eine Abfolge von Subdominante und Dominante als Kern der harmonischen Bewegung. Diese Harmonien würde ein Musiker daher intuitiv als passende Begleitung auf einem zusätzlichen Instrument akzeptieren. Die unbetonten harmonischen Komponenten werden dagegen nur als Nuancierungen der eigentlichen Harmonien wahrgenommen.

Die Scheidung von Haupt- und Nebentönen, welche durch die Darbietungsweise des Taktinhalts zustande kommt, eröffnet neue Freiräume der Harmoniebewegung: Takte mit identischem Inhalt, der womöglich den kompletten Tonbestand einer Tonart darstellt, können dennoch als unterscheidbare Harmonien aufeinander folgen. Die Harmonien können sich nämlich in der tonalen Charakteristik der Klangteile unterscheiden, auf denen das Hauptgewicht im Takt liegt. Die Gesetze der Tonalität und der Modulation werden dadurch nicht affiziert. Sie gelten unabhängig von dem Gewicht, das die Töne im Takt haben. Aber der Harmoniewechsel, der die Grundlage des Taktes bildet, kann als Wechsel des harmonischen Schwerpunkts vonstatten gehen.

f) Das Generalbass-Zeitalter

Der im Begriff des Taktes enthaltene periodische Harmoniewechsel *unterstellt* die Bestimmtheit und den Kontrast der Harmonien. Beides kommt jedoch durchaus auch umgekehrt über den Takt und seine Ausgestaltungen zustande: Der Takt enthält erstens eine Festlegung des zeitlichen Rahmens für die Harmonien, definiert so die Zusammengehörigkeit der harmonischen Bestandteile und ist folglich an der Ausprägung von Harmonien und tonartlichen Übergängen beteiligt, wie bereits die Analyse im vorigen Kapitel gezeigt hat. Zweitens hat sich jetzt herausgestellt, dass die im Takt anzutreffende Verteilung der Gewichte, bei der auch Betonungsverhältnisse eine Rolle spielen, den Kontrast der Harmonien beeinflusst. Die Musik als Abfolge von Takten, das sich selbst stabilisierende Gleichmaß der harmonischen Bewegung, muss andererseits auf einer Grundlage entstanden sein, die noch nicht aus dem Takt selbst entsprungen ist.

Dieser „Urknall“ der tonalen Musik ist relativ leicht zu rekonstruieren, da er erst wenige Jahrhunderte zurückliegt und etliche Jahrzehnte lang Spuren hinterlassen hat. Die Entstehungszeit des Taktes erstreckte sich über das ganze 17. Jahrhundert und fällt in eine musikalische Epoche, für die Hugo Riemann den treffenden Begriff des Generalbass-Zeitalters geprägt hat. In diesem Zeitalter dominierte die Stilrichtung des Basso continuo. Die Musik beruhte auf einer gleichmäßig fortlaufenden Folge von Akkorden, die über eine Tonfolge im Bass gesetzt war. Der Basso continuo war als Begleitung im Konzert, aber auch als selbständiger Musizierstil beliebt. Die zugehörige Generalbass-Notation bestand in der Fixierung der Bassnoten, unter denen mit Ziffern die zu spielenden Akkorde angedeutet wurden.

Generalbassschrift und ihre Umsetzung in Noten

Epoche machend war am Stil des Basso continuo, dass er die Harmonienfolge zum Ausgangspunkt der Musizierpraxis machte. Er kehrte den Standpunkt um, den die alten Kontrapunktlehren zu den Harmonien einnahmen, betrachtete die Harmonien nicht als zu berücksichtigende Bedingung einer passablen Stimmführung, sondern als das, worauf es in der Musik ankommen sollte und worauf sie sich stützen konnte. Eben darin brachte er schon eine archaische Form des Taktes hervor.[1]

Die Generalbassschrift legte nur die Harmonie als solche fest, keineswegs aber die Form ihrer Ausführung. Insofern entsprach die praktische Vorgehensweise dem logischen Verhältnis von Takt und Taktgliederung. Der Spieler sollte die Harmonien je nach Geschmack, Einfallsreichtum, Intuition und Mode ausgestalten. Je nach Übung und Erfahrung konnte er den Taktinhalt in immer kühneren Formen darbieten. Die Erfahrung zeigte, dass die Einfügung nicht notierter Töne an unbetonter Stelle nicht im Widerspruch zur Orientierung am vorgegebenen Generalbass standen. Auf diese Weise bildete sich eine Scheidung von Haupt- und Nebentönen aus.

Der harmonische und rhythmische Charakter der Musik wurde schließlich so selbstverständlich, dass er auch in der freien Improvisation zustande kam. Damit hat sich der Generalbass wiederum selbst überflüssig gemacht: Mit der Durchsetzung des Taktes entfiel die Notwendigkeit, die Musik von der Harmonie her zu entwerfen.[2] Es entstand das Bedürfnis, auf die Art der Ausgestaltung der Harmonien mehr Wert zu legen und sie in Noten zu fixieren, also den Generalbass „auszusetzen“, wie man zu sagen pflegte. Die Musik, die nun zu notieren war, hatte prinzipiell rhythmischen Charakter, und diesem Umstand trug die Einführung des Taktstrichs am Anfang des 18. Jahrhunderts Rechnung. Damit entstand aber

[1] *„Der* Sestina-*Zyklus ... ist Monteverdis letztes Madrigalwerk ohne Generalbaß. Ein auffälliges Merkmal des ersten Madrigals,* Incenerite spoglie*, ist das langsame Gleichmaß des „harmonischen Rhythmus“, der Zeitabstände des Akkordwechsels ... Der Takt bildet das Maß der harmonischen Bewegung.“* (Carl Dahlhaus, Untersuchungen über die Entstehung der harmonischen Tonalität, Kassel 1968, S. 273)

[2] Nichtsdestotrotz verlangte J. S. Bach, wie Forkel berichtet, von seinen Schülern ausgiebige Übungen im Generalbass, um noch vor allen Versuchen des Komponierens zuallererst ihr Gespür für harmonische Bewegungsabläufe auszubilden (vgl. Johann Nikolaus Forkel, Ueber Johann Sebastian Bachs Leben, Kunst und Kunstwerke, Kassel 1999 [Reprint], S. 39).

überhaupt die moderne, auf den Takt gegründete Notenschrift, die man auch die Notenschrift der tonalen Musik nennen kann.

Dass die Entstehung des Taktes mit der Entwicklung der Tonalität zusammenhängt, fällt übrigens auch Autoren auf, die den Zusammenhang von Takt und Tonalität *nicht* kennen:

„Taktrhythmik und harmonische Tonalität begannen sich zu konsolidieren – wie es scheint, in wechselseitiger Abhängigkeit voneinander.“ [1]

g) Theorien über den Takt

Die moderne Notenschrift kennzeichnet die Taktgliederung durch Angaben, wie viele Noten einer im Verhältnis zur ganzen Note bestimmten Länge den Takt bilden. Es entsteht dadurch der Anschein, als ob der Takt nicht logischer Ausgangspunkt seiner Aufteilung sei, sondern umgekehrt Ergebnis einer Zusammenfassung von vorausgesetzten Elementen. Musiklehren breiten dieses Quidproquo vor ihrer Leserschaft üblicherweise als gewichtige Erkenntnis aus.[2] Hugo Riemanns Definition des Taktes als *„kleinste höhere Einheit, zu der mehrere Zählzeiten zusammentreten“*, kursiert in der Musikwissenschaft als heilige Offenbarung,[3] bei der im Gestus der präzisen Bestimmung so getan wird, als seien *„höhere Einheiten“* aus *„Zählzeiten“* etwas Reales in der Musik, was man der Größe nach ordnen kann, um dann als kleinste von diesen Einheiten den Takt herauszufinden, und nicht etwa die Takthälfte, die zwar noch kleiner, aber keine *„höhere Einheit“* ist, wie man aus der Definition des Taktes ersieht ...

In geradezu klassischer Weise bemühte sich Hugo Riemann allen Ernstes um die Aufklärung jenes ominösen Konstrukts einer Zeiteinheit, die als Elementarform des Rhythmischen vorgestellt wird und für die eben deswegen die Erklärung aus der Einteilung des Taktes nicht in Frage kommt. Sein Einstieg in das Thema besteht in einer Verwechslung seines musikalischen Gegenstands mit den Problemen der Zeitmessung:

„»Die Zeit selber teilt sich überhaupt nicht, vielmehr bedarf es zur Gliederung des zeitlichen Verlaufs eines (sinnlich wahrnehmbaren) Andern, das dieselbe vollzieht.« Diese grundlegende Aufstellung des Aristoxenos (Rhythm. S. 272), welche die Definition eines Rhythmus an sich ohne Bezugnahme auf ein Etwas,

---

[1] Dahlhaus/Eggebrecht (Hrsg.), Brockhaus Riemann Musiklexikon, Taschenbuchausgabe 1998, Band 4, S. 44

[2] *„Der rhythmische Hauptwert (Zählzeit, Zähleinheit, Schlag) ist eine Zeiteinheit, die das Grundelement eines Taktes darstellt ... Der Takt wird durch die Gruppierung mehrerer rhythmischer Hauptwerte gebildet, wodurch eine übergeordnete Einheit aus einer bestimmten Anzahl dieser Elemente mit festgelegter Dauer entsteht.“* (Erich Wolf, Allgemeine Musiklehre, Wiesbaden 1967, S. 57)

[3] zitiert z.B. bei E. Wolf, ebenda S. 56, oder bei H. Grabner, Allgemeine Musiklehre, Kassel 1974, S. 35

das rhythmitisiert wird, rundweg ablehnt, besteht auch heute noch zu Recht. Dieselbe bricht endgiltig den Stab über alle Versuche, nackte Schemata der Teilung der Zeit in Bruchteile gleicher Dauer für Grundlagen einer lebensfähigen und fruchtbaren rhythmischen Theorie auszugeben." [1]

Der Satz des Aristoteles-Schülers Aristoxenos betrifft, auch wenn er noch so sehr als Beitrag zur Theorie des Rhythmus gemeint ist, ein Thema der Physik, die allerdings zur Bestimmung von Zeiteinheiten geeignetere periodische Vorgänge kennt, als sie die Musik je liefern könnte.[2] Mit diesem Satz will Riemann keineswegs den Stab brechen über den Irrtum, in der Musik ginge es in irgendeiner Weise um Zeitteilung. Ganz im Gegenteil. Andererseits interessiert er sich für Zeitteilung auch nicht in der rationellen Weise, dass er sie mit Hilfe von Kenntnissen über periodische Vorgänge *vornimmt* und Zeiteinheiten definiert. Er ist umgekehrt auf der Suche nach a priori *existierenden* Zeiteinheiten, die in der Musik als rhythmische Elemente fungieren und insofern periodische Vorgänge *begründen*. Er sucht *„ein Etwas"* wie das sagenumwobene „Rhythmizomenon" des Aristoxenos, und zwar sucht er danach im menschlichen Wesen:

„Eine wesentliche Klärung hat die Erkenntnis des letzten Prinzips des Rhythmus erfahren durch Karl Büchers mit Recht Aufsehen machende Studie »Arbeit und Rhythmus« ... Bücher (hat) die Aufmerksamkeit in erhöhtem Maße auf die allgemeine Bedeutsamkeit der bewußten Einhaltung gleichmäßiger Zeitteilung für die Ökonomie unserer Kraftentfaltung gelenkt und vor allem auch darauf hingewiesen, daß das Wesen des Rhythmus durchaus nicht notwendig klanglicher Natur ist." [3]

Riemann findet seine Zeiteinheit zwar unabhängig von der Betrachtung der Musik, kann dafür aber genauere Angaben machen, wie lange sie dauert:

„Ausführliche Versuche erweisen tatsächlich eine ziemlich eng begrenzbare Mitte, in welcher von allen Menschen der zeitliche Abstand sinnlich wahrnehmbarer Folgeerscheinungen als weder schnell noch langsam bezeichnet wird; ... J. Fr. Herbart, der zuerst die grundlegende Bedeutung eines solchen Mittelmaßes für die Beurteilung der Geschwindigkeit von Folgeerscheinungen betonte, bestimmte dasselbe auf etwa eine Sekunde; wir dürfen, gestützt auf Ergebnisse wiederholter eingehenden Untersuchungen, dasselbe genauer auf etwas weniger als ¾ einer Sekunde, nämlich ca. 75 - 80 in der Minute bestimmen ... Mit der Feststellung des normalen mittleren Zeitwertes, von dem aus wir alle sinnlich wahrnehmbaren Folgeerscheinungen als langsame oder schnelle beurteilen, ist uns die erste Grundlage gegeben, auf welcher das Wesen des Rhythmus beruht." (S. 4 ff.)

---

[1] Hugo Riemann, System der musikalischen Rhythmik und Metrik, Leipzig 1903, S. 1

[2] *„Zur Festlegung einer Zeiteinheit kann grundsätzlich jeder periodische Vorgang dienen."* (Oscar Höfling, Physik, Bonn 1985, S. 20) Höfling meint *natürliche* Vorgänge und führt aus, dass es bei der Zeitmessung darauf ankommt, möglichst viele störende Einflüsse auf eine zugrunde gelegte Periodizität zu eliminieren.

[3] Riemann, ebenda S. 3

Wo Riemann wieder zur Musik zurückkommt, wird diese wie von selbst zum „Inhalt“ seiner Zeiteinheiten, die damit ihrerseits vor dem unfruchtbaren Dasein als *„nackte Schemata“* bewahrt bleiben und dadurch erst richtig real werden:

„Die Zählzeiten (Schlagzeiten, rhythmischen Grundzeiten) gewinnen unter allen Umständen erst reale Existenz durch ihre Inhalte.“ (S. 8)

Nun dürfen sich die mit Inhalt gefüllten und real existierenden Zeiteinheiten als Grundlage aller Rhythmik bewähren, und zwar zunächst in der Erklärung der Betonungsverhältnisse, die schon bei der Formulierung ihrer Erklärungsbedürftigkeit als Verhältnisse zwischen Zeiteinheiten unterstellt werden:

„An sich ist gewiß die Unterscheidung der einander folgenden Zeiteinheiten in wichtige und minder wichtige oder wie man zu sagen pflegt: schwere und leichte keineswegs eine selbstverständliche Sache.“ (S. 8)

Die Erklärung gelingt Riemann „ohne weiteres“ mit Hilfe einer „Annahme“:

„... als Inhalt einer den Pulsschlag des Rhythmus bildenden Einheit ist prinzipiell eine Mehrheit von wahrnehmbaren Erscheinungen (also für die Musik: Tongebungen) anzunehmen. Diese Mehrheit aber bringt ohne weiteres die Unterscheidung des Gewichts mit sich.“ (S. 9)

Spätere Autoren beziehen die Betonungsverhältnisse mindestens genau so lässig in ihre Ableitung des Taktes aus jenen merkwürdigen Elementarteilchen ein, die auch Zählzeiten heißen können:

„Der Takt faßt eine bestimmte Gruppe von Zählzeiten unter Beachtung der Betonungsverhältnisse zusammen.“ [1]

Die Betonungsverhältnisse hängen demnach folgendermaßen mit dem Takt zusammen: Sie werden bei der Zusammenfassung von Zählzeiten „beachtet“, sind also irgendwie auch noch da.

Auch Grabner sieht in den Betonungsverhältnissen nicht eine Erscheinungsform der Taktgliederung, sondern die Grundlage des Taktes. Er schreibt eine Melodie *ohne* Taktstriche auf und bemerkt dazu folgendes:

„Singt man diese Melodie, so fällt sofort das Bestreben auf, diese Töne in einer regelmäßig wiederkehrenden Art zu organisieren und dabei gewisse Töne einer stärkeren Betonung zu unterziehen. Dies geschieht durch Einteilung in Takte. Sie erfolgt durch den sogenannten Taktstrich, der die zusammengehörigen Zählzeiten zusammenfaßt und gleichzeitig die Verteilung der Schwerpunkte fixiert.“ [2]

Grabner macht sich nicht an die Analyse dieser Melodie, um den Grund für die bemerkten Betonungsverhältnisse zu finden. Er ist zufrieden mit der Tatsache, *dass* diese wahrgenommen werden. *Wie* das funktioniert und *warum*, interessiert Grabner nicht. Er ahnt daher auch nicht, dass er mit seinem Experiment in Wirklichkeit die intuitive Wahrnehmung des der Musik immanenten Taktes demonstriert. Aber er weiß, wie man Takte notiert und wozu: um die

[1] Wieland Ziegenrücker, Allgemeine Musiklehre, Mainz 1982, S. 38

[2] Hermann Grabner, Allgemeine Musiklehre, Kassel 1974, S. 35

Töne „zu organisieren“ und „einer Betonung zu unterziehen“. Dies ist nämlich ein menschliches „Bestreben“, das auf Ordnung gerichtet ist und sich im Takt ein Mittel geschaffen hat:

„Durch Regelung der Wertverhältnisse der einzelnen Töne untereinander und durch die Festlegung des Tempos scheint die Möglichkeit eines geordneten Verlaufs der Melodie hinlänglich gegeben.“ (Grabner, S. 34)

Ist der Ordnungssinn erst einmal als Ursache des Taktes ermittelt, so kann man davon ausgehen, dass der Takt ganz unabhängig von der Musik sein Wesen treibt und angeblich sogar aus dem *„Ticken einer Uhr“* herauszuhören ist, wie uns ein anderer Autor belehrt:

„Wenn wir eine Reihe regelmäßig aufeinanderfolgender Schläge hören, z. B. das Ticken einer Uhr, so hat unser Ohr das Bestreben, diese Schläge zu Gruppen von mehreren Einheiten *zusammenzufassen. Dieses Streben nach einer ordnenden Zusammenfassung haben wir nicht nur für die kleinsten, sondern auch für die überlagerten größeren Einheiten. Solche in Kompositionen sich regelmäßig wiederholenden gleichen Gruppen von Einheiten werden durch senkrechte Striche kenntlich gemacht. Die abgegrenzten Einheiten nennen wir* Takte, *die sie begrenzenden Striche* Taktstriche. *“* [1]

Die Theorie der Zeiteinheiten lebt von der Vorstellung, dass die Töne *ordnungshalber* im Takt zusammengefasst sind. Diese Auffassung beruht nicht auf einer Analyse des Taktes, sondern auf einer weltanschaulichen Vorliebe, auf dem Bedürfnis nach einer abstrakten Geregeltheit aller Dinge, das sich überall Belege für ein allgemeines Streben nach Ordnung zurechtkonstruiert. Dieses schöne Prinzip schreit geradezu nach vielfältigen Bürgschaften für seine weltumspannende Existenz, so dass noch ein großes Aufgabenfeld für Generationen von Forschern zu bearbeiten ist:

„Die biologische Rhythmusforschung geht von der Beobachtung aus, die ganze Welt, Makro- und Mikrokosmos, bewege sich periodisch ...“ [2]

Nachdem das Weltall schon voller Harmonie und Rhythmus ist, darf man gespannt sein, ob wenigstens die Melodie in der Musik bleibt ...

[1] Kurt Johnen, Allgemeine Musiklehre, Stuttgart 1999, S. 14 f.

[2] Wilhelm Seidel, Rhythmus – eine Begriffsbestimmung, Darmstadt 1976, S. 6

III. Melodik

6. Ästhetik der Stufenverhältnisse

a) Verwandlung tonaler Verhältnisse in Intervalle

Ausgangspunkt aller melodischen Strukturen ist der *rhythmisch bestimmte Ton*. Es ist dies nicht jener abstrakte Ton, der als Bestandteil von Harmonien auch dem Rhythmus zugrunde liegt und bei dem davon abgesehen ist, in welcher Lage, an welcher Stelle, wie häufig und wie lange er im Takt erklingt. Hier geht es vielmehr um den konkreten, im Takt individualisierten Ton, dessen Position, Ausdehnung und klangliche Existenz unmittelbar auf der Taktgliederung beruht. Allerdings ist die Eigenschaft, die diesem Ton den Einstieg in neue ästhetische Dimensionen eröffnet, wiederum sehr abstrakt: Es ist sein für eine kürzere oder längere Dauer ununterbrochenes Erklingen auf einer bestimmten Tonhöhe.

Töne dieser Art beziehen sich gemäß ihrer Tonhöhe aufeinander. Sie vergleichen sich nach ihrer Höhe und stimmen umso mehr überein, je näher sie beieinander liegen. Auf dieser Grundlage verwandeln sich die Tonbestände der Tonarten in Tonleitern und die tonalen Verhältnisse in Stufenverhältnisse oder, was dasselbe ist, in Intervalle. Diese Grundformen des Melodischen sollen nun näher betrachtet werden, zumal sie gewöhnlich gar nicht als abgeleitete Formen angesehen werden.

Tonleitern in Dur und Moll

Die Tonleiter hat zunächst die Eigentümlichkeit, dass in ihr die Töne einer Tonart entsprechend ihrer Tonhöhe aufgereiht sind, also in einer Anordnung, worin die harmonische Zusammengehörigkeit der Töne ziemlich versteckt ist. Tonika, Dominante und Subdominante erscheinen bunt durcheinander gewürfelt und sind kaum noch als das zu erkennen, was sie in der Kadenz leicht ersichtlich darstellen. Dennoch tun diese Harmonien ihre Wirkung, so dass in einer als Tonfolge präsentierten Tonleiter der letzte Ton als Auflösung der zuvor aufgebauten

Dissonanz erscheint. Die Ursache dieser Wirkung verbirgt sich allerdings hinter der vordergründigen Form der Stufenbewegung.

Der harmonische Unterschied von Dur- und Molltonarten erscheint in den Tonleitern als spezifische Reihenfolge verschiedener Abstände zwischen unmittelbar aufeinander folgenden Tonstufen. Diese Stufenabstände ergeben sich aus der harmonischen Beziehung zwischen den tonalen Komponenten, oder genauer: aus den äußeren Frequenzverhältnissen, in denen sich die tonalen Beziehungen darstellen. Aus den im zweiten Kapitel entwickelten Bestimmungen errechnen sich folgende „reinen" Schwingungsverhältnisse zwischen den Tonstufen:

Stufen:	1.		2.		3.		4.		5.		6.		7.		8.
in Dur:		10:9		9:8		16:15		9:8		10:9		9:8		16:15	
in Moll:		10:9		27:25		10:9		9:8		16:15		75:64		16:15	

Aufgrund der Ästhetik der Modulation kann das syntonische Komma (81:80) zwischen den Halbtönen 27:25 und 16:15 oder zwischen den Ganztönen 9:8 und 10:9 vernachlässigt werden, wie dies ja auch in der temperierten Stimmung praktiziert wird. Die den Tonleitern innewohnende harmonische Struktur stellt sich also dar als Anordnung, in der kleine, große und übermäßige Sekunde (75:64) – bzw. Halbton, Ganzton und, wenn man will, „Anderthalbton" – auftreten:

in Dur:	1	1	½	1	1	1	½
in Moll:	1	½	1	1	½	1½	½

In welchen Abständen sich Tonstufen ergeben, das ist eine rein *harmonische* Angelegenheit, die der spezifischen Anordnung der Stufen vorausgesetzt ist. Da beim Singen die Tonhöhen innerhalb einer Tonart aufgrund der harmonischen Intuition getroffen werden, können die Abstände zwischen den Tonstufen in der Praxis mit der größten Selbstverständlichkeit als gegeben vorausgesetzt werden. Für manchen Musiktheoretiker zeigt sich in dieser Selbstverständlichkeit nicht die harmonische Grundlage der Tonstufen, das Gesetz der Tonalität, sondern eine durch pure Nachahmung konservierte, willkürlich entstandene Tradition, die zwecks Befreiung der Musik aufgebrochen werden kann und muss.[1]

Der in den Tonleitern schematisierte Tonhöhenvergleich definiert logischerweise nicht das, was verglichen wird, also keine Ton*höhen*, sondern Ton*stufen*. Die Tonhöhen sind schon mit den Tonbeständen der Tonarten vorgegeben, und zwar über alle hörbaren Oktavräume hinweg, so dass sie als Material einer nach oben und unten beliebig verlängerbaren Tonleiter verfügbar sind. Was die Tonstufen selbst kennzeichnet, wird durch Ordinalzahlen ausgedrückt: Vom toni-

[1] Davon, dass eine Tonleiter prinzipiell die *melodische* Form einer *harmonischen* Konstellation ist, will auch die gängige Unterscheidung zwischen harmonischen und melodischen Molltonleitern nichts wissen. Was dabei als melodische Molltonleiter vorgestellt wird und in der Abwärtsbewegung aus anderen Tönen bestehen soll als in der Aufwärtsbewegung, ist ein Konstrukt, das weder mit Tonarten noch mit Tonleitern etwas zu tun hat.

schen Grundton aus gerechnet, gibt es eine erste, zweite, dritte usw. Stufe, und diese Kennzeichnungen beziehen sich dermaßen solide auf die vorausgesetzten harmonischen Tonverhältnisse, dass sie zur Beschreibung von Harmonien benutzt werden können. Dass der in solchen Konventionen enthaltene Anschein einer melodischen Fundierung der Harmonien dann allerdings theoretisch bitter ernst genommen wird, daran sind die Stufenbezeichnungen der Akkorde nun wirklich völlig unschuldig.

Aufgrund der Tonstufen nehmen die harmonischen Tonverhältnisse eine völlig neue Form an. Nachdem diese Verhältnisse schon in den Schwingungsproportionen eine von ihrer inneren Harmonie getrennte, äußerliche Erscheinungsform haben, verwandeln sie sich jetzt auch noch in Intervalle, deren Größe sich danach bemisst, wie viele Stufen sie umspannen. Entsprechend ist die Bedeutung der lateinischen Intervallbezeichnungen: Von einem beliebigen Ton aus liegt ein weiterer Ton

- als Prime auf der *gleichen* Stufe,
- als Sekunde auf der *nächsten* Stufe,
- als Terz auf der *dritten* Stufe,
- als Quarte auf der *vierten* Stufe,
- als Quinte auf der *fünften* Stufe usw.

Man sieht nun die in melodischen Vorstellungen begründete Herkunft der Namen, die auch in die harmonische Terminologie Eingang gefunden haben. Im Übrigen liegen auch der Notenschrift die Stufenverhältnisse der Melodik zugrunde, so dass ein namentlich genannter, abstrakter Ton wie zum Beispiel der Ton a sehr konkret wird, sobald er auf der einen oder anderen Notenlinie notiert wird.

Intervalle unterscheiden sich in ihrer Größe. Septime und Oktave mögen sich harmonisch als Dissonanz und Konsonanz unterscheiden; als Intervalle sind sie nur verschieden groß. Aber „Größe" meint bei Intervallen immer den in Stufen gemessenen Abstand zwischen den Tönen. Daher sind kleine Terz und übermäßige Sekunde verschiedene Intervalle, „obwohl" sie für sich genommen gleich klingen. Bemerkenswert ist auch die Form, in der sich Intervalle *nicht* unterscheiden: Alle Intervalle zwischen aufeinander folgenden Stufen sind gleich groß. Ungeachtet aller harmonischen Unterschiede, daher aber auch ungeachtet aller Unterschiede zwischen kleiner, großer und übermäßiger Sekunde stimmen alle Sekunden definitionsgemäß als Intervalle überein. Ebenso alle Terzen, alle Quarten usw. Auf dieser Identität der Intervalle beruht alle Übereinstimmung in der Melodik.

b) Begriff der Melodie

Die Intervalle sind ein weiterer Typus von Tonbeziehungen neben den bisher behandelten: Die Töne *harmonieren* nicht nur als konsonante und dissonante Taktinhalte sowie als Bestandteile wechselnder Tonarten, sie haben nicht nur *rhythmische* Beziehungen als Repräsentanten von Taktsegmenten und daher als Betonungsträger, sondern vergleichen sich auch noch nach ihrer Tonhöhe. Die daraus entspringende Ästhetik der Stufenverhältnisse ist realisiert in der Melodie.

Die Töne einer Melodie verhalten sich zueinander als aufeinander folgende Repräsentanten von Stufen einer zugrunde liegenden Tonleiter. Die Melodie ist daher eine Folge von Tönen, die durch Intervalle miteinander verbunden sind. Für einen melodischen Ton kommt es darauf an, ob er auf der gleichen Tonstufe erklingt wie sein Vorgänger, ob er höher oder tiefer klingt, und wenn ja, wie viele Tonstufen zwischen den Tönen liegen. In der Abfolge von Intervallen liegt der Zusammenhang der melodischen Töne und die Identität der Melodie.

Man kann diese Eigentümlichkeit des Melodischen auch blumiger in der geläufigen Metapher ausdrücken, worin der Ton als Wesen vorgestellt wird, das sich wie ein übermütiges Kind auf den Stufen der Tonleiter bewegt. Gemäß dieser eingängigen Sprachregelung bewegt sich der Ton in der Melodie in kleineren oder größeren Sprüngen auf- oder abwärts, schreitet auf der gleichen Stufe voran oder verharrt dort kürzere oder längere Zeit, unterbricht seine Bewegung gegebenenfalls durch Pausen, bewegt sich also zum Beispiel in der folgenden Weise:

J. S. Bach, Fuge (BWV 535)

Melodische Tonfolge

Soweit der Terminus 'Tonbewegung' bildhaft ausdrückt, dass die melodischen Töne durch Intervalle aufeinander bezogen sind, ist er durchaus sachgemäß, und es tut nichts zur Sache, dass der Ton, eben noch durch seine ihm eigentümliche Tonhöhe gekennzeichnet, schon wieder in einer anderen Bedeutung daherkommt und seine Identität über den ganzen Ablauf seiner Bewegung hinweg beibehält. Verkehrt ist nur der Mystizismus, der die 'Tonbewegung' allen Ernstes aus 'Bewegungsenergien' und 'Kraftfeldern' ableiten will:

„Musik ist ... ein zeitlicher Ablauf. Dieser tritt beim Hörer als Erlebnis eines Bewegungsvorgangs in Erscheinung, welcher in der jeder Tonfolge innewohnenden Bewegungsenergie seine Wurzel hat ... Darauf deuten auch viele Ausdrücke, die wir in der Musik anwenden, hin: „Schritt", „Sprung", „Lauf", ... Diese Bewegungsenergie ist es, die jeden Ton in ein bestimmtes Kräfteverhältnis zu den übrigen einordnet und ihm eine funktionelle Bedeutung für den Gesamtverlauf gibt." [1]

[1] Hermann Grabner, Allgemeine Musiklehre, Kassel 1974, S. 57 f.

Sprachliche Formulierungen beweisen keine Sachverhalte, sondern drücken die zu klärende Sache bestenfalls mehr oder weniger angemessen aus. Dass sie ansonsten auch die Phantasie beflügeln können, sei unbestritten. Umgekehrt kann eine blühende Phantasie aber auch zu speziellen Sprachschöpfungen führen. Eine davon ist der im Folgenden gewürdigte „Leitton".

c) Das Märchen vom Leitton

Betrachtet man die harmonische Bewegung, den beständigen Aufbau der harmonischen Spannung zwischen Dominante und Subdominante und deren harmonische Auflösung in die Tonika, von der melodischen Seite, so erscheint diese Bewegung in der Form von Intervallen, in denen immer wieder der Übergang in die Tonika vollzogen wird. Diese *Form* der Bewegung wird daher bei oberflächlicher Betrachtung leicht für die *Sache selber* gehalten, so dass die Gründe für die im Auftreten der Tonika bemerkbare Konsequenz *in der melodischen Bewegung* gesucht werden. Sie liegen nach ziemlich einhelliger Meinung der Musiktheoretiker im Wesen des Halbtonschritts, in dem ein geheimes Streben ausgemacht wird.

Halbtonschritte in den Tonleitern

Dass dieses Streben seltsamerweise stets dann zu „beobachten" ist, wenn ein Ton der *Tonika* im Halbtonschritt *nachfolgt*, kümmert die Musiktheoretiker wenig. Folgt er (wie etwa der tonische Grundton) als *oberer* Ton der Sekunde, so „erkennen" sie ein *aufwärts* gerichtetes Streben. Umgekehrt umgekehrt. Sie ziehen daraus jedoch keine Schlüsse auf den Charakter der Tonika, sondern auf eine *„weiterleitende Energie"*, die sie so sehr in einem Ton vermuten, dass sie ihn Leitton nennen.

„Wie die griechische Tonleiter setzt sich auch unsere Durskala aus zwei Tetrachorden (= Viertonreihen ...) zusammen ... Der Verlauf der aufwärtsstrebenden Bewegung erscheint ferner durch den Endpunkt des ersten und den Anfangspunkt des zweiten Tetrachords in zwei Phasen zerlegt. Wichtig ist nun die Beobachtung, daß vor den Zieltönen ... ein scharfes Zusammendrängen der Bewegungsenergie in Form der Halbtöne ... stattfindet. Wir bezeichnen solche Töne, denen besonders starke weiterleitende Energie innewohnt, die unbedingt nach Auflösung in den Phasenendton drängt, als „Leittöne". Sie sind immer Halbtöne ..." [1]

[1] Hermann Grabner, Allgemeine Musiklehre, Kassel 1974, S. 58 f.

Merkwürdig an dieser *„in Form der Halbtöne*“ zusammengepressten Energie ist vor allem dieses: Ohne den *„Zielton“*, zu dem die *„weiterleitende Energie“* hindrängt, gibt es gar keinen Halbton, der ja ein Intervall zwischen *zwei* Tönen ist, auch wenn dies in der Aussage, dass *„solche Töne ... immer Halbtöne“* sind, ein bisschen vergessen wird. Dem Intervall zwischen zwei aufeinander folgenden Tönen wird die Kraft zugeschrieben, seine eigene Realisierung zu bewirken. Das Auftreten eines Tons soll begründet sein in dem Verhältnis, das *er* zum vorhergehenden Ton einnimmt, worin aber sein Auftreten schon logisch unterstellt ist. Jede Definition des Leittons ist eine Tautologie dieses Kalibers.

*„**Leitton** [...], ein zu einem anderen hinleitender, denselben in der Erwartung anregender Ton, der vorzugsweise einen Halbton unter der Tonika liegt, z. B. h in C-Dur. Der Schritt vom Leitton zum Zielton ist immer eine kleine Sekunde ... Seine vorwärtsgerichtete Tendenz ist melodisch durch die geringe Distanz zum folgenden Ton, harmonisch durch die Zugehörigkeit zu einem meist dominantischen Klang zu begründen.“* [1]

Diese Definition, die den Unterschied von Ton und Intervall berücksichtigt, behauptet, dass *„die geringe Distanz zum folgenden Ton*“ eine Tendenz zu genau diesem folgenden Ton begründet. Der *„Zielton“* wird *„in der Erwartung“* angeregt aufgrund einer Distanz, die seine Existenz schon unterstellt. Dass auch noch harmonische Aspekte ins Spiel gebracht werden, ändert nichts an der Absurdität der Definition. Die Behauptung, dass ein Phantasiegebilde wie der Leitton gleichermaßen melodisch und harmonisch zu begründen sei, zeugt nicht von einem theoretischen Interesse für den Zusammenhang zwischen harmonischen und melodischen Formen. In ähnlicher Weise imaginiert die folgende Erläuterung ein Zusammenwirken von zweierlei Ursachen für das Streben des Leittons zur Auflösung:

*„**Leitton**: ein Ton, der durch seine melodische oder harmonische Bedeutung zur Auflösung in einen anderen Ton strebt. Leitton und Zielton sind stets einen Halbtonschritt voneinander entfernt. Die Bewegungsrichtung ist steigend oder fallend ... Der wichtigste Leitton ist der 7. Ton der Tonleiter, der sich zur 8. Stufe, dem Grundton, auflöst. Dieser Leitton ist zugleich die Terz der Dominante, die ihrerseits als Strebeklang auf die Tonika zielt.“* [2]

Melodisch „oder“ harmonisch, steigend „oder“ fallend – wie auch immer: Auf den Zusammenhang kommt es nicht so genau an. Zufällig ist der „Leitton“ auch noch ein harmonisch bestimmter Ton, und zufällig ist das Phänomen der Auflösung in die Tonika auch unabhängig von Halbtonschritten in der Bewegung von Harmonien wahrzunehmen. Dann kommt eben beides zusammen: eine melodische *und* harmonische „Bedeutung“ des Leittons.

Dabei ist die Kennzeichnung der Dominante als *„Strebeklang“* nach dem gleichen Muster gestrickt wie das Konstrukt eines Leittons: Die Dominante wird vorgestellt als Klang, der aufgrund seines Verhältnisses zur Tonika zu genau dieser

[1] Brockhaus Riemann Musiklexikon, Taschenbuchausgabe 1998, 3. Band, S. 28

[2] Meyers kleines Lexikon Musik, Mannheim 1986, S. 197

hinstrebt. Das Auftreten der Tonika wird immer durch eine Bestimmung erklärt, die das zu Bestimmende schon unterstellt. Die richtige Erklärung wurde im zweiten Kapitel dieses Buches gegeben: Die harmonische Konsequenz, welche der Tonika in ihrer Erscheinung als Auflösung anhaftet, beruht auf dem Auftreten von Dominante *und* Subdominante. Denn *deren* harmonisches Verhältnis unterstellt – nicht das Auftreten der Tonika, sondern: – die *Vermittlung* durch einen Klang, der genau dadurch als Tonika bestimmt ist. *Deshalb* kann das musikalische Subjekt aus der harmonischen Konfrontation der Gegenklänge denjenigen Klang intuitiv erschließen und in der Vorstellung vorwegnehmen, in dem sich die Bestimmung der Tonika realisiert.

Die folgende Erläuterung zum Leitton ist bemerkenswert, weil sie sich mit dem Zusammenhang von harmonischer und melodischer Form *befasst* – und ihn auf den Kopf stellt:

„Die Terz des Dominantdreiklangs hat ... eine melodische Bedeutung eigener Art. Sie ist die 7. Stufe der Tonleiter, geht also in der melodischen Folge der Skala der Tonika voran und leitet in sie über. Nur durch einen Halbtonschritt von der Tonika getrennt, gewinnt die 7. Stufe den Charakter eines Leittons zur Tonika, d.h. eines Tons, in dem die scharf ausgesprochene Tendenz zu erkennen ist, in die Tonika überzugehen, sich in die Tonika aufzulösen. Der Umstand, daß der Leitton dem Dominantakkord als dessen Terz angehört, ist nun auch mitbestimmend für das harmonische Verhältnis der Dominante zur Tonika.“ [1]

Der Leitton, diese Chimäre eines Tons, der in dem Halbtonschritt, den er zu vollführen tendiert, zugleich den Grund dieser Tendenz besitzt, soll demnach also die Auflösung in die Tonika bewirken. Der Zufall will es, dass der Leitton zu einer Harmonie gehört, die ohnehin schon in einem Verhältnis zur Tonika steht, das durch die Konsonanz der Quinte bestimmt ist. An dieser Bestimmung können die Autoren keinen Zusammenhang zur Auflösung in die Tonika erkennen, für die sie ja vielmehr einen melodischen Grund kennen wollen. So werden harmonische Verhältnisse „auch“ aus der Erscheinungsform abgeleitet, die sie in einer Tonleiter annehmen.

Die in den letzten Zitaten, aber auch sonst in der Musikwissenschaft überall auftauchende Rede von der „Bedeutung“ der verschiedensten Klangfiguren ist übrigens sachlich äußerst unangemessen. Akkorde, Töne, Tonfolgen usw. haben bestimmte Eigenschaften und stehen in bestimmten Verhältnissen, aber sie haben nichts zu bedeuten.[2] Da die gegenteilige Auffassung ihre Beweise auf Phäno-

[1] Rudolf Louis/Ludwig Thuille, Harmonielehre, Stuttgart 1907, S. 4

[2] *„Worum geht es eigentlich in einem Musikstück?“*, fragt Leonard Bernstein und fährt fort: *„Bei Tönen geht es nicht um verbrannte Finger oder um Sputniks, Lampenschirme oder ähnliches. Aber* was *bedeuten sie dann? Sie bedeuten Musik. Nehmt zum Beispiel dieses kleine Prélude von Chopin: ... Es ist schöne Musik. Aber was bedeutet sie? Nichts. Oder nehmt ein Stück aus einer Beethoven-Sonate: ... Auch hier geht es nicht um irgend etwas. Oder hier ein bißchen Jazz: ... Was heißt das? Nichts. Alle diese Musik bedeutet nichts, aber es macht Freude, sie zu hören.“* (Leonard Bernstein, Konzert für junge Leute – Die Welt der Musik in 15 Kapiteln, München 1999, S. 15 f.)

mene stützt, die im achten Kapitel erklärt (und nicht gedeutet) werden, bietet sich dort eine Gelegenheit, auf dieses Thema zurückzukommen.

Der Magie des Leittons erliegt in gewisser Weise auch ein Autor, der die Existenz des Leittons bestreitet:

„Einen Leiteton gibt es strenggenommen nicht, wohl aber ein Leitintervall, denn nicht der siebente Ton der Tonleiter als solcher führt zum Grundton des tonartlichen Grundakkords (bzw. zu seiner Oktave), sondern lediglich die große Grundterz der tonartlichen Oberdominant-Harmonie ...“ [1]

Wenn Heller die harmonische Identität des siebten Tons der Tonleiter ins Spiel bringt, so will er nicht klarstellen, dass der Schritt vom siebten zum achten Ton der Tonleiter eine melodische *Form* des harmonischen Übergangs von der Dominante in die Tonika ist. Er meint vielmehr, dass in diesem Schritt das ganze Geheimnis jenes harmonischen Übergangs liegt. Für ihn ist dieser Halbtonschritt *„dasjenige von der Natur für die tonartliche Harmonieverbindung gegebene kleinste Intervall, das den Verbindungsweg ... in der natürlichen Dreiklangskette ... darstellt“* (S. 36). Heller bemerkt nicht den logischen Widerspruch, den er sich leistet, wenn er den Halbtonschritt gleichermaßen als *Ergebnis* und als *Grund* des Verhältnisses zwischen Tonika und Dominanten bestimmt:

„Daß aber auch die Natur diese Abstandsunterschiede, die sich für die Sekundenschritte der Tonleiter ergeben, verschieden aufgefaßt haben will, zeigt sie uns dadurch, daß sie obigen von uns in der Praxis als gleich große Sekundenschritte geltenden Entfernungen verschiedene Maße zuerkennt ...“ (S. 34)

Die Konfusion Hellers beruht auf seiner Deutung der musikalischen Ästhetik als „Geschenk der Natur“: Die Natur stellt demnach Dreiklänge als Kettenglieder zur Verfügung, die durch Intervalle miteinander verbunden sind, schenkt uns damit *„die Tonleiter und die Bedeutung ihrer Töne“*,[2] und erteilt zu allem Überfluss den Auftrag, ihr sinnvolles Gefüge entsprechend zu würdigen.

[1] Max Paul Heller, Die Musik als Geschenk der Natur, Berlin 1930, S. 36

[2] Kapitelüberschrift bei Heller S. 32

d) Alteration

Die Melodie bewegt sich auf Tonstufen, denen der Tonbestand einer Tonart zugrunde liegt. Solange die Töne diesem Tonbestand angehören, bewegt sie sich auf den Stufen der zugehörigen Tonleiter. Wechselt jedoch die Tonart, so wechselt auch die maßgebliche Tonleiter, auf deren Stufen sich die Melodie weiterbewegt. Beim Wechsel in die neue Tonart treten Intervalle auf, die nicht Stufenverhältnisse innerhalb einer Tonleiter darstellen, sondern Verhältnisse zwischen den Stufen verschiedener Tonleitern.

Im folgenden Beispiel steht, gemäß den im dritten und vierten Kapitel entwickelten Gesetzen der Modulation und ihrer Verlaufsformen in Takten, der erste Takt in a-Moll, der zweite in C-Dur. Das Intervall am Taktstrich verbindet zwei Stufen verschiedener Tonleitern.

Intervall am Übergang von a-Moll nach C-Dur

Die beiden Tonleitern erscheinen auf den ersten Blick inkommensurabel: Der Ton a liegt in a-Moll auf der ersten, in C-Dur auf der sechsten Stufe. Aber dieser Unterschied betrifft nur die Stellung, die der Ton a innerhalb einer Tonleiter einnimmt. Die Tonarten a-Moll und C-Dur unterscheiden sich harmonisch im Tongeschlecht und in ihrer Tonika. In der Sphäre der Melodik erscheint dies als Unterschied im Ausgangspunkt, von dem aus sich eine Tonleiter mit ihrem jeweils charakteristischen Muster von Stufenabständen aufbaut.

Das Intervall, das die beiden Tonleitern verbindet, ist jedoch nicht durch sein Verhältnis zum Grundton einer Tonleiter bestimmt, sondern durch einen Tonhöhenvergleich zwischen den Stufen der einander abwechselnden Tonleitern. Die Töne a, h, c, d, e, f liegen in den Tonarten a-Moll und C-Dur jeweils auf gleicher Höhe. Sie liegen daher auch auf der gleichen Stufe, sozusagen als melodisches Pendant zur harmonischen Übereinstimmung in den Tonbeständen aufeinander folgender Tonarten. Das Intervall zwischen den Tönen e und a ist daher in a-Moll, in C-Dur und bei einer Grenzüberschreitung zwischen beiden Tonarten immer eine Quarte.

Die Tonart a-Moll wird im obigen Beispiel durch den Ton g außer Kraft gesetzt. Dieser Ton liegt auf der Stufe zwischen den Tönen f und a. Dasselbe gilt aber auch für den Ton gis im ersten Takt. Infolgedessen liegen auch die Töne g und gis auf der gleichen Stufe. *Diese* Stufe hat sich allerdings nach der Modulation verändert: sie liegt einen Halbton tiefer, ist also näher an den Ton f herangerückt. Harmonisch gesehen gehören die Töne g und gis zu den Tönen, worin sich die Tonbestände von a-Moll und C-Dur *unterscheiden.* Sie haben nichts miteinander zu tun. Melodisch sind sie Repräsentanten der gleichen Stufe. Diese Stufe wird eben nur beim Übergang zwischen den beiden Tonarten erhöht beziehungsweise erniedrigt, also in die eine oder andere Richtung *alteriert*. Das Intervall zwischen g und gis ist ungeachtet des Tonhöhenunterschieds eine Prime.

Da jede Tonleiter sieben Stufen besitzt, mit denen sie einen Oktavraum ziemlich gleichmäßig ausfüllt, fällt jeder neu auftretende Ton einer neuen Tonart prinzipiell auf eine Stufe, die schon vor ihm besetzt war. Der für die Modulation charakteristische Übergang in einen neuen Tonbestand stellt sich daher melodisch dar als Verschiebung einzelner Stufenabstände. Die Identität und Reihenfolge der Stufen bleibt über jede Modulation hinweg erhalten.

Im Normalfall der Modulation liegen die übereinstimmenden Töne der sich ablösenden Tonbestände auf identischen Tonstufen. Davon gibt es aber auch Ausnahmen, wie das folgende Beispiel zeigt:

Modulation von a-Moll nach c-Moll

Die Töne gis und as sind Töne, worin die beiden Tonbestände von a-Moll und c-Moll übereinstimmen. Vom Standpunkt der harmonischen Wahrnehmung erscheint die verschiedene Schreibweise dieser absolut gleich klingenden Töne als eine bloße Laune der Notation. Diese Schreibweise entspricht jedoch der melodischen Realität, wonach gis und as in den genannten Tonarten nicht auf gleicher Stufe liegen können. Denn zwischen gis und f liegt in a-Moll *keine* weitere Stufe, während zwischen as und f in c-Moll der Ton g liegt. Dafür folgt dem as der Ton h als *unmittelbar* nachfolgende Stufe, wohingegen zwischen h und gis in a-Moll der Ton a liegt. Dieselben Töne bilden je nach Tonart entweder eine übermäßige Sekunde oder eine kleine Terz. Aufgrund der Alteration können also nicht nur unterschiedliche Töne auf gleicher Stufe liegen, sondern auch gleiche Töne auf unterschiedlicher Stufe.

Die Alteration ist die Form, in der die Tonstufen ihre Identität auch bei wechselnden Tonarten wahren. Die Notenschrift ist diesem Sachverhalt prinzipiell angemessen. Die Nutzung von Vorzeichen und Auflösungszeichen ist allerdings nicht darauf beschränkt, dem Wesen der Alteration Rechnung zu tragen. Wie bereits im dritten Kapitel erwähnt, sind schreibtechnisch motivierte Verstöße gegen die Stufenlogik unter der Bezeichnung 'enharmonische Verwechslungen' bekannt und üblich. Des Weiteren werden auch harmonisch indifferente Passagen in einer Schreibweise notiert, die von den Stufen einer Tonleiter und daher von der harmonischen Bestimmtheit der Töne ausgeht.

e) Das Konstrukt eines alterierten Akkords

Musiklehren und Musiklexika machen ihr Publikum gewöhnlich mit einem Phänomen bekannt, das sie „alterierte Akkorde" nennen und etwa so vorstellen:

*„**Alterierte Akkorde**, seit H. Riemann die Bezeichnung für solche Klänge innerhalb des funktionalharmonischen Systems, in denen einer oder mehrere Töne eines ursprünglich leitereigenen Akkords chromatisch verändert sind ..."* [1]

Das Wort „ursprünglich" ist hier nicht *zeitlich* gemeint, wie es bei der Alteration angebracht wäre, wo in der Abfolge der Takte eine Veränderung mit den Stufen vor sich geht. Vielmehr ist hier von einem *logischen* Ursprung die Rede: Der „leitereigene Akkord" soll angeblich das sein, was dem „alterierten Akkord" zugrunde liegt; er soll sich zum „alterierten Akkord" ungefähr so verhalten wie die reine zur temperierten Quinte. „Leitereigen" sind nach dieser Theorie nicht ohnehin alle Töne in einer harmonisch bestimmten Musik, sondern nur diejenigen Töne, die zum Tonbestand der Tonart gehören, in der ein Musikstück notiert ist. Ausnahmsweise können auch einmal Vertreter einer anderen Tonart als Bestandteile einer eigenen Tonleiter anerkannt werden – dann nämlich, wenn eine ordentliche Modulation vorliegt, die den Segen dieser Theorie hat.

„Was ältere Lehrbücher als Ausweichung in eine fremde Tonart, als vorübergehende Berührung einer anderen Tonika bezeichnen, stellt sich in der ... Funktionsbezeichnung noch insofern als im Bereich der alten Tonart liegend dar, als dabei die Tonika dieser Ausweichungstonarten ihre Funktionsbezeichnung nach ihrer Stellung in der Haupttonart behält und nur ihre Trabanten (...) aus der alten Tonart ausgeschieden erscheinen." [2]

Die Konstruktion eines alterierten Akkords erlaubt es Riemann, in einem Musikstück *alles* auf die Tonika der „Haupttonart" zu beziehen, ohne auch nur eine einzige harmonische Beziehung wirklich zu kennen. Riemann vergleicht einfach alle Akkorde mit dieser Tonika und stellt fest, dass jene, sofern sie nicht die Tonika sind, dann eben von ihr abweichen. Und das ist dann schon die ganze Beziehung zur Tonika: Die Dominante ist nicht ganz konsonant, weil keine Tonika; bei der Dissonanz kommen „fremde Töne" als störende Elemente hinzu; der „alterierte Akkord" hält sich nicht einmal an die Töne der „Haupttonart". Alle diese „Beziehungen" zur Tonika, die, in zahllosen Kürzeln verschlüsselt, die Riemannschen Funktionsbezeichnungen ausmachen, drücken nur dieses abstrakte, negative Verhältnis zur Tonika aus und fixieren Gesichtspunkte der Abweichung von der Tonika als Inbegriff der Bezogenheit auf sie. Riemanns Titulierung dieses Verfahrens ist durchaus angemessen: Es geht ihm darum, alle Klänge „im Sinne" einer Tonika zu deuten.

Mit seinen „Funktionsbezeichnungen" wendet sich Riemann gegen die hergebrachten Stufenbezeichnungen für Akkorde, an denen ihm auffällt, dass sie ihrem unmittelbaren Wortsinne nach keine harmonischen Sachverhalte ausdrücken.

---

[1] Riemann Musiklexikon, Sachteil, Mainz 1967, S. 32

[2] Hugo Riemann, Handbuch der Harmonielehre, Leipzig 1918, S. 215

Nun ist die Bezeichnung „Septakkord der zweiten Stufe" allerdings recht harmlos und als bloßer Name durchaus zu unterscheiden von der harmonischen Bestimmung eines solchen Akkords. Die Bezeichnungen, die Riemann dagegen setzen will, sind weniger harmlos, denn sie sind tatsächlich Symbole für seine Interpretation der musikalischen Formen. Allerdings ist Riemann weit davon entfernt, irgendeine Verwechslung zwischen Intervallen und harmonischen Verhältnissen zurechtzurücken. Zu jenen trägt er im Gegenteil mit seinen Vorstellungen über Leittöne und alterierte Akkorde fleißig bei. Im letzteren Falle behauptet er allen Ernstes, dass Akkorde über die Identität der Stufen, auf denen ihre Töne liegen, harmonisch etwas miteinander zu tun hätten. Dann ist es doch vernünftiger, Akkorde nach Stufen zu *benennen*, als sie nach Stufen zu *beurteilen*.[1]

[1] Eine genauere Analyse der Riemannschen Funktionstheorie findet sich in: Franz Sauter, Die Musikwissenschaft in Forschung und Lehre, Norderstedt 2010, 2. Kapitel.

7. Kontrapunkt

a) Polyphonie

In der mehrstimmigen Musik beziehen sich Melodien als *Stimmen* aufeinander. Zu Stimmen werden die Melodien genau genommen überhaupt erst dadurch, dass sie in ein genuin melodisches Verhältnis zueinander treten: Sie vergleichen sich *als Melodien* miteinander, beziehen sich also nach Maßgabe der ihnen eigentümlichen Bewegungsweise aufeinander. Jede Stimme ist beständig in ihrem Fortschreiten auf das Fortschreiten jeder anderen Stimme bezogen.

J. S. Bach, Bourrée (BWV 807)

Drei Stimmen

Die Art und Weise, wie sich in diesem Beispiel die beiden oberen Stimmen in ihrem Bewegungsablauf zueinander verhalten, wird aus leicht ersichtlichem Grund Parallelbewegung genannt. Die untere Stimme dagegen verhält sich zu jeder der beiden Oberstimmen dergestalt, dass sie stagniert, während jene sich fortbewegen. Man sieht an diesem Beispiel also zwei Formen, in denen Stimmen aufeinander bezogen sein können, und noch bevor diese und weitere Formen genauer untersucht werden, können ein paar allgemeine Aussagen über Stimmbewegung, Polyphonie und Kontrapunkt gemacht werden.

Die Melodien werden, wie gesagt, durch den wechselseitigen Vergleich ihrer Bewegungsweise zu Stimmen. Der Terminus „Stimme" bezeichnet in diesem Zusammenhang also einen *ästhetischen* Sachverhalt. Dass das Wort „Stimme" auch noch in anderen Bedeutungen gebraucht wird, spielt dabei keine Rolle. In den Komposita „einstimmig" und „mehrstimmig" beispielsweise wird die Stimme als etwas vorgestellt, was unabhängig von der melodischen Beziehung existiert, von der hier die Rede ist. Das ist nicht weiter schlimm, soll aber nicht zu Fehlschlüssen über den Charakter der Mehrstimmigkeit führen.

Mehrstimmigkeit ist jedenfalls keine bloße Ansammlung von Melodien, die nur äußerlich zusammentreten, indem sie zeitgleich erklingen. Was die Stimmen in der Polyphonie kennzeichnet, ist nicht ihre schiere Koexistenz, sondern ihr *Bewegungsverhältnis*.[1] Diese immanente Beziehung der Stimmen, die ihren Maß-

[1] *„In der musikalischen Wirklichkeit ist Kontrapunkt Interrelation, nicht Beziehungslosigkeit der Stimmen ..."* (Carl Dahlhaus, Untersuchungen über die Entstehung der harmonischen Tonalität, Kassel 1968, S. 210)

stab an der melodischen Form hat, ist das, was den Kontrapunkt ausmacht. Der Kontrapunkt ist die Ästhetik der Polyphonie, und die verschiedenen Bewegungsverhältnisse der Stimmen, um deren Analyse es im Folgenden geht, sind die Formen des Kontrapunkts.

Im Gegensatz zur landläufigen Meinung hat der Kontrapunkt auch nichts mit Harmonie zu tun. Die Stimmen haben von Haus aus keinerlei harmonisches Verhältnis zueinander, sie sind zu einer solchen Beziehung aufgrund ihrer Eigenart gar nicht fähig. Was harmoniert, sind die in Takten oder Taktsegmenten zusammenklingenden *Töne*, nicht die Stimmen als solche. Dass die harmonierenden Töne zugleich Bestandteil von Stimmen sind, ist eine andere Sache. Innerhalb einer melodischen Tonfolge repräsentieren die Töne immer Stufen einer Tonleiter, auf denen genauso gut auch andere Töne liegen können. Am Verlauf der Stimmen ändert sich nichts, wenn vor der einen oder anderen Note ein Vorzeichen gesetzt oder aufgelöst wird. Was sich ändert, ist nur die Tonart und die Abfolge von Harmonien. Umgekehrt kann eine bestimmte Harmoniefolge in verschiedensten Stimmbewegungen realisiert sein.

Verkehrt ist auch die Auffassung, der Kontrapunkt stehe in einem Gegensatz zur Harmonik, wie mancher Theoretiker behauptet:

„Der Kern der Kontrapunkt-Theorie liegt darin, wie zwei oder mehrere Linien sich gegenseitig in möglichst unbehinderter melodischer Entwicklung entfalten können; nicht durch die Zusammenklänge, sondern trotz der Zusammenklänge.“[1]

Die Harmonik der Zusammenklänge und ihrer Abfolge *„behindert“* nicht die Melodik der Stimmbewegung. Da gibt es nichts, was erst noch in Einklang miteinander gebracht werden müsste. Die Melodik der tonalen Musik gibt es gar nicht unabhängig von ihrer harmonischen Grundlage. Und auch die Stimmen selbst haben keinerlei negatives Verhältnis zueinander. Sie stehen einander nicht im Wege, sondern vergleichen sich hinsichtlich der Form ihrer Fortbewegung. Der Kontrapunkt ist ein positives Verhältnis der Stimmen.

Die selbständige Bewegung der Stimmen ist in ihrem positiven Verhältnis logisch unterstellt. Der Genuss des Kontrapunkts ist insofern an die gesonderte Wahrnehmbarkeit der Stimmen und ihrer jeweiligen Bewegung gebunden. Diese Voraussetzung ist am einfachsten dadurch zu gewährleisten, dass die Stimmen von verschiedenen und womöglich von ihrer Klangfarbe her kontrastierenden Instrumenten gespielt werden. Der Kontrapunkt und die darin unterstellte Selbständigkeit der Stimmen existiert jedoch auch in Musikstücken, die nur auf einem Klavier oder einer Orgel gespielt werden. Warum das so ist, zeigt sich sehr schnell, wenn man die Formen des Kontrapunkts einmal genauer untersucht.

[1] Ernst Kurth, Grundlagen des linearen Kontrapunkts, Bern 1916, S. 144

b) Parallelführung der Stimmen

Die einfachste Form des Kontrapunkts besteht in einer Parallelbewegung der Stimmen. In dieser Bewegung herrscht vollständige melodische Übereinstimmung: Jede Stimme schreitet zur gleichen Zeit im gleichen Intervall voran, und das Intervall zwischen den simultan erklingenden Tönen der Stimmen ist immer gleich groß. In *welchem* Intervall die Stimmen parallel geführt werden, ist im Prinzip gleichgültig. Allerdings unterscheiden sich die Intervalle bezüglich ihrer Eignung für die Entfaltung der Parallelbewegung der Stimmen, und zwar aufgrund der harmonischen Verhältnisse, die den Intervallen zugrunde liegen.

Die Fortbewegung der Stimmen im Abstand einer *Oktave* ist die unauffälligste Variante der Parallelführung. Dies liegt nicht an der melodischen, sondern an der harmonischen Übereinstimmung der jeweiligen Töne. Harmonisch gesehen trägt die Mehrstimmigkeit der Oktavparallele nicht zur Vermehrung der Töne bei, die schon die Einzelstimme als Inhalt der Takte verfügbar macht. Die Oktavparallele hat zudem etwas Starres an sich, insofern die Oktave im Unterschied zu den übrigen Intervallen immer exakt im gleichen Frequenzverhältnis erklingt. Die Oktavparallele lässt sich aus diesen Gründen auch bewusst in einer Form realisieren, die noch jenseits der Mehrstimmigkeit angesiedelt ist, wie etwa bei der Koppelung von Orgelregistern, bei der die Oberstimme nur den kargen Klang der Unterstimme anreichern soll, oder bei zwölfsaitigen Gitarren, deren Klangfülle durch das Spiel auf oktavweise zusammengespannten zustande kommt. Umgekehrt kommt eine *hörbare* Oktavparallele schon ohne jegliche kontrapunktische Intention zustande, zum Beispiel dann, wenn Männer und Frauen „unisono“ singen. Das Ohr gewöhnt sich dabei schnell an die starre Koppelung der Töne, so dass die Oktavparallele eigentlich erst beim Übergang zu oder von einer anderen Bewegungsform der Stimmen als Form der Polyphonie in Erscheinung tritt.

J. S. Bach, Toccata (BWV 565)

Oktavparallele

Die Parallelführung in anderen Intervallen ist harmonisch prinzipiell gehaltvoller. Dass der harmonische Gehalt allerdings *durch* die Führung der Stimmen zustande käme, ist bloßer Schein, der beim Komponieren entstehen kann.[1] Wie

[1] Da einzelne Melodien leicht ausgedacht werden können, verfällt so mancher, der sich im Komponieren versuchen will, auf die Verfahrensweise, Melodien zuerst miteinander zu kombinieren, um hinterher zu sehen, ob die so geschaffene Polyphonie harmonisch

die Melodik im Allgemeinen, so ist auch die Stimmführung im Besonderen nur die Ausgestaltung des harmonischen Inhalts der tonalen Musik. Harmonisch gesehen handelt es sich also auch bei der Parallelführung der Stimmen immer um das Zusammenspiel von Dominanten und Tonika: Über alle Wechsel der Tonarten hinweg besteht die harmonische Bewegung im beständigen Gegenübertreten der Dominanten und ihrer Auflösung in die Tonika. Dass die Stimmführung nur die Form ist, in der die betreffenden Harmonien als betonter Taktinhalt platziert werden, zeigt sich in der Bevorzugung der Terzen und Sexten bei der Parallelführung. Denn eine solche Stimmbewegung kann nicht nur Dissonanzen präsentieren, sondern auch deren Auflösung in eine Tonika, die in ihrem Tongeschlecht durch das Mitklingen der Terz kenntlich ist. Parallelen in Quarten und Quinten dagegen bedürfen prinzipiell zusätzlicher Stimmen, um nicht nur Grundton und Quinte, sondern die Konsonanz vollständiger Dur- oder Mollklänge zu Gehör zu bringen. Noch größer ist die Einschränkung in Bezug auf die Parallelführung in Septimen oder Sekunden: In diesen Intervallen kann sich nie eine Konsonanz ausdrücken. Werden sie einer Parallelbewegung zugrunde gelegt, so bleibt diese immer eine flüchtige Erscheinung, bei der Dissonanzen zwar aufgebaut, aber nicht aufgelöst werden können.

Für die Parallelführung der Stimmen mögen nicht alle Intervalle gleichermaßen geeignet sein; die Form der parallelen Bewegung selbst befindet sich dadurch keineswegs auf dem Kriegsfuß mit den Harmonien. Noch bevor irgendeine harmonische Konstellation ihr Grenzen setzt, macht sich in der Figuration der Parallelführung selbst, wie sich bei näherer Betrachtung zeigt, eine *immanente* Beschränktheit geltend, durch die sie zugleich über sich hinausweist.

Die parallel geführten Stimmen unterscheiden sich zwar nicht in der Bewegung, die sie vollführen, aber gerade deshalb um so deutlicher in der Lage, die sie relativ zueinander einnehmen: Sie verhalten sich zueinander als Ober- und Unterstimme. Die Zugehörigkeit der Töne zu der einen oder anderen Stimme ist somit durch ihre relative Lage definiert. Die melodische Identität der Stimme muss nicht durch kontrastierende Klangfarben oder getrennt lokalisierbare Klangquellen hergestellt werden, sondern entspringt bereits in der einfachsten Polyphonie der Figur des Kontrapunkts selbst.

Dasselbe Bewegungsverhältnis jedoch, das die Eigenständigkeit der Stimmen in der Bestimmtheit ihrer relativen Lage festschreibt, enthält auch ein Moment der Relativierung melodischer Selbständigkeit, und zwar durch die wechselseitige Abhängigkeit der Stimmen im Ablauf ihrer Bewegung. *„Gefährdet“* ist die Selbständigkeit der Stimmen durch ihre Parallelführung allerdings keineswegs, und die diesbezügliche Vorstellung der alten Kontrapunktlehren verabsolutiert

passabel ist. In den Anfängen der tonalen Musik war diese Verfahrensweise sogar nahezu unumgänglich, wie noch gezeigt werden soll. Dass Harmonielehren jedoch ihren Gegenstand als Ergebnis einer Stimmenbewegung fassen, ist sachlich unangemessen.

lediglich die in der Logik des Kontrapunkts fortentwickelten Gestalten, mit denen die ursprüngliche Mehrstimmigkeit vorangebracht worden ist.[1]

c) Bewegung in ungleichen Intervallen

Die Abhängigkeit der Stimmen voneinander durch ihre Aneinanderkoppelung ist überwunden in einer Stimmbewegung, die in unterschiedlichen Intervallen fortschreitet. Die Stimmen bewegen sich dabei aufeinander zu oder entfernen sich voneinander. Soweit die Stimmen jeweils in der gleichen Richtung voranschreiten, liegt der Unterschied ihrer Bewegung nur in der Größe der zurückgelegten Intervalle. Der Kontrast der Stimmen wird jedoch verstärkt, wenn sich die Stimmen in entgegengesetzter Richtung bewegen.

J. S. Bach, Choral (BWV 15)

Bewegung in gleicher Richtung und Gegenbewegung

Die Verselbständigung der Stimmen in einer Bewegung, die sie in zunehmende Nähe oder Distanz bringt, eröffnet auch die Perspektive einer Stimmenkreuzung, geht also ein wenig auf Kosten der Selbständigkeit, die in der starren Trennung des Oben und Unten bei der Parallelführung liegt. Allerdings kann eine Überschneidung der Stimmen nur dann erreicht werden, wenn die Stimmen unabhängig von ihrem Bewegungsverhältnis identifizierbar sind. Bei Klavierstücken zum Beispiel unterscheiden sich die simultan erklingenden Töne nur nach ihrer Höhe, können einer Stimme also nur aufgrund ihrer relativen Lage zugeordnet werden. Die Wahrnehmung bleibt dann folglich bei der Unterstellung, dass es Ober- und Unterstimmen gebe.

In ihrem Bewegungsraum setzen sich die Stimmen wechselseitig Grenzen, wenn sie ihre Selbständigkeit ganz aus der zweiten Form des Kontrapunkts selbst

[1] *„Während in naturwüchsiger und usueller Mehrstimmigkeit, auch beim frühen Organum die Bewegung in Quint- oder Quart-Parallelen eines der Prinzipien bzw. einen Ausgangspunkt der Klanggestaltung bildet, hat die Musiklehre seit dem 14. Jh. – unter Berufung auf die gefährdete Selbständigkeit der Stimmen – offene Oktaven- und Quinten-Parallelen grundsätzlich verboten."* (Brockhaus Riemann Musiklexikon, Taschenbuchausgabe 1998, Band 3, S. 267) Was mit der ästhetischen Exkommunikation der Quintenparallele aus der frühen Polyphonie tatsächlich durchgesetzt wurde, soll am Ende des Kapitels näher beleuchtet werden.

gewinnen, also aus dem Prinzip der Fortschreitung in ungleichen Intervallen. Grundlage dieser Einschränkung ist das gleichzeitige Fortschreiten der Stimmen, worauf ihre Übereinstimmung und wechselseitige Abhängigkeit reduziert ist. Die Loslösung der Stimme aus dieser Abhängigkeit ist allerdings schon in einer Sonderform dieser Synchronbewegung angelegt: in der Weiterbewegung einer Stimme auf gleicher Tonhöhe, während die andere auf- oder abwärts schreitet.

J. Lennon/P. McCartney, Blackbird (1968)

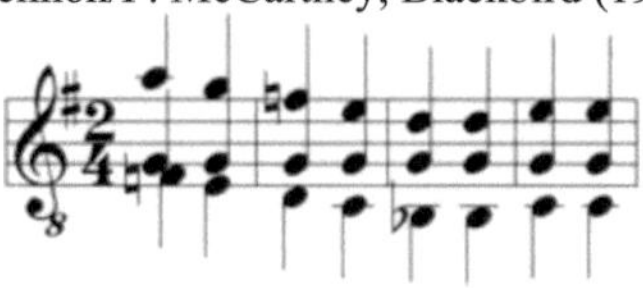

Weiterbewegung der Mittelstimme auf gleicher Höhe

Diese Fortbewegung der einen Stimme in Primen ist Fortbewegung nur noch in einem sehr formellen Sinne; von der Beibehaltung der Tonhöhe ist es nicht mehr weit zu Negation der Fortbewegung, die im Gegensatz von fortschreitender und liegen bleibender Stimme zum Tragen kommt.

d) Ungleichzeitiges Fortschreiten

Die dritte Figur des Kontrapunkts enthält einen rhythmischen Kontrast der Stimmen: Während der Ton in einer Stimme noch fortklingt, bewegt sich die andere Stimme weiter. Der Gegensatz im Bewegungsverhältnis der Stimmen liegt nicht mehr nur in Form und Richtung der jeweiligen Bewegung, sondern im gleichzeitigen Stattfinden oder Unterbleiben der Fortbewegung.

Dieses ungleichzeitige Voranschreiten der Stimmen findet man in verschiedenster Weise ausgebildet: Die hierarchische Unterteilung des Taktes in Segmente kann in der einen Stimme stärker ausgeprägt sein als in der anderen, so dass die Stimmen entweder mehr sporadisch oder mehr systematisch in unterschiedlicher Geschwindigkeit voranschreiten. Die eine Stimme bewegt sich dann stellenweise weiter, während die Töne der anderen noch fortklingen. Zum Teil klingen die längeren und kürzeren Noten aber auch gleichzeitig an.

W. A. Mozart, Tempo di Minuetto (KV 15f)

Fortschreitung in unterschiedlicher Geschwindigkeit

Das ungleichzeitige Fortschreiten kann allerdings auch in sehr extremen Varianten auftreten, in denen die Übereinstimmung im Zeitpunkt der Fortbewegung weitgehend oder ganz unterbleibt. Eine dieser Varianten beruht darauf, dass die melodische Bewegung in den Stimmen zeitlich gegeneinander versetzt wird, so dass immerzu Synkopen in einer der Stimmen auftreten. Diese Variante ist kennzeichnend für das folgende Beispiel:

Rick Wright, Summer '68 (1970)

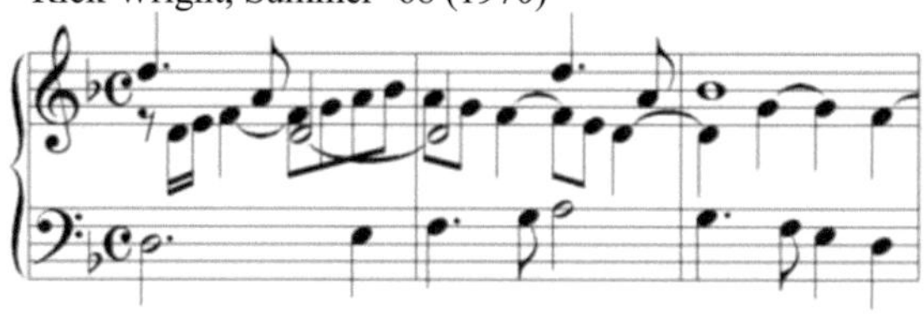

Stimmenkreuzung bei ungleichzeitiger Fortschreitung

Diese Passage, die für eine Pink-Floyd-Platte als Bläsersatz aufgenommen worden ist, enthält eine Überschneidung der beiden oberen Stimmen, die völlig unabhängig von der Instrumentierung zustande kommt. Sie ist auch dann noch wahrnehmbar, wenn die Takte auf einer Orgel gespielt werden, denn sie beruht auf der Form des Kontrapunkts selbst: Während der Ton f als Bestandteil der „mittleren" Stimme im ersten Takt erklingt, bewegt sich die „Oberstimme" über diesen Ton hinweg nach unten. Im zweiten Takt kehrt diese Stimme – ebenfalls über den Ton f hinweg – wieder zurück in die obere Lage.

Die melodische Identität einer Stimme ist in einem solchen Bewegungsverhältnis nicht mehr an eine relative Stimmlage gebunden, die Begriffe „Oberstimme" oder „mittlere Stimme" sind kein angemessenes Kriterium mehr, um eine Stimme zu identifizieren. Ein Ton kann nämlich während seines Erklingens seine Bestimmtheit als Bestandteil einer Stimme nicht verlieren, so dass auch simultan erklingende Töne nicht ihre *Zugehörigkeit* zu einer Stimme mit ihm vertauschen können, sondern allenfalls ihre relative *Lage.* Die Selbständigkeit der Stimmbewegung hat in der Logik des Kontrapunkts nun eine neue Dimension erreicht: sie hängt nicht mehr an der Stimmlage, sondern an den Tönen selbst, mit denen die Stimmen voranschreiten.

Eine weitere Form, in der die dritte Figur des Kontrapunkts ins Extreme gesteigert ist, stellt der Orgelpunkt dar: ein Ton, der etliche Takte lang durchgehalten wird, während sich andere Stimmen fortbewegen. Dies setzt voraus, dass die aufeinander folgenden Harmonien alle den gleichen Ton enthalten. Dieser Ton kann beachtliche harmonische Metamorphosen durchlaufen, wenn er im Rahmen weitläufiger Modulationen durchgehalten wird. Nach den im dritten Kapitel entwickelten Gesetzen der Modulation konstituiert sich bei dem folgenden Beispiel in einer fast vollständigen Tonleiter die Tonart C-Dur, wechselt im letzten Taktdrittel nach a-Moll, im zweiten Takt wieder nach C-Dur, und dann – wieder im letzten Taktdrittel – nach d-Moll. Der im Bass als Orgelpunkt durchgehaltene Ton a beginnt seine harmonische Laufbahn demnach als subdominantische Terz von C-Dur und setzt sie fort als tonischer Grundton von a-Moll, als subdominantische Terz von C-Dur und als dominantischer Grundton von d-Moll.

J. S. Bach, Präludium (BWV 569)

Orgelpunkt

e) Ungleichzeitiges Pausieren

Die letzte Figur des Kontrapunkts besteht in der Gegenüberstellung von erklingender und pausierender Stimme. Diese Form steigert den Gegensatz der Stimmbewegungen in einer nicht mehr zu überbietenden Weise. An die Stelle der Negation der *Fortbewegung*, auf der die dritte Form des Kontrapunkts beruht, setzt sie die Negation des *Klangs*. Damit ist die Dialektik des Kontrapunkts an ihrem Ende angelangt. Aber an diesem Ende entfaltet der Kontrapunkt noch einmal ein Feuerwerk der Polyphonie, worin er alle seine Formen in einer neuen Ausprägung wiederholt und zusammenfasst.

Obgleich der Gegensatz von erklingender und pausierender Stimme seine kontrapunktische Wirkung bereits beim sporadischen oder häufigeren, kürzeren oder längeren Pausieren in einer Stimme zeigt, so liegt doch die eigentliche Potenz dieser Figur in der speziellen Konstellation, worin die Stimmen *beständig abwechselnd* pausieren, wie dies bereits in den Oberstimmen beim obigen Beispiel für den Orgelpunkt zu erkennen war:

Abwechselndes Pausieren

Die Trennung der Stimmen ist hier durch Phasen abgesichert, in denen beide Stimmen simultan zu hören sind. Das Bewegungsverhältnis dieser Stimmen tendiert jedoch dazu, die Gleichzeitigkeit der Stimmen in ein zeitliches Nacheinander auseinanderzulegen. Dieser Zustand der *scheinbaren Einstimmigkeit*, in der zu jedem Zeitpunkt immer nur eine der Stimmen wahrnehmbar ist, unterstellt allerdings die deutliche Trennung der Stimmlagen.

Erfolgt der Wechsel zwischen Hervortreten und Pausieren der Stimmen in rascher Folge, so entsteht eine Quasi-Gleichzeitigkeit der Stimmen, die sich auch in allen anderen Verlaufsformen des Kontrapunkts zueinander bewegen können. Die Polyphonie beruht hier also im doppelten Sinne auf dem Kontrapunkt: In der unmittelbar gegebenen Abfolge der Töne handelt es sich darum, dass das Auftreten der Stimmen beständig durch Pausen unterbrochen ist. Sieht man von dieser Form des Auftretens der Stimmen aber einmal ab und betrachtet die Bewegungen, welche die Stimmen vollführen, wenn sie jeweils in Erscheinung treten, so handelt es sich um Bewegungen in Intervallen und um Bewegungsverhältnisse wie Parallelführung, Gegenbewegung oder Orgelpunkt. Im folgenden Beispiel macht sich deutlich die Konfrontation von fortschreitender und liegen bleibender Stimme geltend:

J. S. Bach, Toccata (BWV 565)

Fortschreitende und liegende Stimme

Die beiden Stimmen können bequem als *eine* Stimme notiert werden, weil sie nie simultan erklingen. Dass es sich nichtsdestotrotz um abwechselnd pausierende Stimmen handelt, lassen sie an ihrem Kontrapunkt erkennen. Der Kontrapunkt ist hier unmittelbar die Ursache der Polyphonie. Die Trennung der Stimmen erfolgt auf dieser Grundlage durch ihre Bindung an *Taktsegmente*: die liegende Stimme tritt im obigen Beispiel immer an der unbetonten Stelle in Erscheinung. In ähnlicher Weise sind im folgenden Beispiel drei Stimmen an je drei aufeinander folgende Segmente einer Zwölfteilung des Taktes fixiert:

J. S. Bach, Gigue (BWV 825)

Parallelbewegung, Gegenbewegung, Stimmenkreuzung

Auch hier ist die Notation vereinfacht, insofern sie *zwei* tatsächliche Stimmen in *einer* geschriebenen Stimme zusammenfasst. Die beiden Stimmen, die auf unbetonten Segmenten in Erscheinung treten, sind als selbständige Stimmen daran zu erkennen, dass sie im Abstand von Terzen und Sexten parallel geführt werden. Im Verhältnis zu der auf betonten Segmenten daher marschierenden Stimme bewegen sie sich in ungleichen Intervallen, und zwar in der Tendenz als Gegenbewegung. Die betonte Stimme bewegt sich völlig frei durch die beiden parallel geführten Stimmen hindurch nach unten und demonstriert damit eine Selbständigkeit, die aufgrund ihrer Fixierung an Taktsegmente nicht mehr auf das Liegenbleiben eines Tons angewiesen ist, sondern mit allen Formen des Kontrapunkts fertig wird. Allerdings ist diese Form von Polyphonie andererseits ganz und gar vom Kontrapunkt selbst abhängig, der die Stimmbewegungen als Verlaufsformen des ungleichzeitigen Pausierens stiftet. Insofern wirkt die Mehrstimmigkeit als ein Überbau, der sofort wie ein Kartenhaus in sich zusammenfällt, wenn der Kontrapunkt unter ihm weggezogen wird:

J. S. Bach, Fuge (BWV 548)

Gegenbewegung und Übergang in Einstimmigkeit

In dieser Fuge baut sich der Kontrapunkt von zwei auseinander strebenden Stimmen auf, um bereits im dritten Takt wieder zurückgenommen zu werden. Diese Rücknahme beginnt schon durch die Viertelnoten, in denen sich zwar noch eine Fortsetzung der Bewegungsrichtung andeutet, die aber andererseits die Fixierung der Stimmen an Achtelnoten aufbricht. Vollends außer Kraft gesetzt wird der Kontrapunkt durch die abwärtsgerichtete Tonleiter, die eine in sich zusammenhängende Melodie verkörpert. Hier rücken Ober- und Unterstimme wieder zusammen und werden in einer Stimme integriert. Durch bloße veränderte Anordnung der Töne lässt sich somit die Anzahl der Stimmen vermindern oder vermehren, die Aufspaltung in Stimmen noch einmal in sich aufspalten usw. Bei Bach findet man häufig Beispiele für den Auf- und Abbau der Mehrstimmigkeit in einer Tonfolge. Wie der Kontrapunkt in der Einzelstimme verschwinden kann, so kann er ihr auch umgekehrt wieder wie der Phönix aus der Asche entsteigen.

In dieser Hinsicht unterscheidet sich die vierte Figur des Kontrapunkts sehr grundsätzlich von der frühen Form des ungleichzeitigen Pausierens, die als *Hoquetus* bezeichnet wird. Das *„Durchsetzen zweier Cantus mit Pausen derart, »daß, wenn einer pausiert, der andere nicht pausiert, und umgekehrt« (Franco von Köln ...)“* [1], wie es seit etwa 1200 verbreitet war, kennzeichnet eine Stimmbewegung, die noch nicht auf dem Kontrapunkt beruht, sondern auf ihrer Fixierung an die Besonderheit einer Klangquelle. Der Begriff Stimme hat im Zusammenhang mit der frühen Mehrstimmigkeit also noch eine ganz andere Bedeutung. Vom Standpunkt der tonalen Musik, deren Mehrstimmigkeit von der Zuordnung der Stimmen zu separaten Klangquellen emanzipiert ist, erscheint der Hoquetus als eine Form, die Töne *einer* Melodie mit verteilten Rollen und beständig abwechselnd vorzutragen. Die Trennung der „Stimmen“ liegt weder in der Stimmlage noch im Gegensatz der Bewegungsweise, sondern einzig in der hörbaren Herkunft der Töne. Der Hoquetus erweckt im Sinne des modernen Begriffs der Stimme nur den *Anschein* von Mehrstimmigkeit, und dieser Anschein verschwindet sofort, wenn Noten wie die folgenden auf dem Klavier gespielt werden:

[1] Brockhaus Riemann Musiklexikon, Taschenbuchausgabe 1998, Band 2, S. 212

Hoquetus [1]

Dass die Stimmen bei der ursprünglichen Polyphonie nicht durch ihr Bewegungsverhältnis bestimmt waren, sondern durch die Besonderheit der zugehörigen Klangquelle, ist nicht verwunderlich. Eine Polyphonie, deren Bewegungsverhältnisse die melodische Identität der Stimme ebenso voraussetzen wie selber stiften, kann nur aus einer Mehrstimmigkeit hervorgegangen sein, die noch nicht ihrerseits auf dem Kontrapunkt beruhte.

f) Ursprünglicher Kontrapunkt

Die ersten Formen der Mehrstimmigkeit entstanden schon auf Basis der in magischen und kultischen Riten ausgebildeten Musizierweise, einer feierlichen Rezitation nach dem Muster der Psalmodie.

Psalmodie

Kennzeichnend für diese Musik ist der Haltetonstil, der sich von der gewöhnlichen Sprechweise durch die Egalisierung der Tonhöhe unterscheidet. Die Stimme hebt an und hält den Ton eine Weile, um dann wieder abzufallen. Dieser monotone Singsang kennt keine Regelung der Tonlängen, sondern nur einen in der sprachlichen Artikulation begründeten Duktus. Mehrstimmigkeit entsteht im Haltetonstil hauptsächlich in Form des Bordunprinzips und der Quintenparallele. Beim Bordunstil des Mittelalters wird ein Ton beständig als Vox organalis durchgehalten, während in der Vox principalis derselbe Ton als Halteton fungiert, bzw. als Gerüstton (Repercussa), zu dem die Melodie beständig zurückkehrt. Bei den Quintenparallelen verläuft die Vox organalis eine Quinte oder Quarte unter der

[1] In seculum longum, Wiedergabe aus oben genanntem Band, S. 213 (mit freundlicher Genehmigung des Verlages SCHOTT MUSIK INTERNATIONAL).

Vox principalis, wobei die Bewegung von Initium, Mediatio und Finalis weitgehend in der Parallele mitvollzogen wird.

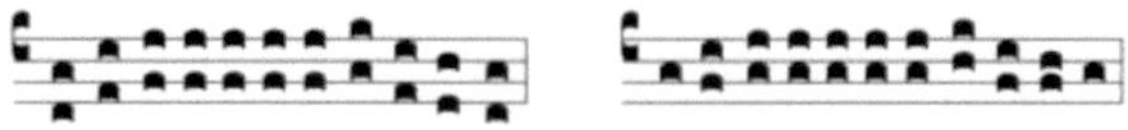

Quinten- und Quartenparallelen

Bordunstil und Quintenparallelen sind die Hauptformen der frühen Mehrstimmigkeit, die in Europa *Organum* hieß. Diese meistens improvisierten Musizierweisen sind bereits durch Aufzeichnungen aus dem Frühmittelalter belegt, ansonsten aber auch in außereuropäischen Traditionen nachweisbar. Die verschiedenen Kulturen haben den Haltetonstil überhaupt ganz unabhängig voneinander hervorgebracht, unabhängig auch von den jeweils ausgebildeten Tonstufen und Tonsystemen.[1] In manchen Weltgegenden wird diese rezitative Musik noch heute konserviert und gegen materialistische Verführungen in Gestalt von „westlicher Musik" abgeschirmt.

Im Hochmittelalter kommt der Stil des *Discantus* auf, einer Mehrstimmigkeit, bei der Fortschreitungen in ungleichen Intervallen, Gegenbewegung und ungleichzeitige Bewegung bevorzugt werden. Eine Stimme fungiert als Cantus firmus, als eine vorgegebene, meist bekannte, langatmig zerdehnte Melodie, während eine oder mehrere Zusatzstimmen – zunächst improvisatorisch – dagegengesetzt werden. Die Zusatzstimmen beziehen sich auf den Cantus firmus wie Voces principales zu einem ständig wechselnden Bordun-Ton. Die Stimmen sind noch ganz mit ihrer Klangquelle verwachsen und haben *der Vortragstechnik nach* auch noch keine *wechselseitige* Beziehung zueinander: Während der Cantus firmus in sich ruhend, unbeirrt und beharrlich dahinschreitet, sind die Zusatzstimmen jeweils *einseitig* auf ihn bezogen. *Der Sache nach* werden jedoch melodische Bewegungsverhältnisse sowie mehr oder weniger harmonische Klangverhältnisse zu Gehör gebracht. Und in dieser Hinsicht war die Koordination der Stimmen, die sich beim Bordunprinzip, bei der Quintenparallele oder beim einstimmigen Chorgesang noch an einem Halteton und am „Rhythmus" der sprachlichen Artikulation orientieren konnte, nicht mehr ganz so unproblematisch: Die Musiker experimentierten mit einer Mehrstimmigkeit, deren klangliche Reize sie nicht im Griff hatten.

Entstehende Missklänge erschienen damals als Folge des wilden Durcheinandersingens, von dem die heutige Wortbedeutung von „kunterbunt" (urspr.: contrapunctum) noch zeugt.[2] Dagegen setzten die frühen Kontrapunktlehren eine

[1] In einer Beschreibung der arabischen Musik wird zu Recht auf die Terminologie der Psalmodie verwiesen: *„Der offizielle Stil ist die zwischen gehobener Sprache und Gesang schwebende »lectio«, wie heilige Texte in fast allen Religionen der Hochkulturen vorgetragen werden. Gregorianische Bezeichnungen treffen auch auf diesen Stil zu; es gibt den tieferen Ausgangston (initium), den Tenor und Finalton, und Interpunktionsmelismen."* (Riemann Musiklexikon, Sachteil, Mainz 1967, S. 46)

[2] Bezüglich der stilistischen Feinheiten dieser Epoche schüttelt es manchen empfindlichen Ästheten noch Jahrhunderte später: *„Diese Improvisationen waren sehr beliebt,*

von der Sprechweise unabhängige, planmäßige, geregelte und reproduzierbare Koordination der Stimmen. Zu diesem Zweck wurde die Mensuralnotation geschaffen, welche im Interesse des Zusammenpassens der Stimmen auf genauer Abmessung der Töne insistierte. So entstand eine auf dem Papier entworfene Mehrstimmigkeit, die zusehends nicht mehr *Gesänge* miteinander kombinierte, sondern einzelne *Intervallfortschreitungen*: „punctum contra punktum".

Die frühen Kontrapunktlehren interessierten sich für Methoden zur Gewährleistung einer wohlklingenden Polyphonie. Die Vorgehensweise entsprach der mittelalterlichen Irrationalität einer Suche nach dem Stein der Weisen: Man wollte das Ohr zufrieden stellen, ohne es zum Richter machen zu wollen. Die innersten Geheimnisse der Musik sollten in Regeln fixiert werden, als wäre Musik eine Frage von Willkür oder Geregeltheit. Vorstellungen von vollkommenen und unvollkommenen Proportionen bei Tonlängen und Zusammenklängen prägten die Systematik der Notierung ebenso wie die Vorschriften, nach denen komponiert werden sollte. Die kürzeren Notenwerte wurden zunächst prinzipiell als Drittel der längeren definiert – entsprechend der im christlichen Glauben verbürgten Vollkommenheit der Zahl drei. Erst später, nachdem die fortlaufende Dreiteilung der Notenwerte schon einen gewissen Höhepunkt erreicht hatte, wurden halbierte Notenwerte als gleichermaßen akzeptabel angesehen.[1] Bei den Zusammenklängen waren zunächst nur Oktave und Quinte überall als vollkommen anerkannt, Terzen und Sexten dagegen erst gegen Ende des Mittelalters.

Die Unkenntnis der wirklichen harmonischen und rhythmischen Grundlagen der Musik sowie die mageren Ergebnisse des methodisch kontrollierten Komponierens wurden durch fingierte Kompetenz und Strenge des Lehrbetriebs ausgeglichen. Die Abgrenzung des Discantus gegenüber dem fortbestehenden Organum geschah entsprechend durch ein Verbot von Quintenparallelen, *„als gelte es, das Neugewonnene durch bindende Gesetze zu befestigen"*.[2] Nichtsdestotrotz betrachteten Theoretiker des Kontrapunkts den Haltetonstil zu Recht weiterhin als „Basis" ihrer musikalischen Errungenschaften.[3]

Nach der Entdeckung von Dur und Moll im 16. Jahrhundert verlor der Kontrapunkt in zweierlei Hinsicht an Bedeutung: Erstens erhielt der Kontrapunkt *als*

---

führten aber bald zu Auswüchsen ungeheuerlichster Art, indem den zwei Stimmen eine dritte und vierte beigesellt wurde, wobei man nur darauf zu achten hatte, daß jede Stimme mit dem cantus firmus zusammenstimmte, während man auf das Verhältnis dieser Stimmen untereinander keine Rücksicht zu nehmen brauchte. Dabei führte die Kombination kirchlicher und weltlicher Weisen mit denkbar heterogensten Stimmungen bisweilen zu den seltensten Widersprüchen und geschmacklosesten Erzeugnissen." (Grabner, Allgemeine Musiklehre, Kassel 1974, S. 189)

[1] Bei Pierre de la Croix um 1300 hat die Longa 3 Breves, die Brevis ihrerseits 9 Semibreves.

[2] Hermann Grabner, Allgemeine Musiklehre, Kassel 1974, S. 189

[3] *„Die* Summa musicae *(...) unterscheidet um 1300 den Haltetonstil des Organum als dyaphonia basilica (von griech. βάσις) vom Discantus als dyaphonia organica."* (Brockhaus Riemann Musiklexikon, Taschenbuchausgabe 1998, Bd. 1, S. 317)

Konzept Konkurrenz durch den Generalbass, der die Harmonienfolge zum Kernpunkt der Musikkomposition machte und dadurch maßgeblich dazu beitrug, die harmonischen und rhythmischen Grundlagen der heutigen Musik herauszuarbeiten. Zweitens wurde in der damaligen Musik die Stimmbewegung zu einer nachgeordneten Verlaufsform der Harmonienfolge, so dass der Kontrapunkt in vergleichsweise einfachen, zufälligen und unscheinbaren Formen ausgeprägt wurde. Erst nach der Durchsetzung von Tonalität und Taktrhythmik erlebte der Kontrapunkt eine Renaissance – als moderner Kontrapunkt der tonalen Musik. Seinen Ruf als (fragwürdiges) methodisches Wundermittel des guten Komponierens hat er allerdings bis heute nicht verloren. Dass der Kontrapunkt bei der Mehrstimmigkeit moderner Stilrichtungen wie Jazz und Rockmusik nicht mehr so heißt, geht insofern schon in Ordnung.

8. Motivik

a) Begriff des Motivs

Die bisherige Analyse der Melodik hat gezeigt: Das Wesen der Melodie besteht in einem Tonhöhenvergleich, der die harmonisch und rhythmisch bestimmten Töne zu Repräsentanten von Tonstufen macht und in einer Tonfolge zusammenschließt, die sich auf diesen Tonstufen bewegt. Die Identität der Melodie liegt in ihrer Fortbewegungsweise in Intervallen und bewährt sich in einem Vergleich von Bewegungen, die verschiedene Melodien gleichzeitig vollführen. Und nicht nur das: Die Bewegungsverhältnisse, in denen die Melodie zur Stimme wird, *wahren* nicht nur die Identität der Melodie, sondern *reproduzieren* und *stiften* sie auch als ihr ureigenes Resultat.

Auf dieser Grundlage ist das letzte ästhetische Prinzip der tonalen Musik aufgebaut: das Prinzip der melodischen Übereinstimmung in den Phasen der Stimmbewegung. Die Stimmen nehmen ihre zurückgelegte Bewegung in ihrem weiteren Fortgang auf, vergleichen sich also im Hinblick auf ihre nach und nach vollzogene Bewegung, sei es innerhalb einer Stimme, sei es im Verhältnis der Stimmen zueinander. Die Kristallisationsform dieses ihres Vergleichs ist das Motiv. Durch die Übereinstimmung mit anderen Abschnitten der melodischen Bewegung wird ein Stück Melodie zu einem Motiv.

Sequenz

In diesem Beispiel ist die Tonfolge *a* ein Motiv, weil ihr eine Tonfolge nachfolgt, welche die gleiche melodische Bewegung auf einer anderen Tonstufe vollführt. Insofern diese um eine Stufe versetzte Nachbildung *a'* dem Motiv *a* ganz *unmittelbar* nachfolgt, handelt es sich um eine Sequenz.

Die Melodie zeigt sich übrigens in der Sequenz sehr schlagend als das, was sie ist: eine Fortbewegung auf Tonstufen, die in ihrem Ablauf ausschließlich bestimmt ist durch die Intervalle, in denen sie fortschreitet. Maßgeblich für die Identität der Intervalle ist nicht das Frequenzverhältnis zwischen den Tönen, sondern die Anzahl der übersprungenen Stufen. Das letzte Intervall in der Tonfolge *a* mag im obigen Beispiel ein Ganzton sein, bei *a'* dagegen ein Halbton; identisch sind diese Intervalle jedoch als Sekunden. Entsprechend ist das Zusammenpassen der melodischen Bewegungsphasen eine Ästhetik, die von den zugrunde liegenden harmonischen und rhythmischen Formen der Übereinstimmung völlig abgetrennt ist.

Die Übereinstimmung zwischen melodischem Urbild und seiner Nachbildung muss nicht im exakten Ablauf der melodischen Bewegung liegen. Sie existiert auch in Formen, in denen die Bewegung des Motivs modifiziert wird:

Umkehrung

Bei der Umkehrung *a'* bewegt sich die Melodie des Motivs *a* in umgekehrter Richtung. Ein Motiv kann in seinen Nachbildungen in vielerlei Hinsicht variiert sein: Die melodische Bewegung des Musters kann als sogenannter Krebs rückwärts geführt werden, sie kann in längeren oder kürzeren Notenwerten wiedererstehen, die einzelnen Töne des Motivs können rhythmisch aufgespalten werden usw. Die Übereinstimmung zwischen Urbild und Nachbildung beruht jedoch in der Regel darauf, dass in der abgeleiteten Tonbewegung das Motiv insgesamt nach einem einheitlichen Prinzip umgestaltet ist. Der Unterschied zwischen Original und Kopie, zwischen vorgegebener und abgeleiteter Form ist meistens leichter in Worte zu fassen als dasjenige, worin die Tonfolgen jeweils übereinstimmen. Wichtig ist jedoch die intuitive Wahrnehmbarkeit der melodischen Übereinstimmung, ohne die jede noch so ausgetüftelte Abwandlung eines Motivs nicht als solche zählt. Dabei ist die mit der tonalen Musik vertraute Wahrnehmung dem Motivischen durchaus zugänglich und bereit, jeden nur denkbaren Anflug von melodischer Übereinstimmung aufzunehmen. Der melodische Vergleich zwischen den Phasen der Stimmbewegung ist der Musikalität so sehr immanent, dass der musikalische Erfindungsgeist sich schwer tut, eine längere Melodie ohne Motiv zu ersinnen.

Melodie ohne Motiv

Dieses Beispiel zeigt keine melodische Übereinstimmung von Melodieteilen und enthält deshalb kein Motiv. Dieselbe Melodie, die in den vorigen Beispielen ein Motiv war, verliert ihren motivischen Charakter, sobald jegliche Form von Nachbildung dieser Melodie ausbleibt. Das Motiv ist eine Bestimmung, die der Melodie rückbezüglich zukommt, also aufgrund ihrer Übereinstimmung mit späteren Phasen der Stimmbewegung. Das Motiv kann nicht Muster und Maßstab der nachfolgenden melodischen Bewegung sein, wenn diese Bewegung nicht zugleich das Muster in sich aufnimmt. Die Existenz des Motivs ist also untrennbar mit seiner Wiederaufnahme im Fortgang der Stimmbewegungen verknüpft. Ob sich an dem obigen Beispiel ein Motiv herauskristallisiert oder nicht, das hängt ganz davon ab, ob und wie diese Melodie fortgesetzt oder ergänzt wird. Im folgenden Beispiel entsteht ein Motiv durch Hinzufügen einer Unterstimme, die den Bewegungsablauf der oberen Stimme imitiert:

Imitation

Die Nachbildung des Motivs in einer anderen Stimme kann auch schon beginnen, bevor das vorgegebene Motiv verklungen ist. Es handelt sich dann um eine Engführung, in der mit der Kopie des Musters bereits vor seiner Fertigstellung begonnen wird. Viele Fugen beginnen mit einer solchen Engführung nach folgendem Schema:

Engführung

Unter der Voraussetzung, dass die Nachbildung eines Motivs langsamer abläuft als das Motiv selbst, können beide sogar gleichzeitig in verschiedenen Stimmen beginnen. Die Kopie orientiert sich auch in diesem Fall am verklungenen Bewegungsablauf einer Tonfolge, die dadurch zum Motiv wird. Eine Parallelführung der Stimmen jedoch ist eine Form des Kontrapunkts und hat mit Motivik und Imitation nichts zu tun.

Motivik und speziell die Imitation setzen übrigens den Kontrapunkt nicht nur voraus, sondern haben auch eine gewisse Rückwirkung auf die Polyphonie: Indem die Melodie sich auf sich selbst bezieht und womöglich auch die Bewegung anderer Stimmen in sich aufnimmt, gewinnt sie eine zusätzliche Konsistenz und eigengesetzliche Kontinuität, welche die Identifizierung der Stimmen erleichtert.

Es zeigt sich im Vergleich der Beispiele, dass es ganz und gar von der Weiterführung der Stimmen abhängt, ob eine bestimmte Tonfolge Motiv, Teil eines Motivs oder überhaupt kein Motiv ist. Anfang und Ende eines Motivs sind an jene Übereinstimmung in den melodischen Phasen gebunden, der das Motiv seine Existenz verdankt. Ein Motiv beginnt genau da, wo die Übereinstimmung mit einem anderen melodischen Abschnitt beginnt, und es endet genau mit dieser Übereinstimmung. Im folgenden Beispiel besteht dieselbe Tonfolge, die bisher als Motiv oder Teil eines Motivs angeführt wurde, aus *zwei* Motiven:

Wiederholungen[1]

Beide Motive entstehen durch Wiederholungen, die entweder sofort oder etwas später nachfolgen. Motiv und Wiederholung stimmen überein in ihrem melodischen Gehalt, also in ihren Tönen, in deren Reihenfolge und Tonlängen. Sie müssen jedoch nicht auf gleichen Taktsegmenten beginnen, können also durchaus rhythmische Unterschiede aufweisen. Im obigen Fall besitzt zum Beispiel das Motiv *a*, indem es sich über den Taktstrich hinweg bewegt, ein größeres Betonungsgefälle als seine Wiederholung. Noch deutlicher ist die rhythmische Variation in den folgenden Wiederholungen, an denen auch die prinzipielle Selbständigkeit des Motivs gegenüber der Taktgliederung leicht zu erkennen ist.

J. Lennon/P. McCartney, A Hard Day's Night (1964)

Motiv und Taktgliederung

Ausgiebige Wiederholungen können auch durchaus reizvoll sein in der Form des Ostinato, bei dem die beständige Beibehaltung einer Tonfolge auf *eine* Stimme beschränkt ist, so dass die Wiederholungen durch die kontrastierenden Stimmen in wechselnde kontrapunktische und harmonische Verhältnisse gesetzt werden.

Reprisen, also Wiederholungen von größeren Teilen eines Musikstücks, die meist mit Wiederholungszeichen notiert werden, haben übrigens nichts mit Motivik und überhaupt mit Melodik zu tun, sondern mit Aufbauformen von Musikstücken wie zum Beispiel mit Liedformen. Sie sind kennzeichnend für besondere musikalische Stilrichtungen und gehören nicht in die Darstellung der allgemeinen Gesetze der tonalen Musik. Nichtsdestotrotz können Motive – als Formen des melodischen Ablaufs – sich durchaus über mehrere Takte hinziehen, und insbesondere können größere Motive aus kleineren zusammengesetzt sein. Die Fortsetzung der bereits zitierten Stimmbewegung aus Bachs Brandenburgischen Konzerten zeigt, dass die Motive *a* und *b* zu einem Motiv *c* zusammengesetzt sind:

Zusammengesetztes Motiv

Zusammengesetzt kann ein Motiv deswegen sein, weil es – wie im obigen Beispiel – in seinem Innern kleinere Motive mitsamt ihren Nachbildungen ent-

---

[1] Oberstimme bei J. S. Bach, Brandenburgisches Konzert Nr. 2 (BWV 1047)

hält. Es kann aber auch aus Tonfolgen bestehen, die Vorbilder oder Nachbildungen außerhalb seiner eigenen Grenzen besitzen und dadurch zu motivischen Komponenten werden. Im folgenden Beispiel enthält das Motiv *c* nur deshalb das Motiv *b'* in sich, weil jenes auch außerhalb der Tonfolge *c* vorkommt.

J. S. Bach, Fuge (BWV 542)

Verschachtelte Motivik

Das zitierte Beispiel ist ein Fugenthema und als solches selbst wieder ein Motiv, das in allen Stimmen imitiert wird. Ein Thema ist ein Motiv, das in einem Musikstück vorherrscht und ihm seinen Charakter aufprägt, eine stilistische Besonderheit, deren Ästhetik wiederum in einer allgemeinen Abhandlung der tonalen Musik nicht zum 'Thema' gemacht werden muss.

b) Theorien über das Motiv

Dass der motivische Charakter einer Tonfolge nicht in einer Besonderheit dieser Tonfolge begründet ist, drückt Diether de la Motte in einer Weise aus, die einer Präzisierung bedarf:

„Keine Tonfolge »ist« ein Motiv; motivischer Rang wird vielmehr verliehen durch das Nachfolgende, das entweder unmittelbar aufgreift oder auch sich erst nach einigen Takten »erinnert« und dann aufgreift, und dies nicht nur einmal.“ [1]

Um Missverständnisse zu vermeiden, sollte man sagen: Motivischer *Charakter* wird einer Tonfolge „verliehen durch das Nachfolgende“. Denn in der Bestimmung des Motivs reflektiert sich die Übereinstimmung einer Tonfolge mit weiteren Melodieteilen, und zwar als Eigenschaft dieser Tonfolge selbst, die eben *dadurch* ein Motiv *ist*. Die gängigen Theorien allerdings, die de la Motte zitiert, als ob sie ungefähr der gleichen Auffassung wären, stellen die Sache mit dem Motiv ziemlich auf den Kopf. Sie betrachten die Nachbildungen einer Tonfolge nicht als Daseinsgrund des Motivs, sondern das Motiv als Ursache der nachfolgenden Melodik.

„Grundlage der neueren Motiv-Theorie ist die organische Musikanschauung, der zufolge ein Kunstwerk aus kleinen Bewegungselementen herauswächst; diese vielmals so genannten Keime sind die Motive. Marx brachte 1837 diese Theorie zur Geltung. H. Riemann hat sie 1903 im Rahmen seiner Rhythmik ausführlich

[1] Diether de la Motte, Melodie, Kassel 1993, S. 32

dargestellt und dem Begriff die Bedeutung gegeben, die er in der allgemeinen Musiklehre heute hat." [1]

Eine Frage der *Wortbedeutung* ist die Charakterisierung des Motivs als „Keim" übrigens nicht, sondern eine *theoretische* Behauptung über das, was Motiv genannt wird. Der Beweis allerdings, dass eine Tonfolge aus einer anderen Tonfolge „herauswächst", ist schlechterdings nicht zu erbringen. Allenfalls ist nachvollziehbar, wie es zu dieser Auffassung kommt. Adolf Bernhard Marx beschreibt den Ausgangspunkt seiner Fragestellung so:

„Wie können wir nun neue Melodien finden? – Vielleicht sind wir so glücklich, einige gute Einfälle zu haben. – Allein das kann wenig bedeuten; wir müssen die Gewissheit haben, stets Neues bilden zu können, dürfen nicht von dem Glück eines guten Einfalls abhängen. Diese Gewissheit aber, die Kraft zu unerschöpflichem Bilden kann nur aus folgerichtiger Entwickelung gewonnen werden." [2]

Das Ideal einer „folgerichtigen Entwicklung" speist sich aus dem alten Bedürfnis der Kontrapunkt- und Kompositionslehren, brauchbare Kompositionen unabhängig vom musikalischen Einfallsreichtum, nämlich mit methodischen Kenntnissen und Hilfsmitteln nicht nur hervorzubringen, sondern sogar zu gewährleisten. Die zugehörige Unterstellung von geheimen Regeln und Notwendigkeiten der Melodik, denen man nur gehorchen und entsprechen müsse, versperrt den Blick auf die Ästhetik musikalischer Einfälle und beflügelt die Vorstellung von einer im Motiv enthaltenen Triebkraft:

„Eine solche Tongestalt, – eine Gruppe von zwei, drei oder mehr Tönen, – um eine grössere Tonreihe nach ihrem Vorbilde zu gestalten, die gleichsam ein ***Keim*** *oder* ***Trieb*** *ist, aus dem die größere Tonreihe erwächst, nennen wir* ***Motiv*** *..."* (Marx, S. 32 f.)

Es mag ja sein, dass ein Musiker zuweilen so vorgeht, dass er sich eine Tonfolge ausdenkt und beschließt, Nachbildungen dieser Tonfolge im weiteren Verlauf der Melodie vorkommen zu lassen. Seine guten Vorsätze machen jedoch noch kein Motiv. Er muss erst wirklich aus der zum Motiv erkorenen Tonfolge melodische Fortgestaltungen und Ableitungen entwickeln, um jene melodische Übereinstimmung in der Stimmbewegung herbeizuführen, in der ein Motiv *realisiert* wird. Für Adolf Bernhard Marx ist das Motiv jedoch schon vorhanden, *bevor* eine melodische Nachbildung auftaucht. Er betrachtet es zuerst getrennt von den Verhältnissen, in denen es motivischen Charakter hat, reduziert es also auf seinen melodischen Inhalt, auf sein Dasein als bloße Tonfolge, das in der Praxis immer dann interessiert, wenn man sich über Motive verständigt, wenn also schon stillschweigend unterstellt ist, dass es sich bei den jeweiligen Tonfolgen um Motive handelt. Wenn er dann auf die Verhältnisse zurückkommt, die er vom Motiv getrennt hat, verwandelt er die *innere* Zusammengehörigkeit von Motiv

---

[1] Metzler Sachlexikon Musik, Stuttgart 1998, S. 646

[2] Adolf Bernhard Marx, Die Lehre von der musikalischen Komposition, 1. Teil, Leipzig 1858, S. 32

und Nachbildung, die im Begriff des Motivs begründet ist, in ein *äußerliches* Verhältnis des Motivs zu seiner „Verwendung", die etwas Zusätzliches und die eigentliche Kunst sein soll:

„Wird aber jedes brauchbare Motiv auch anziehend, von künstlerischem Werthe sein? – Diese Frage ist ... unrichtig, weil nicht das Motiv für sich, sondern dasselbe ***und*** *seine Verwendung den künstlerischen Werth bedingt. Meistersätze sind schon aus den scheinbar geringsten Motiven hervorgegangen; jenes Hauptmotiv (a) des ersten Satzes von Beethovens C moll Symphonie*

hat seine volle Macht erst durch die Führung der Meisterhand im Dienst einer tiefen Idee gewonnen und bewährt." (S. 34)

Die Wertschätzung eines Musikstücks beruht bei dieser Betrachtungsweise nicht auf dem Genuss, den es wegen seiner *Schönheit* beim Anhören bereitet, sondern auf einer Metaphysik der *„tiefen Idee"*, die – wie noch gezeigt werden soll – an den verkehrten Auffassungen über das Motiv nicht ganz unschuldig ist. Das Meisterwerk wird dabei vorgestellt als Ergebnis eines merkwürdigen Zusammenwirkens von Motiv und „Meisterhand": Das Werk ist aus dem Motiv „hervorgegangen", das ja ein „Keim" ist, zu dessen Entfaltung es jedoch des Meisters bedurfte. Dieser musste Hand anlegen, damit die „Macht", die dem Motiv innewohnt, vollkommen wurde.

Wenn Adolf Bernhard Marx dann darlegt, wie man mit Motiven als einem gegebenen Material umgehen muss, um das aus ihnen herauszuholen, was eigentlich schon in ihnen steckt, kommt er genau auf die Formen zu sprechen, in denen ein Motiv überhaupt nur als solches *ausgeführt* werden kann:

„Was kann mit einem Motiv geschehn? ... wir können ein Motiv wiederholen, ... versetzen, ... verkehren, ... verkleinern oder vergrössern ..." (S. 34 f.)

Auf die Vorstellung, dass eine Tonfolge unabhängig von ihrer Beziehung zur sonstigen Stimmbewegung ein Motiv sei, kommt Hugo Riemann auf einem anderen Weg, nämlich im Rahmen seiner Erklärung des Taktes als *„kleinste höhere Einheit, zu der mehrere Zählzeiten zusammentreten"*.[1] Er bemerkt nicht, dass dem Verhältnis der Taktteile der Takt zugrunde liegt, und denkt sich den Takt umgekehrt aus „Zeiteinheiten" zusammengesetzt, die etwa eine ¾ Sekunde lang sind, wie er aus der Beobachtung des menschlichen Auffassungsvermögens erkannt haben will. Die so gefundenen Zählzeiten, die ihm selber zu abstrakt vorkommen, gewinnen seiner Meinung nach *„unter allen Umständen erst reale Existenz durch die Inhalte"*,[2] als die er schließlich die Motive erkennt, die also die Aufgabe haben, Zeiteinheiten hörbar zu machen:

[1] Siehe die Kritik an dieser Theorie im 5. Kapitel, die hier nur knapp zusammengefasst wird.

[2] Hugo Riemann, System der musikalischen Rhythmik und Metrik, Leipzig 1903, S. 8

„Ein musikalisches Motiv, wie wir den Terminus festhalten wollen, ist der musikalische Inhalt einer unserer Auffassung bequemen mittleren Zeiteinheit, wie wir sie als Träger des Rhythmus eruiert haben, also keineswegs nur ein rhythmisches Gebilde ... Vorläufig können wir ... uns das Motiv als ein Stück einstimmiger Melodie vorstellen ... Ein Motiv ist also ein Melodiebruchstück, das für sich eine kleinste Einheit von selbständiger Ausdrucksbedeutung bildet, die einzelne Geste des musikalischen Ausdrucks ...“ (S. 13 f.)

Wie schon der Takt soll auch das Motiv eine „kleinste Einheit“ sein. Wenn in rationellen Theorien etwas als kleinste Einheit bezeichnet wird, so wird gewöhnlich erläutert, inwiefern, weshalb und wovon es die kleinste Einheit ist. Im vorliegenden Fall jedoch wird nur eine Bestimmung fingiert, die schon dadurch ad absurdum geführt wird, dass gewöhnlich sofort noch kleinere Einheiten als die angeblich kleinste angeführt werden:

„Unter Motiv (...) versteht man die kleinste, selbständige und charakteristische melodische Bewegungseinheit ... Es gibt den entscheidenden Bewegungsimpuls für den weiteren Verlauf ... Ein Motiv kann auch in zwei oder mehrere 'Unterteilungsmotive' gegliedert sein ...“ [1]

„Beschäftigen wir uns ... mit dem kleinsten Baustein, dem Motiv. Es stellt eine unverwechselbare, charakteristische, musikalisch sinnvolle Einheit dar. Aus ihm entwickelt sich das weitere Geschehen ... Das Motiv kann aus 2 gleichen, ähnlichen oder gegensätzlichen Teilmotiven bestehen.“ [2]

Auch die Attribute „unverwechselbar“, „charakteristisch“, „selbständig“ versichern nur, dass das Motiv als solches identifizier*bar*, bestimm*bar*, von anderen Dingen unterscheid*bar* ist, versäumen aber die Angabe einer Bestimmung, also die Auskunft, *wodurch* das Motiv als solches bestimmt ist und *was* eine Tonfolge zum Motiv macht. Entsprechend geheimnisvoll ist die Wirkung, die das Motiv auf den melodischen Fortgang haben soll.

[1] Hermann Grabner, Allgemeine Musiklehre, Kassel 1974, S. 165 und 167

[2] Wieland Ziegenrücker, Allgemeine Musiklehre, Mainz 1982, S. 140 f.

c) Das Ding mit den Reflexionsbestimmungen

Die Analyse der tonalen Musik hat das Prinzip der musikalischen Ästhetik offen gelegt: Es besteht darin, dass Klangformen gleichen Typs in Verhältnisse gesetzt werden, in denen sie zusammenpassen. Entsprechend hängen die harmonischen, rhythmischen und melodischen Gestalten zusammen und bauen aufeinander auf: als Klangfiguren, die mit ihresgleichen in Verhältnisse treten, worin sie sich aneinander messen und vergleichen.

1. Konsonanz ist die Form, in der Töne aufgrund ihrer Klangeigenschaft harmonieren.
2. Tonalität ist ein harmonisches Verhältnis von Konsonanzen zueinander.
3. Bei der Modulation vergleichen sich die Tonbestände von Tonarten miteinander.
4. In der Form von Takten vergleichen sich Harmonien hinsichtlich ihrer Klangdauer.
5. Im Taktinnern messen sich die Taktsegmente auf verschiedener Teilungsstufe aneinander.
6. Die Melodie ist eine Bewegung, in der die Töne sich nach ihrer Tonhöhe vergleichen.
7. Der Kontrapunkt ist die Form, in der Stimmen ihre Bewegungsform aneinander messen.
8. Bei der Motivik vergleichen sich die Phasen der Stimmbewegung miteinander.

In Anbetracht dieser Beschaffenheit der musikalischen Ästhetik kann es nicht ausbleiben, dass die Klangformen, die in dieser Weise für den Klanggenuss zugerichtet sind, entweder selbst solche Verhältnisse klanglichen Zusammenpassens darstellen – wie beispielsweise Konsonanz oder Tonalität –, oder aber Korrelate und Bezugsmomente solcher Verhältnisse – wie etwa Grundton oder Tonika. Im letzteren Fall beziehen die Klanggestalten ihre Eigenschaften ganz aus den Verhältnissen, denen sie ihre Existenz verdanken. Beim unmittelbaren Anhören solcher Klangfiguren wird ihre logische Grundlage leicht außer Acht gelassen, so dass einem plumpen Empirismus ein Grundton eben nur als Ton erscheint, eine Tonika als Konsonanz, ein Motiv als Tonfolge. Dass diese Formen andererseits doch nicht das sein können, was als ihr unmittelbares Dasein zur Kenntnis genommen wird, macht sie rätselhaft und gibt Theoretikern mit entsprechenden Vorlieben Anlass zu wildester Spekulation. Die gedankliche Trennung der Klangformen von den Verhältnissen, aus denen sie resultieren, wird somit ergänzt durch ihre Verklärung als geheimnisvoller Ursprung all der Verhältnisse, in denen sie beobachtet werden. Beispiele solcher Verdrehungen wurden bereits kritisiert:

- Ein Klang ist eine *Tonika*, weil vorangehende Klänge in einem tonalen Verhältnis zu ihm stehen. Die gängigen Theorien behaupten umgekehrt, dass die Harmonien prinzipiell auf einen bestimmten Klang bezogen seien, weil er die Tonika ist.[1]
- Harmonien nehmen die Form von *Takten* an, weil sie in gleichmäßigen Abständen aufeinander folgen. Umgekehrt glaubt jeder, der gleichmäßige Wechsel der Harmonien rühre daher, dass sie üblicherweise in Takten stehen.
- Eine Tonfolge ist ein *Motiv*, weil und sofern sie in weiteren Phasen der Stimmbewegungen nachgebildet ist. Alle Welt meint umgekehrt, dass eine Tonfolge deshalb in melodischen Nachbildungen auftauche, weil sie ein Motiv ist.

Das Prinzip solcher Täuschungen ist einmal einem Theoretiker aufgefallen, der sich mit einem ganz anderen Gegenstand beschäftigte, nämlich mit den Formen des bürgerlichen Reichtums: Im Zusammenhang mit der Analyse des Tauschwerts, der den Akteuren der Marktwirtschaft als mystische Eigenschaft von Gegenständen erscheint, macht Karl Marx folgende Fußnote:

„Es ist mit solchen Reflexionsbestimmungen überhaupt ein eigenes Ding. Dieser Mensch ist z.B. nur König, weil sich andere Menschen als Untertanen zu ihm verhalten. Sie glauben umgekehrt Untertanen zu sein, weil er König ist.“ [2]

Marx befasst sich mit Reflexionsbestimmungen, deren Grundlage er als *„sachliche Verhältnisse von Personen und gesellschaftliche Verhältnisse von Sachen“* (S. 87) kennzeichnet, als Verhältnisse, die mit fatalen Täuschungen über ihre durchaus unangenehmen Implikationen einhergehen. In den Sphären des Kunstgenusses geht es dagegen um *Annehmlichkeiten*, die in sachlichen Verhältnissen von Sachen begründet sind, nämlich in Verhältnissen von Objekten der Wahrnehmung, die ganz und gar den Eigenschaften dieser Objekte gemäß sind: Das Zusammenpassen der Töne beruht auf deren Klangeigenschaft, das Zusammenpassen der Melodien auf deren Bewegungsweise usw. Im Falle der Musik kann es wohl kaum mit dem Gegenstand selbst zusammenhängen, dass sich Täuschungen über ihre Beschaffenheit so hartnäckig halten. Woran aber liegt es sonst?

Warum die gängigen Musiktheorien ihre Gegenstände nicht erklären können, sagen sie bei näherem Hinsehen selbst.

---

[1] Siehe z.B. die Kritik an Riemanns Funktionsbezeichnungen im 2. und 6. Kapitel

[2] Karl Marx, Das Kapital, 1. Band, Berlin 1971, S. 72

d) Die Erhabenheit über den Klanggenuss

Die Theorien über das Motiv schlagen sich mit dem Rätsel herum, dass das Motiv eine Tonfolge ist und eben doch nicht im unmittelbaren Dasein einer Tonfolge aufgehen kann, zumal es die geheimnisvolle Fähigkeit haben soll, Nachkommen seiner selbst aus sich heraus zu zeugen. Um Plausibilisierungen dieses Konstrukts sind die besagten Theorien nicht verlegen. Zunächst fassen sie das Motiv als eine musikalische Idee:

„Einem musikalischen Gedanken wird ein anderer gegenübergestellt, der erste wiederholt usw." [1]

Was aber ist ein musikalischer Gedanke? *Alles* an der Musik ist etwas Ausgedachtes, ob es nun improvisiert ist oder komponiert. Also sind natürlich auch ihre ästhetischen Formen – sowohl die musikalischen Grundgestalten als auch die ästhetischen Besonderheiten verschiedenster Musikstile – geistige Produkte. Ein Musikliebhaber kommt leicht dahin, sich für den Musiker zu interessieren, von dessen Genialität er eine Kostprobe gehört hat und der womöglich noch mehr zu bieten hat, was einen Genuss bereiten kann. Was er aber genießt, ist die Musik, nicht ihr Werkcharakter. Unter dem Gesichtspunkt des geistigen Ursprungs unterscheidet sich das Motiv nicht von der Synkope, dem Harmoniewechsel usw. Umgekehrt fällt der Inhalt einer Idee, also das, *was* da erdacht worden ist, mit der Bestimmtheit des geschaffenen Objekts zusammen, ist also zum Beispiel eine bloße Tonfolge oder aber ein Muster melodischer Nachbildungen.

Dies ist aber gerade der springende Punkt: Das als Tonfolge festgehaltene Motiv soll gerade als Ausdrucksform eines davon *getrennten* geistigen Inhalts etwas für sich Bestimmtes sein. *Außermusikalisch* vorgestellte Ideen oder Empfindungen sollen sich angeblich *musikalisch* ausdrücken:

„§2. Das Motiv.
Jeder ehrlich gemeinte Anfang ist der Fortsetzung wert. Je nachdem derselbe weich lyrisch, schmeichelnd, bittend oder aber herrisch bestimmt, befehlend oder übermütig scherzend, harmlos tändelnd, trüb sinnend, schmerzlich klagend u. s. w. ist, wird er mit einer Notwendigkeit, die keiner Darlegung bedarf, die Keime der Fortentwickelung in ganz bestimmter Richtung in sich tragen. Zunächst wird die Stimmung, deren Ausdruck er ist, eine breitere Ausführung fordern, d. h. die erste Aufgabe bei der Fortspinnung eines ersten Einfalls wird die Konsequenz in der Festhaltung des Charakters sein, und erst bei weiterer Ausführung kann die Kontrastierung durch den Ausdruck gegensätzlicher Empfindungen in Frage kommen." [2]

Eine Stimmung wird genau genommen gar nicht in der Musik *ausgedrückt*. Es ist vielmehr so, dass Musik in ihrer ganz konkreten Ausgestaltung unterschiedlichste Merkmale aufweist, auf deren Grundlage sie zu allerlei passt: zu Tänzen,

[1] Wieland Ziegenrücker, Allgemeine Musiklehre, Mainz 1982, S. 140

[2] Hugo Riemann, Große Kompositionslehre, Berlin 1902, S. 41

Filmszenen, außermusikalischen Vorstellungen und eben auch Gemütsbewegungen. Musik wird unter dem Gesichtspunkt einer solchen Angemessenheit ausgesucht oder auch von vornherein komponiert und trägt unter Umständen eine Tanzform, einen festlichen Anlass oder eine emotionale Stimmung im Titel. Von einer im Musikstück ausgedrückten Stimmung kann also eigentlich nur in einem übertragenen Sinne die Rede sein. Im obigen Zitat wird diese Metapher jedoch ganz wörtlich genommen, um das Verhalten eines Motivs durch eine angebliche Logik der Emotion plausibel zu machen: Eine Empfindung müsse konsequent festgehalten werden, schon um der Tugend der Aufrichtigkeit willen – so wird mit Blick auf das Motiv suggeriert.

Die Verdopplung des Motivs in eine Tonfolge und eine darin verborgene Idee ist zwar dazu geeignet, das Geheimnis der Fortpflanzung des Motivs zu bebildern, löst aber nicht das Rätsel, wie ein solches Motiv, das *„für sich eine kleinste Einheit von selbständiger Ausdrucksbedeutung bildet"*,[1] identifiziert werden kann. Zunächst entwickelt Riemann eine Theorie der toten Intervalle, mit der er die Identität eines Motivs melodisch begründen will:

„... Diese Auffassung im Sinne einer geschehenden Bewegung der Tonhöhe findet dagegen nicht statt für die Grenztöne der aufeinanderfolgenden einzeln aufgefaßten Motive, vielmehr muß das Zwischenintervall geradezu als ein totes definiert werden, z. B. in

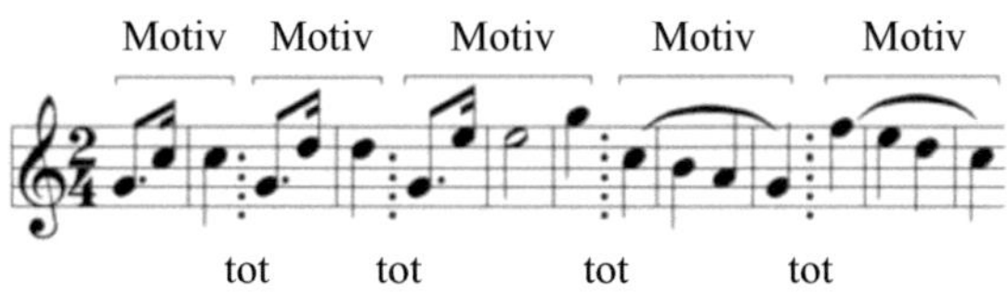

Hier habe ich die fünf Motive nach ihrem Umfange durch Klammern kenntlich gemacht und auch die toten Intervalle ausdrücklich bezeichnet." (S. 14 f.)

Dass die Begrenzung der Motive durch tote Intervalle ein wirklich wahrnehmbares Phänomen sei, entkräftet Riemann sofort selbst, indem er ausführt, wie sehr es darauf ankomme, die Motivgrenzen zu erraten:

„Das eine Beispiel genügt, zu erweisen, daß von dem Erkennen der vom Komponisten gemeinten Motivbegrenzungen in erster Linie das wirkliche Verstehen einer Melodie abhängt. In der Gesangsmusik bestimmt der Text mit zwingender Gewalt durch die einzelnen Worte und durch die Sinngliederung des Satzes die richtige Deutung; in der Instrumentalmusik fehlen solche außermusikalische bestimmende Einflüsse und es muß der Wille des Komponisten in manchen Fällen aus einer Anzahl verschiedener Möglichkeiten erraten werden, wobei leider sehr bedenkliche Mißgriffe nicht ausgeschlossen sind. Ich habe in verschiedenen Arbeiten (...) die Wege aufzuweisen versucht, den manchmal nicht offen zu Tage liegenden Intentionen der Komponisten gerecht zu werden; auch im Verlaufe des vorliegenden Buches ist wiederholt Anlaß, vulgäre irrige Deutungen richtig zu stellen." (S. 15 f.)

[1] Hugo Riemann, System der musikalischen Rhythmik und Metrik, Leipzig 1903, S. 14

Nach Riemann ist ein Komponist also immer schwer damit beschäftigt, etwas zu meinen: Schon der Anfang seiner Komposition ist eine ernst gemeinte Empfindung, die er in einem Melodiebruchstück ausdrückt. Dann hat er eine Meinung darüber, wo dieses Bruchstück anfängt und wo es aufhört. Auch diese Meinung versucht er zum Ausdruck zu bringen, und zwar durch Berücksichtigung der Riemannschen Theorie, wonach die Motive dazu da sind, ansonsten leere Zeiteinheiten mit wertvollem Inhalt zu füllen. Dem Hörer fällt nun die Aufgabe zu, Musik zu verstehen: Zunächst muss er erraten, wo nach Meinung des Komponisten die Motive beginnen und enden, denn davon hängt es ab, ob er die kleinsten Einheiten erkennt, in denen etwas ausgedrückt wird, was er dann ebenfalls verstehen muss.

Dass Musik *verstanden* werden müsse, dass mit ihr etwas *gemeint* sei, das ist der Grundgedanke, nach dem Riemann harmonische und melodische Sachverhalte gleichermaßen zurechtbiegt. Die Absurditäten, mit denen speziell *Riemann* diese Auffassung bebildert, sind seinen Fachkollegen eigentlich ziemlich egal. Nicht jedoch der Gedanke selbst. Dass Musik eine Sprache sei, ist eines der wichtigsten Dogmen der spekulativen Musikwissenschaft. Selbst in der musikalischen Umgangssprache hat die Verwechslung von Musik und Sprache feste Form angenommen: Wenn ein Dirigent zum Beispiel berichtet, wie er sich vom „Bachschen Vokabular“ angesprochen fühlt, weiß jeder sofort, dass er sich nicht auf irgendeinen Briefwechsel bezieht, sondern auf Bachs besondere Art zu komponieren. Wie wenig es sich bei solchen Sprachregelungen um bloße Metaphern handelt, zeigt sich an der durchaus anerkannten Art, in der Musik gewöhnlich zurechtdefiniert wird:

„Musikwerke richten sich an Hörer und sind als Objekte sinnlich-ästhetischer Wahrnehmung konzipiert. Als Sinn- und Bedeutungsträger setzen sie das Verstehen des Rezipienten voraus.“ [1]

*„**Musik** [...] ist – im Geltungsbereich dieses Wortes: im Abendland – die produktive Gestaltung des Klingenden, das als Natur- und Emotionslaut die Welt und die Seele im Reich des Hörens in begriffsloser Konkretheit bedeutet, und das als Kunst in solchem Bedeuten vergeistigt »zur Sprache« gelangt kraft einer durch Wissenschaft (Theorie) reflektierten und geordneten und daher sinnvollen und sinnstiftenden Materialität.“* [2]

In solchen Definitionen fasst sich die durchaus gängige Voreingenommenheit zusammen, die in absurdesten Theorien über musikalische Sachverhalte zum Tragen kommt. Dieser Standpunkt interessiert sich nicht für das, was die Schönheit von Musik ausmacht und daher Gegenstand des Musikgenusses ist. Der pure Spaß am Musizieren oder am Musikhören ist solchen Theorien viel zu banal. Jene fühlen sich vielmehr einem höheren Gesichtspunkt verantwortlich, unter dem sie Musik betrachten wollen: Dass die Musik in der Sphäre der Sinnangebote eine Funktion erfüllt, ist ihnen Grund genug, darin überhaupt die Bestim-

[1] Meyers kleines Lexikon Musik, Mannheim 1986, S. 230

[2] Brockhaus Riemann Musiklexikon, Taschenbuchausgabe 1998, Band 3, S. 175

mung der Musik zu sehen. Die Musik gilt ihnen von Haus aus als „Materialität" der Sinnstiftung. In den musikalischen Kategorien suchen sie daher beständig nach Bestätigungen für das höhere Prinzip einer sinnvollen Ordnung, welche die Welt im Innersten zusammenhält und daher auch in der Musik wirksam ist. Das moralische Bemühen, sich auf alles einen Reim zu machen und in allem einen Sinn zu suchen, gilt ihnen nicht als Ergebenheit in ein Schicksal, dem man mit wohlwollenden Deutungen entgegenkommen will, sondern als Auftrag. Mit einer theoretisch entsprechend präparierten Einbildungskraft kann man aus der Musik die tiefsten Botschaften heraushören. Die spekulative Musikwissenschaft lebt vom Bedürfnis nach Sinn und bezieht daraus alle Vorurteile, für die sie sich mit wissenschaftlicher Autorität *„verbürgen"* will.

Ob der in der Musik hausende Sinn im Vorbild der Natur gesucht wird oder in der Brust des schaffenden Künstlers, ist für die Propagandisten der Deutung eigentlich nicht so wichtig. *Wenn* sie aber für eine Variante ihrer ausgetüftelten Interpretationen Partei ergreifen, dann immer im Namen ihrer verantwortungsvollen Bürgschaft für den Sinn. Für Dahlhaus

„bedeutet die Tatsache, daß ein tönendes Phänomen von Natur gegeben ist oder zu sein scheint, noch keineswegs, daß dadurch musikalischer Sinn verbürgt werde. Ein Komponist, der sich durch die Deduzierbarkeit eines Tonkomplexes aus der Partialtonreihe von der Notwendigkeit, die Töne von sich aus, durch subjektive Anstrengung, zum Sprechen zu bringen, entlastet glaubt, opfert die musikalische Vernunft einer Chimäre ..." [1]

Der Idealismus eines vom Komponisten zutiefst empfundenen, gemeinten und nach Ausdruck suchenden Sinns wurde durchaus auch praktisch wahrgemacht. Die kongenialen Lieblingskomponisten der spekulativen Musikwissenschaft haben die Attitüde gepflegt, Mystisches und Unsägliches musikalisch ausdrücken zu wollen. In der Tat haben sie Anforderungen an ihre Werke gestellt und Maßstäbe darin zur Geltung gebracht, die mit Musik nichts zu tun haben und die nicht einmal einem Interesse an Schönheit entspringen.[2] Radikalisiert wurde

---

[1] Carl Dahlhaus, Tonalität – Struktur oder Prozeß, in: Neue Zeitschrift für Musik, Heft 7/8 1988, S. 13

[2] *„Die schädlichsten und verwirrendsten Anschauungen sind aus dem Bestreben hervorgegangen, die Musik als eine Art Sprache aufzufassen; sie weisen uns täglich praktische Folgen auf. So musste es hauptsächlich Komponisten von schwacher Schöpferkraft geeignet erscheinen, die ihnen unerreichbare selbständige musikalische Schönheit als ein falsches, sinnliches Prinzip anzusehen, und die charakteristische Bedeutsamkeit der Musik dafür auf den Schild zu heben. Ganz abgesehen von Richard Wagners Opern, findet man auch in den kleinsten Instrumentalsächelchen oft Unterbrechungen des melodischen Flusses durch abgerissene Kadenzen, rezitativische Sätze u. dgl., welche, den Hörer befremdend, sich anstellen, als bedeuteten sie etwas Besonderes, während sie in der Tat nichts bedeuten als Unschönheit."* (Eduard Hanslick, Vom musikalisch Schönen, Wiesbaden 1989 [Erstauflage: 1854], S. 89) Wenn das Streben nach Bedeutsamkeit auch nicht gerade auf einem Mangel an Können beruht, so stellt es jedoch in der Tat so etwas wie Musikalität prinzipiell zur Disposition. Näheres zu Hanslicks Buch in: Franz Sauter, Die Musikwissenschaft in Forschung und Lehre, Norderstedt 2010, 1. Kapitel.

dieser Idealismus durch die methodische Absicherung seiner Wirkung auf die musikalische Ästhetik:

„Die radikale Epoche des Expressionismus um 1910-1920, die durch Schönberg und seinen Kreis ... repräsentiert wird, stellt durch den vollkommenen Bruch mit der Romantik eine Absage an den überkommenen Schönheitsbegriff dar. Damit verbindet sich die Negierung des wohlklingenden Dreiklanges und seiner geordneten funktionellen Stellung in der Tonalität.“ [1]

Der Widerspruch, mit Musik gegen die Prinzipien der Musik zu rebellieren, wurde mit Zwangsregeln zur Vermeidung von Tonalität ins Werk gesetzt. Dazu mussten die Künstler über Tonalität ebenso wenig wissen wie die spekulative Musikwissenschaft selbst. Grabner kann sich bei der Darstellung der Zwölftontechnik daher auf seine eigene falsche Theorie der Tonalität berufen:

„Um diese Eigenberechtigung jedem Tone zu sichern, darf innerhalb eines Komplexes der 12 Töne keine Wiederholung eines derselben stattfinden, damit nicht ein Ton über den anderen das Übergewicht erhält und dadurch Grundtoncharakter gewinnt, wodurch ein tonales Verhältnis (im Sinne von Kapitel II „Tonalität“ des 3. Teiles) begründet würde. Das Wesen der Zwölftontechnik ist aber Atonalität, also völlige Beziehungslosigkeit zu einem tonalen Zentrum.“ (S. 97 f.)

Tonalität beruht zwar nicht auf einem statistischen Übergewicht eines Tons, sondern auf einem harmonischen Verhältnis zwischen Konsonanzen, die dadurch als Tonika, Dominante und Subdominante bestimmt sind; aber die Negation der musikalischen Ästhetik gelingt nichtsdestotrotz. Sie ist nämlich im Idealismus der höheren Bestimmung der Musik inbegriffen, im Gegensatz von Moral und Genuss, und beruht keineswegs auf einem Wissen um die Sache, die bekämpft wird.

Die spekulative Musikwissenschaft ist über eine Musik, die sich wie eine praktische Bestätigung ihrer theoretischen Drangsale aufführt, dermaßen begeistert, dass sie die musikalischen Formen, von deren tiefsinniger Deutung sie ausgegangen war, heute als Anachronismus behandelt:

„Mit der Auflösung der Tonalität zu Beginn des 20. Jahrhunderts verlieren Konsonanz und Dissonanz ihre wechselseitige Zuordnung und damit – jedenfalls in weiten Bereichen der neuen Musik – als Begriffe überhaupt ihren Sinn für die Beschreibung von musikalischen Materialzusammenhängen.“ [2]

Wäre es nach der *„Auflösung der Tonalität“* wenigstens *im Nachhinein* noch gestattet, die Erklärung der tonalen Musik zur Kenntnis zu bringen? Wenn ja, dann lässt sich das Ergebnis der vorliegenden Untersuchung folgendermaßen zusammenfassen:

Die tonale Musik ist Musik, die konsequent und systematisch zum Objekt des Klanggenusses ausgestaltet ist. Sie besitzt eine ganz und gar *ästhetische* Charak-

---

[1] Hermann Grabner, Allgemeine Musiklehre, Kassel 1974, S. 146

[2] Meyers kleines Lexikon Musik, Mannheim 1986, S. 186

teristik und Eigengesetzlichkeit, die sie gegenüber jeglicher Unterordnung unter außermusikalische Zwecke entwickelt hat und wahrt. Darin unterscheidet sie sich einerseits von ihren historischen Vorläufern, den in Geisterbeschwörung und Gottesdienst verwurzelten Formen des Sprechgesangs, und andererseits von den krampfhaften Versuchen, im Namen höherer Werte die Nachfolge der tonalen Musik anzutreten. Das Attribut „tonal“ kennzeichnet keine Stilrichtung oder vorübergehende Mode in der Musik. Die Tonalität gehört zur Musik wie die Logik zum Denken. Die Besonderheit der tonalen Musik lässt sich insofern auch ganz kurz zusammenfassen: Tonale Musik ist Musik sans phrase.

Anhang: Ideologisches Gedankengut zum Thema Musik

a) Einleitung

Die vorliegende Untersuchung der musikalischen Ästhetik hat im Prinzip den gleichen Gegenstand wie eine ganze Reihe von Publikationen, die meist unter dem Titel 'Allgemeine Musiklehre' angeboten werden. Sie beteiligt sich allerdings nicht an deren Konkurrenz. Es geht nämlich in diesem Buch nicht darum, vorgefundene musikwissenschaftliche Grundbegriffe unter neuen, vorwiegend didaktischen Gesichtspunkten aufzubereiten. Vielmehr ist die theoretische Zweifelhaftigkeit der gängigen musikwissenschaftlichen Auffassungen der Anlass für die vorliegende Untersuchung gewesen. Diese stellt eine Kritik am vorgefundenen Wissen dar und ist als diese Kritik auch ausdrücklich in Anmerkungen und Exkursen formuliert worden: Musik wird in der heutigen Musikwissenschaft *mystifiziert.* Bereits ganz elementare Formen der Harmonie werden häufig als geheimnisvoll, rätselhaft oder unerklärlich dargestellt. Das Merkwürdige dabei ist, dass aus solchen Feststellungen keine Ratlosigkeit spricht oder ein Bedürfnis nach Klärung, sondern Zufriedenheit. Es ist, als ob den betreffenden Theoretikern die Musik um so lieber wäre, je geheimnisvoller sie ihnen erscheint. Zahlenmystik und mittelalterliche Vorstellungen von einer kosmologischen Ordnung haben in der Musikwissenschaft ihren festen Platz. Die Musikwissenschaft ist eine Sphäre der Deutungskunst, und überall in den theoretischen Schriften wimmelt es von Hinweisen auf einen verborgenen Sinn, um den es in der Musik angeblich gehen soll. Die verkehrten Vorstellungen, die in diesem Buch kritisiert worden sind, haben darin ihren Grund. Die Auffassung, in der Musik werde etwas ausgedrückt, so dass man sie verstehen könne, hat den Charakter eines allgemeinen Vorurteils, eines Glaubenssatzes und einer nicht mehr hinterfragbaren Prämisse allen Denkens in der Musikwissenschaft. Die Bilder, in denen diese Vorstellung ausgeprägt wird, geraten nicht nur versehentlich einmal in die wissenschaftliche Diskussion hinein, sondern beherrschen sie von Grund auf und sind zu ganzen Ideologien ausgebaut.

Dieses zunächst eher beiläufige Resultat einer rationellen Beschäftigung mit Musiktheorie ist merkwürdig genug, um eine nähere Befassung mit solchen Ideologien nahe zu legen. Die in der Ableitung der musikalischen Formen eingestreute Kritik an einzelnen Thesen soll daher im Folgenden durch eine genauere Behandlung von Theorien ergänzt werden, die in der Musikwissenschaft mehr oder weniger stillschweigend in ihren grundlegenden Aussagen anerkannt werden oder gar zum Repertoire heutiger Hochschulausbildung gehören.

b) Schönbergs Harmonielehre

Schönberg gilt als Vater der modernen Musik. Was das Komponieren angeht, so ist ihm wie seinen Kollegen und der ihn ehrenden Wissenschaft von vornherein klar, worum es dabei *nicht* gehen kann: Spaß an der Musik reicht ihm weder als Beweggrund des Musikmachens noch als maßgebliches Anliegen seines Publikums aus. Sein Schaffen erhebt den Anspruch, *wichtig* zu sein. Wichtig für die Menschheit, die einen höheren Nutzen daraus ziehen können soll als den Genuss an einem Musikstück. Der Komponist, der Bedeutendes leisten will, sieht sich in einer Verantwortung für die Menschheit. Seine Musik soll einen Beitrag leisten zur moralischen Konstitution des lieben Mitbürgers. Schönberg will den Menschen *bessern*. Durch die Musik soll der Mensch ungefähr die Güte erlangen, die der Komponist selber hat. Insofern hat der Komponist seinem Publikum etwas zu sagen. Er will etwas abgeben von dem, wovon er durchdrungen ist. Alles, was er dem Publikum zu geben hat, legt er in die Musik. So kommt es, dass seine Musik eine *Botschaft* hat. Der Inhalt seiner Botschaft ist das Wertvolle seiner Persönlichkeit. Der Künstler teilt in seinem Werk *sich* dem Publikum mit. Dem Publikum erscheint dies *„bloß"* als Musik.

„Das Neue und Ungewohnte eines neuen Zusammenklangs schreibt der wirkliche Tondichter nur aus solchen Ursachen: er muß Neues, Unerhörtes ausdrücken, das ihn bewegt. Für die Nachkommen, die daran weiterarbeiten, stellt es sich bloß als neuer Klang, als technisches Mittel dar; aber es ist weit mehr als das: ein neuer Klang ist ein unwillkürlich gefundenes Symbol, das den neuen Menschen ankündigt, der sich da ausspricht." [1]

Dem Tondichter gilt das *„Neue und Ungewohnte"* nicht einfach als Bereicherung der musikalischen Stile und Formen, die durch musikalische Kreativität zustande kommt, sondern als Ausdruck der künstlerischen Individualität. Diese ist in ihrer Einzigartigkeit ein Vorgeschmack auf den zukünftigen Menschen, der dem Künstler einmal ebenbürtig sein wird. Der Komponist ist ein *Avantgardist*, dessen wertvolle Persönlichkeit schon viel weiter entwickelt ist als die des gewöhnlichen Sterblichen. Diese Persönlichkeit auszudrücken, ist Aufgabe des Künstlers, sie wahrzunehmen, Aufgabe des Publikums. So nimmt auch Schönberg selbst Musik wahr:

„Um dem unerhörten Eindruck, den mir Ihre Sinfonie gemacht hat, einigermaßen beizukommen, darf ich nicht wie der Musikant zu Musikanten, sondern ich muß wie der Mensch zum Menschen reden. Denn: Ich habe Ihre Seele gesehen, nackt, splitternackt. Sie lag vor mir wie eine wilde, geheimnisvolle Landschaft ... ich sah einen Menschen in qualvoller Bewegtheit nach innerer Harmonie sich abmühen; ich spürte einen Menschen, ein Drama, ***Wahrheit****, rücksichtslose Wahrheit!"* [2]

---

[1] Arnold Schönberg, Harmonielehre, Wien 2001, S. 478

[2] Brief Arnold Schönbergs an Gustav Mahler, zit. nach Manuel Gervink, Arnold Schönberg und seine Zeit, Regensburg 2000, S. 105

Solches Schauen beruht natürlich auf Seelenverwandtschaft, und die besteht nicht zwischen dem Künstler und seinem ganz gewöhnlichen Publikum. Im Gegenteil. Wenn es nicht diese abgrundtiefe Differenz des Genies zu den Mittelmäßigen gäbe, bräuchte der Komponist ja nicht seiner verantwortungsvollen Aufgabe nachzugehen. Die Ungenialen sperren sich jedoch gegen ihre Besserung.[1] Sie wollen als Gewohnheitstiere auf ihrer niederen Stufe stehen bleiben, während der Künstler auf der anderen Seite sie mit Ungewöhnlichem bekannt machen muss. Sie leisten dagegen Widerstand, indem sie zu viel Wert auf Schönheit legen und gar der Illusion anhängen, Schönheit sei etwas Objektives.

„Die Schönheit gibt es erst von dem Moment an, in dem die Unproduktiven sie zu vermissen beginnen. Früher existiert sie nicht, denn der Künstler hat sie nicht nötig. Ihm genügt die Wahrhaftigkeit ... Nur die Wahrhaftigkeit! Versuch sie anzustreben, Unproduktiver, wenn du's kannst! Aber der Künstler erreicht sie, denn sie ist in ihm und er drückt sie nur aus, er drückt sie nur aus sich heraus. Und die Schönheit ist nur noch durch eins in der Welt: durch die kongeniale Regung in der Natur des Ungenialen, durch die Fähigkeit, mitfühlend zu erleiden, was Große erlebt.“ [2]

Die Aufforderung an den Unproduktiven, sich mit der *„Wahrhaftigkeit“* abzumühen, ist natürlich rein rhetorisch: Wie soll der Unproduktive das vermögen, wo er doch gänzlich negativ zum Künstler definiert ist, der sich dadurch auszeichnet, dass er die *„Wahrhaftigkeit“* in sich drinnen hat? Er drückt sie aus, wenn er *sich* ausdrückt. Der Künstler ist per se der *„neue Mensch“*, durch dessen unverfälschte Entäußerung die Menschheit des Guten teilhaftig werden soll. Was der Künstler vollbringt, hat sein Maß nicht an der Schönheit, sondern an seinem Willen, sein wertvolles Inneres aus sich *„herauszudrücken“*. Diese verantwortungsvolle Tätigkeit namens *„Schaffen“* hat nichts mit Amüsement zu tun. Der Komponist opfert sich selbstlos auf – für die Menschheit und auch speziell fürs Vaterland.[3] Er hat *„Dinge zu schreiben, deren Verantwortung man nur mit dem Einsatz einer vollen Persönlichkeit zu übernehmen vermag; Dinge, die Künstler fast widerwillig dem Zwange ihrer Entwicklung gehorchend“* [4] zu Papier bringen. Vor dieser Aufgabe kann sich der Künstler nicht drücken. Seine enorme Größe, mit der er die Mittelmäßigen überragt, verpflichtet ihn, im Dienst an der Wahrheit tätig zu werden.

In diesem moralischen Selbstbewusstsein hat Schönberg eine Harmonielehre geschrieben, worin er sich die Welt der Musik entsprechend zurechtlegt. Dabei

---

[1] *„Die Auflehnung gegen das Gute ist im unproduktiven Menschen ein ... starker Trieb“* (Schönberg, Harmonielehre, S. 393)

[2] Schönberg, Harmonielehre, S. 392 f.

[3] *„Ich habe eine Entdeckung gemacht, durch welche die Vorherrschaft der deutschen Musik für die nächsten 100 Jahre gesichert ist“.* (Schönberg zit. n. Wilhelm Sinkovicz, Mehr als zwölf Töne, Wien 1998, S. 169)

[4] Schönberg, Harmonielehre, S. 81

kann er sich die Ideologien zunutze machen, die er schon in der Musikwissenschaft vorfindet. Da wäre zunächst einmal die merkwürdige Vorstellung, die Harmonie sei dem Menschen von außen vorgegeben, und zwar in Gestalt der Schwingungsverhältnisse im klingenden Ton. Jene setzt er umstandslos mit Harmonien gleich und ergänzt die sonstigen Vorstellungen, in denen der Unterschied zwischen Konsonanz und Dissonanz eingeebnet wird (Verschmelzungsgrade, Rauhigkeitsgrade ...[1]), durch die vom Grad der Vertrautheit:

„In der Obertonreihe ... erscheint nach einigen stärker klingenden Obertönen eine Anzahl schwächer klingender. Zweifellos sind die ersteren dem Ohr vertrauter, die letzteren, fürs Ohr kaum wahrnehmbaren, fremder." (S. 16)

Die musikalischen Kategorien führt Schönberg gleich so ein, wie sie in sein Gewöhnungsprogramm passen, das er für sein Publikum vorgesehen hat. Dabei verwickelt er sich gar nicht erst lange in den Widerspruch sonstiger Harmonielehren, den Gegensatz von Konsonanz und Dissonanz zu unterstellen, ja sogar erklären zu wollen, und ihn per Zahlenmystik zugleich zu leugnen. Vielmehr leugnet er diesen Gegensatz gleich von Anbeginn:

„Der Unterschied zwischen ihnen ist daher nur graduell und nicht wesentlich. Sie sind, was sich ja auch in den Schwingungszahlen ausdrückt, ebensowenig Gegensätze, wie zwei und zehn Gegensätze sind; und die Ausdrücke Konsonanz und Dissonanz, die einen Gegensatz bezeichnen, sind falsch. Es hängt nur von der wachsenden Fähigkeit des analysierenden Ohres ab, sich auch mit den fernliegenden Obertönen vertraut zu machen und damit den Begriff des kunstfähigen Wohlklanges so zu erweitern, daß die gesamte naturgegebene Erscheinung darin Platz hat." (S. 16 f.)

Die traditionelle Mystifikation der Harmonie, die nicht als Form des Zusammenpassens analysiert, sondern in Zahlenproportionen hineingeheimnisst und als Naturerscheinung gedeutet wird, liefert bei Schönberg die Grundlage für die Vorstellung einer höheren Herausforderung: Dieser angeblich in der Obertonreihe eingepflanzten Vorgabe habe sich der Mensch zu stellen, um sich nicht nur Harmonien mit Schwingungsverhältnissen, wie sie in der tonalen Musik vorkommen, zu Gemüte zu führen, sondern auch Proportionen, die in den höheren Bereichen der Obertonreihe auf ihre Nachahmung in Zusammenklängen von Tönen warten.[2] Von diesem Standpunkt aus konstruiert sich Schönberg die Musikgeschichte zurecht: Die spekulative Konstruktion des pythagoreischen Tonsystems aus fortlaufenden Quinten und die in der Haltetonmusik ausgebildeten Quintparallelen sind für ihn das Vertrautsein nur mit dem unteren Bereich der Obertonreihe. Das neuzeitliche, von mystischen Vorschriften befreite Interesse am Klanggenuss, das die tonale Musik mit ihren Dur- und Mollklängen her-

---

[1] vgl. die Kritik an Helmholtz und Stumpf im zweiten Kapitel

[2] *„Denn es ist ja wahrscheinlich, daß die höheren, die komplizierteren Zahlen, die zusammengesetzteren harmonischen Verhältnisse eine noch reichere Mystik in sich bergen als die Primzahlen, als die unteilbaren, einfacheren harmonischen Verhältnisse und darauf gründet sich die Hoffnung auf eine, an interessanten Geheimnissen noch reichere Fortsetzung."* (Schönberg, Harmonielehre, S. 155)

vorbrachte, ist demnach die Gewöhnung an die Terz. Der Unterschied zwischen modaler und tonaler Musik erscheint als bloße Folge von Durchgangsphasen in der Gewöhnung des Ohres. Also muss das Ohr jetzt an die oberen Bereiche der Obertonreihe herangeführt werden. Wenn der Komponist uns etwas bieten kann, was nicht gut klingt, dann hören wir das, woran der zukünftige Mensch gewöhnt sein wird.

Von der Macht der Gewohnheit hat Schönberg die absurde Vorstellung, dass sie die Akzeptanz einer Sache und damit auch das Urteil begründe, eine Sache sei schön. Er betrachtet die Gewohnheit völlig getrennt von den Abwägungen, aus denen heraus Gewohnheiten angenommen oder wieder aufgegeben werden. Darin, dass die tonale Musik in den Gewohnheiten moderner Erdenbürger eine gewisse Rolle spielt, kann er nicht ein zugrunde liegendes Interesse an einer Musik ausmachen, die ihrem Wesen nach für den Genuss bestimmt ist. Er unterstellt vielmehr, dass die Gewohnheit für sich grundlos sei und als solche das Denken und Fühlen der Leute bestimme. Er hält die Liebhaber schöner Musik für Gefangene ihrer Gewohnheiten. Angenehme Dinge, an die man sich gerne gewöhnen mag, erscheinen als bloße Einbildungen einer sturen Gewohnheit. Davon will der Künstler die Menschheit befreien, indem er sie mit dem Ungewöhnlichen konfrontiert. Aber auch die geforderte Gewöhnung an (zunächst) Unangenehmes führt nach dieser Auffassung zu keinem anderen Ergebnis als die vorgefundene Gewohnheit: etwas als angenehm erscheinen zu lassen. Der Komponist, *„der allen Ernstes meinte, man würde in einigen Jahrzehnten seine »Melodien auf der Straße pfeifen«“* [1], erwartet eine Umgewöhnung, in der die Verwandlung von Fremdem in Vertrautes Selbstzweck ist.

Insofern ist die Frage berechtigt, was das Publikum dazu bringen soll, diese Umgewöhnung über sich ergehen zu lassen. Denn dadurch soll ja dem Künstler, der heute auf Ablehnung stößt, in der Zukunft Recht gegeben werden. Für die erforderliche Umgewöhnung ist es völlig unangebracht, eine Musik zu machen, mit der man das Publikum begeistern und mitreißen kann. Die Zukunft, in der sich die Ablehnung des Künstlers in ihr Gegenteil verwandelt, soll ganz unabhängig vom Willen des Publikums eintreten. Als solche ist die Zukunft das automatische Resultat einer Musikgeschichte, die eine Eigendynamik hat, gegen die der freie Wille machtlos ist. Mit dieser Vorstellung betrachtet Schönberg die Obertonreihe. Diese enthält für ihn den Gang der Musikgeschichte: Die Natur will, so Schönberg, dass wir uns auch mit dem höheren Bereich der Obertonreihe vertraut machen. In diesem Sinne schreitet die Musikgeschichte unaufhaltsam voran und nimmt einen vorhersehbaren Lauf. Dies bringt gleich eine weitere Absurdität mit sich: Das Genie muss den neuen Menschen aus sich herauspressen und ist darin ganz wichtig, aber die Zukunft kommt auch ohnedies, wie sie kommen muss ...

Der Mechanismus der Musikgeschichte hat nach Schönberg ein einfaches Prinzip: Alles, was entsteht, muss auch vergehen. So ist auch die Tonalität dem Untergang geweiht:

---

[1] Wilhelm Sinkovicz, Mehr als zwölf Töne, S. 26 f.

„Der Verfall der Kirchentonarten ist jener notwendige Fäulnisprozeß, aus dem das neue Leben der Dur- und Molltonarten sprießt. Und wenn unsere Tonalität sich auflöst, dann birgt sie schon in sich den Keim zur nächsten Kunsterscheinung. Nichts ist definitiv in der Kultur; alles ist nur Vorbereitung zu einer höheren Stufe der Entwicklung, zu einer vorläufig nur ahnungsweise vorstellbaren Zukunft." [1]

Schönberg entwickelt die Tonalität als historische Durchgangsstufe, indem er ihr zunächst ein sehr abstraktes Attribut anhängt: *Geschlossenheit.*[2] Darauf solle es bei der Tonalität ankommen, das sei ihr Erfolgsgeheimnis und darin sei sie nicht vollkommen. Die Argumentation hat drei Abteilungen:

1. Bei der Tonalität geht es um Geschlossenheit.
2. In der Geschlossenheit vollendet sich das Ausdrucksbedürfnis des Genies.
3. Die Tonalität ist eine Schranke dieses Ausdrucksbedürfnisses.

Die erste Abteilung greift der Sache nach die von Riemann in Umlauf gesetzte Definition der Tonalität auf, nach der es die *Tonart eines Stücks* nicht nur vom Standpunkt der Notationspraxis oder als Titulierungskonvention gibt, sondern als ganz reale Eigenschaft der Musikstücke, die ungeachtet der darin wechselnden Tonarten nur eine einzige Tonika aufweisen, auf die sich alles im Stück 'bezieht'. Es wäre völlig deplaziert, nach der Art der viel beschworenen 'Beziehungen' zu fragen. Denn sie haben keinen Inhalt und keine Qualität, sondern nur eine Ausrichtung: die Tonika. Diese vulgäre Auffassung von der Tonalität führt Schönberg im Zusammenhang mit der Rede von einem *„geschlossenen"* Tonstück ein.[3] Dass die ominöse *„Geschlossenheit"* durch die Tonalität erreicht werde, glaubt er ebenso fest, wie er Zweifel streut, ob dazu die Tonalität zwingend nötig sei.[4]

In der zweiten Abteilung erfährt man etwas über Schönbergs Vorstellung von Geschlossenheit. Die Argumentation beginnt mit einer merkwürdigen Problemstellung, die sich um das Schließen dreht:

---

[1] Schönberg, Harmonielehre, S. 112

[2] *„Die Tonalität ist eine sich aus dem Wesen des Tonmaterials ergebende formale Möglichkeit, durch eine gewisse Einheitlichkeit eine gewisse Geschlossenheit zu erzielen."* (Schönberg, Harmonielehre, S. 27)

[3] *„Wenn in einem geschlossenen Tonstück alle Akkorde in Folgen erscheinen, deren Rückbeziehung auf einen gemeinsamen Grundton möglich ist, so kann man von einer Ausdehnung der Idee des Klanges (die man sich vertikal vorstellt) auf das horizontale Geschehen sprechen."* (S. 27)

[4] *„Ob die Beziehung sämtlicher Ereignisse auf die Grundvoraussetzung, den Grundakkord, als unentrinnbarer Zwang bezeichnet werden muß, weil sie – wie gesagt – gute Wirkung durch formale Geschlossenheit sichert und den einfachsten Bedingungen des Materials entspricht, darf wohl bezweifelt werden, wenn die Frage aufgeworfen wird, ob sie eben nicht bloß den einfacheren Bedingungen entspricht; und insbesondere: ob sie auch den komplizierteren noch entspricht."* (S. 28)

„Warum, wieso und wann schließt ein Musikstück? Die Antwort kann nur Allgemeines sagen: Sobald der Zweck erreicht ist. Welches jedoch dieser Zweck ist, kann man hier nur andeutungsweise auseinandersetzen: bis das Formgefühl befriedigt, bis dem Ausdrucksbedürfnis genug geschehen, bis der Gedanke, um den es sich gehandelt hat, klar dargestellt ist usw." [1]

Es ist kaum auszudenken, was passieren würde, wenn es *nicht* zur Erreichung des hehren künstlerischen Zwecks käme! Allerdings, wo es um das Prinzip der Geschlossenheit geht, worin dem Ausdrucksbedürfnis Genüge getan wird, kann Schließen nicht so einfach sein:

„Aufhören ist nicht Schließen. Aufhören ist einfach: nicht fortsetzen. Schließen jedoch ist anders. Zu einer Schlußwirkung ist die Aufwendung besonderer Mittel nötig." (S. 148)

Das Schließen, *„sobald der Zweck erreicht ist"*, ist eigentlich sehr wohl ein Aufhören. Aber man soll jetzt *auch* an die Wirkung denken, welche die Tonika am Schluss eines Musikstücks hat. Denn diese beruht in der Tat auf der Tonalität. Nur fällt dem Autor einer Harmonielehre nicht im Traume ein, die 'Schlusswirkung' der Tonika aus der *harmonischen* Charakteristik der Tonalität zu erklären. Statt dessen kennt er einen *psychologischen* Grund, nämlich die in einer jeweiligen Epoche gewohnheitsmäßig erwartete Ausführlichkeit, mit der Künstler ihre Ideen vortragen sollen, so dass dann irgendwann klar wird, dass jetzt Schluss sein muss.[2]

In der dritten Abteilung entlarvt Schönberg die Tonalität als bloße Vortäuschung dessen, worum es wirklich geht: Geschlossenheit musikalischer 'Gedanken': Die Gesetze der Tonalität

„sind bloß eine einseitig-gradlinige Ausnützung natürlicher Eigentümlichkeiten; lehren nicht das Wesen, sondern bezwecken nur die regelmäßige und mechanische Ausführung eines Kunstgriffs, der es ermöglicht, musikalischen Gedanken den Anschein von Geschlossenheit zu verleihen." (S. 149 f.)

Die Tonalität interessiert Schönberg nicht als harmonisches Gesetz, sondern als Bedingung, die er an der Musik für sein Ausdrucksbedürfnis vorfindet. Er bespricht die Tonalität so, als ob es auch bei ihr, zumindest dem Scheine nach, um diese Sache ginge. Dafür steht die Phrase von der Geschlossenheit, die mit Assoziationen an die Schlusswirkung der Tonika erstens an der Tonalität dingfest gemacht und zweitens als Attribut dessen angeführt wird, was der Künstler aus sich herauslassen will. Was aber ist das, der musikalische Gedanke? So etwas wie die Schlusswirkung der Tonika, eine besondere harmonische Konstellation,

---

[1] Schönberg, Harmonielehre, S. 147 f.

[2] *„Aber an etwas anderes glaube ich. Nämlich, daß jede Zeit ein bestimmtes Formgefühl hat, das ihr sagt, wie weit man in der Ausführung einer Idee gehen muß, und wie weit man nicht gehen darf, und daß es sich nur darum handelt, jene durch die Konvention und durch das Formgefühl der Zeit anerkannten Bedingungen zu erfüllen, die durch die Möglichkeit die Erwartung hervorrufen und dadurch die Befriedigung des Schlusses garantieren."* (S. 149)

eine rhythmische Raffinesse usw. ist ja jeweils nicht gemeint. Denn alles Musikalische soll ja immer viel mehr sein als das, was man wahrnimmt und genießt. Schönbergs musikalischer Gedanke ist nicht einfach die vorgestellte Form der aufgeführten und hörbaren Musik, sondern eine Fiktion, worin der Gesichtspunkt, auf den es dem Künstler beständig ankommt, als eine existierende Sache vorgestellt wird: der Gesichtspunkt, dass der Künstler *sich* in der Musik verwirklicht und seine moralischen Drangsale in die Welt hinaus posaunt. Dieses Etwas, das in der Musik *„klar dargestellt"* werden soll, ist eine fromme Einbildung, die den Kern des künstlerischen Sendungsbewusstseins ausmacht.

Allerdings ist Schönberg – insbesondere in seiner expressionistischen Phase – krampfhaft bemüht, eine in der Musik ausgedrückte Botschaft zu *fingieren.* Dabei knüpft er wie schon die Romantiker an den durch die Oper entwickelten Techniken an, Musik an Texte und Szenerien anzupassen. So etwa in seiner Tondichtung „Pelleas und Melisande":

„Golo erscheint; sein von den Hörnern angestimmtes, mit einem charakteristisch punktierten Terzruf beginnendes Motiv bricht nach vier Takten jäh ab: Melisande und Golo werden einander staunend gewahr, die Musik kommt auf einem schlichten Dreiklang der Hörner zum Stillstand. Melisande jedoch wendet ihren Blick ab. Golo nähert sich ihr und erkennt ihre Schönheit. Ein heftig aufzuckendes Fortissimo mit grellen Bläserfarben malt das beiderseitige Erschrecken." [1]

Die Szenerie ist das, wozu die Musik passen soll, aber nichts, was die Musik von sich aus schildern kann. Der Anschein des Bedeutungsschwangeren an der Musik kommt durch etwas Zusätzliches zustande: durch die angestrengte Impertinenz, in der das Ausmalen von Stimmungen den Fortgang der Musik bestimmt und ihre immanente Ästhetik absorbiert; durch die Verselbständigung des so entwickelten 'Stils' zu einer eigenen Musizierweise; durch spielverderberisches Abbrechen jedes Ansatzes einer reizvollen Entwicklung; durch das Dominieren von seelischen Zerrüttungen, Ängsten und Schocks, für die dann gerade eine gestörte musikalische Ästhetik als passend empfunden werden kann.[2] Schönberg sieht das allerdings ganz anders. Erstens will er glauben machen, dass sich in der Musik die mit ihr kombinierten Gefühlsregungen genauso ausdrücken,

---

[1] Wilhelm Sinkovicz, Mehr als zwölf Töne, Wien 1998, S.60

[2] *„Die seismographische Aufzeichnung traumatischer Schocks wird aber zugleich das technische Formgesetz der Musik. Es verbietet Kontinuität und Entwicklung. Die musikalische Sprache polarisiert sich nach ihren Extremen: nach Schockgesten, Körperzuckungen gleichsam, und dem gläsernen Innehalten dessen, den Angst erstarren macht. Es ist diese Polarisierung, von welcher die gesamte Formwelt des reifen Schönberg, und ebenso Weberns, abhängt. Sie zerstört ... den Unterschied von Thema und Durchführung, die Stetigkeit des harmonischen Flusses, die ungebrochene melodische Linie. Keine von Schönbergs technischen Neuerungen, die nicht auf jene Polarisierung des Ausdrucks zurückzuführen wäre und nicht deren Spur über den Bannkreis der Expression hinaus bewahrte."* (Theodor W. Adorno, Philosophie der neuen Musik, Frankfurt am Main 1978, S. 47)

wie etwa in der Mimik oder Gestik. Er meint also, dass eine musikalische Passage nicht nur zum Beispiel zu einer auffahrenden Geste passe oder an sie erinnere, sondern selber solches Gestikulieren sei; dass also die Musik unabhängig von Text und Spielszene, unabhängig auch von Inhalten, an die mit zitierten Liedmelodien erinnert wird, genau als das verstanden werden müsse, was in den zugehörigen Texten ausgedrückt ist. Zweitens will Schönberg diese Inhalte als *Botschaften* verstanden wissen, die von gewichtigen seelischen Zerrissenheiten künden, die in irgendeiner Weise weltbewegend sein sollen.

Im Hinblick auf das Prätentiöse seiner musikalischen Emotionalität unterscheidet sich Schönberg absolut nicht von diversen Romantikern. Es ist nur so, dass das Fingieren eines tieferen Sinns mit einer fortschreitenden Zerstörung der musikalischen Ästhetik unterstrichen wird, welche das Vorhandensein einer Botschaft in *einer* Hinsicht glaubwürdig macht: Man merkt es der Musik mehr und mehr an, dass es bei ihr *nicht* um Musik geht. Nur in dieser *negativen* Weise präsentiert sich das Getöse als Einladung, nach einem verborgenen Sinn zu fahnden. Einen solchen zu *finden* ist allerdings die ganz selbständige Leistung von Mystikern, die gewohnheitsmäßig immerzu exakt *den* Sinn aus allem heraushören, den sie im selben Moment hineinlegen.

Wenn sich Schönberg als konsequenter Fortführer gewisser Errungenschaften der Romantik sieht, so hat er damit nicht ganz Unrecht. Er hat nur eine verkehrte Vorstellung von diesen Errungenschaften: Die *Auflösung* des Musikalischen sieht er ganz umgekehrt als dessen *Verwirklichung*. Darin ist seine Harmonielehre ganz und gar Verklärung und Rechtfertigung seines musikalischen Treibens. Konsequent ist Schönberg als Künstler gerade auch in seinem Übergang dazu, das angebliche Mittel des Ausdrucks in jener Richtung fortzuentwickeln, welche die neue Musik nicht zuletzt unter seinen Händen eingeschlagen hat. Im Hinblick auf die musikalischen Absonderlichkeiten, in denen sich das Trachten nach einem höheren Sinn niederschlägt, hat Schönberg durchaus eine realistische Einschätzung – ohne zu wissen warum. Es ist also in der Tat ganz im Sinne seiner eingebildeten Bemühungen um eine tiefe Aussage, wenn er sich der systematischen und methodisch abgesicherten Vermeidung von Tonalität als kunstvoller Musik widmet. Bei diesem Übergang vom Fetischismus des Ausdrucks zur 'Sachlichkeit' der Zwölftontechnik isoliert und vereinseitigt Schönberg Prinzipien der Komposition: Die Zwölftonreihe, in der kein Ton wiederholt werden darf, wird wie ein Motiv behandelt, das man wiederholen oder umkehren kann. Nur dass eben die Reihe keine *wirkliche* Melodie ist, die eine rhythmische und harmonische Grundlage besitzt. Momente des melodischen Zusammenpassens werden aus der Oberfläche der musikalischen Ästhetik herausgelöst und von ihrem harmonischen Unterbau abgetrennt. Was Schönberg also vorangetrieben hat, ist die Technik des Produzierens von *abstrakter Musik*. Für die Ausführung solcher Werke kann sich ein Musiker nicht seine Musikalität, seine harmonische Intuition, sein Gefühl für Rhythmus usw. zunutze machen. Er kann sich nur stur an die Noten halten, die er spielen soll. Wie weit ihm dies gelingt, das entzieht sich nicht nur *seiner* Kontrolle. Denn auch Schönbergs Wahrnehmung funktioniert nicht anders als die gewöhnlicher Sterblicher.[1]

Was die Berufung zur Sinnstiftung in Wissenschaft und Kunst zuwege bringt, hat Schönberg in Personalunion vorgeführt: Als Theoretiker hat er die Musikwissenschaft mit Beiträgen zur Ausdeutung von Musik bereichert, indem er harmonische Sachverhalte wie Konsonanz, Dissonanz, Tonalität usw. ihres harmonischen Charakters entkleidet und in geheimnisvolle Abstraktionen aufgelöst hat. Als Künstler hat er die Ernsthaftigkeit seines moralischen Anliegens mit Werken unterstrichen, in denen er die Tonalität als unnötige Fessel seiner zukunftsweisenden Ambitionen behandelt hat. Die gewichtige Wahrheit, die der Künstler qualvoll aus sich herauspresst, besteht in nichts anderem als der Darbietung ungenießbarer Musik. Ein anderes Hilfsmittel gibt es auch gar nicht, um die fixen Ideen mitteilungsbedürftiger Komponisten und deutungsbeflissener Musikwissenschaftler zu verbürgen: Die Prätention einer musikalischen Botschaft kommt nur durch die Destruktion von Musik zustande. Es gilt also insofern auch für den künstlerischen Freiheitswahn der Satz von Hegel:

„Abstraktionen in der Wirklichkeit geltend machen, heißt Wirklichkeit zerstören."[2]

---

[1] *„Bei einem der Konzerte kam es zu einem Fauxpas: Der Klarinettist Essberger vergaß, vor dem Melodram* Mondfleck *das Instrument zu wechseln und spielte auf der A-statt auf der (nur für dieses eine Stück vorgesehenen) B-Klarinette, also einen Halbton versetzt. Der Musiker kam danach, wie Schönberg in einer Tagebucheintragung dokumentiert, um zu »beichten«, denn der Komponist hatte den Irrtum gar nicht bemerkt."* (Wilhelm Sinkovicz, Mehr als zwölf Töne, Wien 1998, S. 149)

[2] G. W. F. Hegel, Vorlesungen über die Geschichte der Philosophie III, Frankfurt am Main 1996, S. 331

c) Hindemiths Unterweisung im Tonsatz

Hindemith wendet sich mit seiner *„Unterweisung im Tonsatz“* gegen die *„Geringschätzung der Tonalität“*,[1] die ihm an der modernen Musik missfällt. Seine Gegenposition formuliert er auf einer Grundlage, die er mit seinen Kontrahenten teilt: Auch er glaubt, dass die Musik dazu dient, etwas *auszudrücken*, und betrachtet das spezifisch Musikalische wie Schönberg als etwas rein Technisches. Wie jener spricht er beständig vom *„Material“*, wenn er die harmonischen, rhythmischen und melodischen Formen meint. Allerdings ist seine Stellung zu den Grundgestalten der musikalischen Ästhetik weniger verächtlich. Ihm liegt nicht daran, das, was ihm bloß als *„Material“* gilt, an der Illusion eines eigentlichen musikalischen Gehalts zu relativieren. Sondern umgekehrt: Um dieser Illusion willen legt er besonderen Wert auf die vermeintlichen Ausdrucksmittel, setzt also an die Stelle des expressionistischen Freiheitskults die Emphase des Handwerklichen:

„Muß das nicht eine winzige Eingebung, ein belangloses Gefühl sein, das sich mit so geringen Kenntnissen schon ausdrücken kann? Gehört nicht ein ungeheures Maß bewußter Materialbeherrschung und -anwendung dazu, in Töne zu übertragen, was das Herz diktiert? Kann sich das geistige Bild einer Musik, das der Komponist erschaute, überhaupt dem empfangenden Gegenpart deutlich machen, wenn die Eigenkraft der Töne, die Selbstherrlichkeit der Klangverbindungen immer wieder zwischen die Eingebung des Komponisten und ihre hörbar gestaltete Ausdrucksform treten?“ [2]

Natürlich könnte Hindemith nie nähere Angaben dazu machen, was für ein erhabenes oder belangloses Gefühl ausgedrückt wird, was das Herz diktiert, welches Bild der Komponist erschaut usw. Diese Dinge sind ihrem Wesen nach geheimnisvoll, wie überhaupt *„der musikalische Schaffensvorgang in seinen letzten Höhen dem menschlichen Begreifen immer unzugänglich bleiben“* [3] wird. Hindemith ist sich aber sicher, dass es da etwas Höheres gibt, was *„in Töne übertragen“* und dem Publikum prinzipiell *„deutlich“* gemacht werden kann. Von der Differenz zwischen der *„Eingebung des Komponisten“* und ihrer *„hörbar gestalteten Ausdrucksform“* ist er so sehr überzeugt, dass er sich sogar etwas vorstellen kann, was dazwischen treten kann: die Eigengesetzlichkeit des Materials, mit dem der Tonsetzer hantiert. Um die will sich Hindemith kümmern, um dem Komponisten bei der Übertragung des von ihm Erschauten in Musik behilflich zu sein.

Bereits in diesem Ausgangspunkt Hindemiths steckt ein Desinteresse am Ästhetischen: An den Kollegen, die mit der Tonalität fertig sind, kritisiert er nicht deren Verachtung der Schönheit, sondern ihre Unbekümmertheit gegenüber den *„Materialeigenschaften“*. Bei allem Verständnis für den Höhenflug des künstlerischen Freiheitsdranges entdeckt er bei ihnen *„Willkür“*, wogegen sich nur ein

[1] Paul Hindemith, Unterweisung im Tonsatz, I Theoretischer Teil, Mainz 1940, S. 186

[2] Hindemith, Unterweisung ..., S. 26

[3] Hindemith, Unterweisung ..., S. 25

ebenso abstraktes, von jeglichem Gedanken an Schönheit gereinigtes Prinzip setzen lässt: *„Ordnung"*.

„Es gibt heutzutage eine ganze Anzahl von Komponisten, die ihre Werke als atonal ausgeben ... In der tonalen Ungebundenheit sehen diese Tonsetzer zweifellos die Freiheit, die ihre Kunst zur Unbegrenztheit des Raumes und der Zeit hinanhebt. Ich glaube nicht (abgesehen davon, daß ich es für unmöglich halte, den Gegebenheiten des Tonmaterials auszuweichen), daß die Freiheit errungen wird, wenn man das Prinzip natürlicher Ordnung durch das bloßer Abwechslung ersetzt. Nirgendwo gibt uns die Natur einen Hinweis, daß es wünschenswert sei, in einem festgesetzten Zeitraum und in einer gewissen Höhenumgrenzung eine bestimmte Anzahl Töne abzuspielen. Willkürlich ausgedachte Vorschriften solcher Art lassen sich in Mengen finden, und wenn auf sie Kompositionsstile gegründet werden sollen, könnte ich mir umfassendere und interessantere Spielregeln vorstellen. Die Beschränkung auf ein eigenbrötlerisches Tonkombinationssystem erscheint mir doktrinärer als die Leitsätze ausgekochtester Diatoniker." [1]

Obwohl Hindemith durchaus bemerkt, dass auch seine Kontrahenten über – willkürliche – Ordnungsvorstellungen für diszipliniertes Komponieren verfügen, hält er an dem abstrakten Gegensatz von Willkür und Ordnung fest, indem er ihn um die Attribute *„ausgedacht"* und *„natürlich"* ergänzt. Wo die Grenze zwischen *„willkürlich ausgedacht"* (= schlecht) und der vom Herzen diktierten *„Eingebung des Komponisten"* (= gut) zu ziehen ist, lässt Hindemith im Ungewissen. Sobald es um das Handwerkliche geht – vorgestellt als Hantieren mit dem *„Material"* –, liegt das Gute ganz außerhalb dessen, was ausgedacht werden kann: in der Natur. Mit *„Material"* ist allerdings keineswegs die tatsächliche natürliche Grundlage der Musik gemeint, also das, was die Physik im Bereich der Akustik zum Gegenstand hat, sondern solche Dinge wie Tonleitern, Intervalle, Harmonien usw. Es werden also ästhetische Grundformen der tonalen Musik so behandelt, als ob sie nicht geistigen, sondern natürlichen Ursprungs wären.

Hindemiths Beweiszweck bringt es mit sich, dass er den üblichen Irrationalismus einer in der Obertonreihe lauernden natürlichen Bürgschaft für musikalische Sachverhalte breiter ausführt, als man es sonst heutzutage zu tun pflegt. In solchen Ideologien, in denen Geistesprodukte als Befolgung von Vorschriften der Natur verklärt werden, erscheint das Verhältnis von Geist und Natur stets auf den Kopf gestellt: Mitten in einer Gesellschaft, in der die Beherrschung der Natur eine Selbstverständlichkeit ist, wird die Natur zum Subjekt erklärt, dem die Menschen sich zu fügen haben. Da gibt die Natur *„Hinweise"*, was *„wünschenswert"* sei, da wird seitens des Theoretikers *„auf Willen und Eigenart der Obertöne eingegangen"* (S. 65) usw.

Was Zahlen- und Naturmystik angeht, kann Hindemith nahtlos an die diesbezüglichen Ergüsse des Mittelalters anknüpfen. Er bekennt sich auch zu dieser Tradition in einer weiteren Hinsicht, nämlich bezüglich der von ihm gepflegten Illusion, dem (angehenden) Komponisten mit solchen Einblicken in die tiefsten

[1] Hindemith, Unterweisung ..., S. 185

Geheimnisse des Tonsetzens behilflich sein zu können.[1] Andererseits distanziert er sich aber auch von den Vertretern dieser Tradition, die ihm auch als *„doktrinäre“* und *„ausgekochte Diatoniker“* gelten. Mit der Bezeichnung *„Diatoniker“* hat es folgende Bewandtnis: Hindemith will die in modaler und tonaler Musik sehr unterschiedlichen Grundlagen und Kriterien der Tonleiterbildung nicht zur Kenntnis nehmen und denkt sich Dur- und Molltonleitern aus zweierlei Arten von Stufenabständen – Halb- und Ganztöne – konstruiert.[2] Im Sinne dieser Vorstellung schimpft er alle als „Diatoniker“, die sich bei der naturmystischen Deutung von Harmonien an reale Tonverhältnisse halten, wie sie aus Tonleitern bekannt sind. Hindemith will nämlich der Natur noch ein paar weitere Tonverhältnisse ablauschen: Ihm geht es darum, das System der zwölf Töne, welches aus der Ästhetik der Modulation resultiert, getrennt von dieser harmonischen Grundlage zu betrachten und direkt aus der Obertonreihe abzuleiten. Damit will er dem Leser *„Grundzüge des Tonsatzes“* bieten, *„wie sie aus der natürlichen Beschaffenheit der Töne sich ergeben und deshalb allezeit Gültigkeit haben.“* (S. 23) Im Interesse dieser ewigen Gültigkeit der Vorschriften von Mutter Natur zeigt sich Hindemith denn auch sehr großherzig gegenüber den Manifestationen *„willkürlich ausgedachter Vorschriften“* und nimmt sie auf in den weiten Kreis der musikalischen Merkwürdigkeiten, für die seine Tonsatzlehre Geltung beansprucht. Er versucht, *„die Lehrsysteme mit dem neuen Material in Übereinstimmung zu bringen.“* (S. 17) Insofern gelten ihm die Exzesse der modernen Musik, gegen die er einen Damm errichten will, ebenso sehr als positive Grundlage und Berufungsinstanz für die angestrebte Erneuerung der Tonsatzlehre.[3]

Um den modernen Tonsetzern gerecht werden zu können, wünscht sich Hindemith von der Natur also keine *„diatonische“*, sondern eine *„chromatische“* Tonleiter. Dass die zwölf Töne gar keine Tonleiter darstellen, sondern ein Tonsystem, in dem Tonarten mitsamt den zugehörigen Tonleitern wechseln können,

---

[1] *„Dazu gehört die genaue Kenntnis der Töne und der ihnen innewohnenden Kräfte, vermittelt durch eine Lehre, die ... den Tonsetzer durch Naturgesetz und Handwerkserfahrung leitet. Ich weiß mich mit dieser Einstellung zum Handwerklichen einig mit Anschauungen, die gültig waren lange vor der Zeit der klassischen Meister. Wir finden ihre Vertreter im frühen Altertum; weitblickende Künstler des Mittelalters und der Neuzeit bewahren die Lehre und geben sie weiter.“* (S. 26 f.)

[2] Von einer übermäßigen Sekunde in Moll will Hindemith nichts wissen.

[3] *„Ähnlich wie im Mittelalter beim Übergang von den Kirchentonarten zum Dur und Moll ist die Lage auch heute: Die praktische Arbeit ist längst an einem anderen Orte angelangt, die theoretische Erkenntnis ist ihr noch nicht nachgefolgt; alle Tonsetzer bedienen sich heute der erweiterten harmonischen und melodischen Beziehungen, wie sie aus dem Baumaterial der chromatischen Tonleiter sich ergeben, mangels einer hinreichenden theoretischen Unterlage versuchen sie jedoch noch immer, alle Erscheinungen mühsam in das enge Behältnis diatonischer Deutung zu pressen ... Die chromatische Tonleiter als Grundlage, das heißt nicht, daß Harmonie und Melodie in einem ewigen Hin und Her jämmerlichen Halbtongleitens sich ergehen müssen, auch nicht, daß nach irgendwelchen wahllos erfundenen Plänen ihre Töne immer wieder in tausendfach umgestellter Form sinnlos abgehaspelt werden sollen.“* (S. 66 f.)

kommt für Hindemith angesichts des *„neuen Materials"* nicht mehr in Betracht. Er sucht nach einer a priori vorgegebenen chromatischen Tonleiter, die den *„Werkstoff"* abgeben soll, mit dem der Handwerker dann nach natürlichen Regeln verfahren können will. Dazu legt er sich das Tonsystem zunächst einmal als eine *Ordnung* zurecht. Diese Bestimmung gewinnt er durch das alberne Verfahren, sich zuerst einmal ein *Chaos* vorzustellen, das herrschen könnte, wenn es unendlich viele Töne gäbe, um dann aus dem Irrealen dieser Vorstellung zu schließen, dass die Natur uns eine Gliederung des als ungegliedert gedachten Tonraums geschenkt hat.[1] Da andererseits die Obertonreihe, in der dieses Geschenk enthalten sein soll, eben doch keine Tonleiter ist, bedarf es eines speziellen Berechnungsverfahrens, um die Tonleiter zu *„erzeugen"*.[2] Aber auch dieses Berechnungsverfahren hat seine Tücken, weil es immerzu die gewünschte Tonleiter nicht ausspuckt, so dass beständig neue Verfahrensregeln ausgedacht werden müssen.[3]

Schönberg und Hindemith haben einen gemeinsamen Ausgangspunkt in der Betrachtung der Klangstruktur des Tones: Sie untersuchen nicht, wie der Mensch mit den akustischen Gegebenheiten verfährt, wenn er sie *seinen* ästhetischen Kriterien unterwirft und die Klangeigenschaft der Töne zur Basis ihres Harmo-

---

[1] *„Wir finden die Intervalle eingebettet in den von der Natur bereitgestellten, für musikalische Zwecke nutzbar gemachten Tonrohstoff, der sich als eine unzählbare Menge einzelner Töne vom allertiefsten, gerade noch verwendungsfähigen Brummton bis zu dem an der obersten Hörgrenze des Ohres liegenden Pfeifen erstreckt. Diese ungeordnete Tonmenge läßt sich mindestens durch das unabänderliche Maß der Oktave und der reinen Quinte gliedern. Die Natur nimmt diese Einteilung selbst vor, ja sie stellt uns darüber hinaus noch eine ganze Maßreihe von anderen Intervallen zur Verfügung."* (S. 32)

[2] *„Für unser Vorgehen können wir also folgende Regel aufstellen: An jeden Oberton einer Reihe werden nacheinander die Maße der unter ihm liegenden Töne der gleichen Reihe angelegt; die Teilung der Schwingungszahl des jeweils zur Berechnung vorgenommenen Obertones durch die Ordnungszahlen der unter ihm liegenden Töne der Obertonreihe ergibt die neuen Tonleitertöne."* (S. 52)

[3] *„Den siebenten Oberton ... können wir nicht verwenden. Wollten wir mit ihm auf dieselbe Art wie mit seinen Vorgängern umgehen, so kämen wir zu erschreckenden Ergebnissen."* (S. 55) Somit *„bleibt uns zur Erzielung neuer Tonleitertöne gar kein anderer Weg, als sämtliche innerhalb der sechs ersten Obertöne noch übrigen Proportionsmaße auf jeden einzelnen der in diesem Rahmen liegenden Obertöne anzulegen."* (S. 54) – Und so geht es immerzu weiter: *„Ein solches Gebilde wäre wegen seiner Unübersichtlichkeit unbrauchbar"* (S. 56) – *„Das Chaos wäre die Folge."* (S. 56) – *„Unsere Tonleiter weist aber noch Lücken auf, obwohl wir das Gebiet der sechs Obertöne nach allen Seiten durchforscht haben."* (S. 57) – *„Die Zeugekraft des Stammtones C ist erschöpft."* (S. 57) – *„Wir verzichten jedoch auf diese Gabe. Das Ges werden wir noch in einer besseren Form bekommen ..."* (S. 59) – *„... trotzdem ist unsere Tonleiter noch nicht vollständig."* (S. 59) – *„Dieser Ton brächte uns in eine ähnlich schwierige Lage wie das vom siebenten Oberton abgeleitete sehr tiefe Ges (...): Er ist zu hoch ..."* (S. 59) – *„... würde alles von ihnen Abgeleitete immer mehr ins Unreine abgleiten ..."* (S. 61) usw.

nierens macht, sie decken also nicht den *Zusammenhang* von Konsonanz und Klang auf, sondern *identifizieren* die Harmonie mit der Klangstruktur des Tons, und zwar unter Berufung auf eine äußerliche Gemeinsamkeit: Zwischen Teiltönen und Tönen lassen sich gleichermaßen Schwingungsproportionen feststellen. Der Klang ist bei ihnen nicht Kriterium des Zusammenpassens der Töne, sondern Vorbild der Tonverhältnisse. Dass die als identisch behaupteten Dinge – Klangspektrum und Harmonien – eben doch nicht identisch sind, führt sie zu verschiedenen Konzepten, an einer *eigentlichen Identität* festzuhalten: Schönberg meint, dass die Musik im Hinblick darauf, was die Obertonreihe zu bieten hat, noch nicht fertig sei. Hindemith geht von einem fertigen System der zwölf Töne aus, das er als ideale Gliederung des Tonraums deutet, und behandelt die Obertonreihe als Reservoir von mehr oder weniger brauchbaren Proportionen zur Gewinnung seiner chromatischen Tonleiter.

Was Hindemith dann gewonnen hat, ist die Deutung des Tonsystems der tonalen Musik als Tonleiter in Analogie zu den wirklichen, nämlich tonartlich bestimmten Tonleitern. *Seine* Tonleiter hat ebenfalls einen Grundton, aber nicht aufgrund der harmonischen Konstellation von Tonika, Dominante und Subdominante, sondern wegen der recht komplizierten Gewinnung der Tonleiter aus einem *„Zeugetone“*. Zu diesem Ton haben alle zwölf Töne einen jeweils aus dem Verfahren ihrer Gewinnung hergeleiteten Verwandtschaftsgrad. Die Schwingungsverhältnisse der Töne ergeben sich nicht aus der Harmonik wechselnder Tonarten, sondern durch das Herausdestillieren der Halbtöne 15:16, 16:17, 17:18 und 18:19 aus der Obertonreihe. *Diese* Proportionen sollen angeblich der temperierten Stimmung zugrunde liegen. Der wirkliche Entstehungsgrund der Temperatur wird sehr interessiert vergessen. Dafür hat Hindemith ein Tonsystem, das gut zu der seit Riemann populären Auffassung von den alterierten Akkorden und einer inhaltslosen „Beziehung“ aller Töne auf einen Grundton passt:[1] Er unterstellt das Fortdauern einer Tonart auch dann, wenn Töne auftreten, die *nicht* zu dieser Tonart gehören. Oder anders ausgedrückt: Vom Standpunkt seiner *„erweiterten Tonalität“* gibt es gar keine Töne, die außerhalb einer Tonart liegen. Hindemith begrüßt daher die Aufweichung des Begriffs der Tonart, die in der Rede von den alterierten Akkorden und in den zugrunde liegenden Vorstellungen von der Alteration enthalten ist, sieht darin also keinen theoretischen Fehler, sondern einen Fortschritt. Darum betrachtet er jedes auch nur zaghafte Festhalten an dem auf *tonartliche Tonverhältnisse* bezogenen Begriff der Tonalität als Inkonsequenz, die *er* überwunden hat.[2]

---

[1] Siehe dazu die Ausführungen zum „alterierten Akkord“ im 6. Kapitel dieses Buchs.

[2] *„Mit den Akkorden, die aus den leitereigenen Tönen einer Tonart bestehen, sind die tonalen Beziehungen zu einem Grundton nicht erschöpft. Um tonleiterfremde Akkorde in die Tonalität des Leitergrundtones aufnehmen zu können ohne die Tonart verlassen zu müssen, hatte man den Begriff der Alteration eingeführt. Ursprünglich als Gutheißung einiger häufig vorkommender Durchbrechungen der einfachsten Tonalität gedacht (neapolitanischer Sextakkord, erniedrigte 6. Stufe), erwies sie sich als weitherzig genug, alles andere, was nicht ohne weiteres ins tonale Gefüge paßte, zu beschirmen, und*

Wo der Begriff der Tonalität von den Dur- und Molltonarten abgetrennt wird, kann natürlich auch unter dem Begriff der Modulation nicht mehr der Wechsel der Tonarten gemeint sein. Modulation ist für Hindemith der Vorgang, worin ein neuer Ton die *„Regierung“* übernimmt. Für einen solchen Übergang kann er verschiedene Indikatoren angeben, darunter auch die in der Zwölftonmusik Schönbergs als angeblich tonalisierend gemiedene Tonwiederholung.[1] Nach dieser Sichtweise ergeben sich in Musikstücken regelmäßig Passagen, *„in denen sich ... die Tonalitäten überschneiden ... Das Ohr hat dann Zeit, sich vom alten Zentraltone abzulösen und zugleich vor dem vollen Eintreten der neuen Zentralgewalt sich in ihr Gebiet einzugewöhnen.“* (S. 181 f.) Die Metaphern von der *„Zentralgewalt“* oder *„Erdanziehungskraft“* dienen bei Hindemith durchaus als Ersatz für klare Bestimmungen der Tonalität. Kein Wunder, dass man in seiner Betrachtungsweise nie mit Sicherheit angeben kann, wo genau eine Modulation stattfindet – was für ihn aber gerade den Reiz der Sache ausmacht.[2]

Nachdem sich Hindemith die zwölf Töne als natürlichen *„Werkstoff“* zurechtgelegt hat, befasst er sich mit den Intervallen, worunter er nicht nur Intervalle im eigentlichen, nämlich melodischen Sinne meint, sondern vor allem Zweiklänge. Auch über die Intervalle, die ihm als *„Bausteine“* gelten, will er jenseits der Musik etwas herausfinden, nämlich durch Beobachtung einer weiteren Naturerscheinung. Er nimmt sich dazu die *Kombinationstöne* vor, die als zusätzliche Töne beim Zusammenklingen klangarmer Töne mit einiger Mühe gehört werden können, und zwar auf einer Frequenz, welche sich als Differenz der beiden vorgegebenen Tonfrequenzen errechnen lässt.[3] Für Hindemith sind solche *außerhalb*

---

schließlich kam eine solche Unsicherheit und Mehrdeutigkeit in das System, daß als einzige unverrückbare Regel stehen blieb: Jeder Akkord kann in jeder Tonalität vorkommen. Damit ist das diatonische System durchbrochen, wir stehen schon auf chromatischem Boden. In der Diatonik werden jedoch die neu hinzutretenden Akkorde als Nebenharmonien, fast als unerwünschte Eindringlinge angesehen, während sie im chromatischen System von vorneherein selbständige Glieder eines tonalen Bereiches sind.“ (S. 115) – *„Man muß sich nur einmal ... ins Gedächtnis rufen, was zur Einordnung eines Des dur-Dreiklangs in die C dur-Tonart nötig war, um zu erfassen, in wie engen Verhältnissen man lebte ...“* (S. 178)

[1] *„Innerhalb eines Stufenganges werden ... jeweils diejenigen Töne als Beherrscher eines tonalen Kreises empfunden, welche in kürzeren Abständen wiederholt auftreten; ferner solche, die als Kadenzschlußtöne die anderen überragen, und schließlich alle Töne, die von den ihnen nächstverwandten Tönen (...) kräftig unterstützt werden.“* (S. 180)

[2] *„Es ist vielfach unmöglich, sowohl die tonalen Hauptgruppen eines Stufengangs wie auch die Nebengruppen deutlich zu umgrenzen; für den einen Hörer trennen sich die Gruppen an anderer Stelle als für den nächsten. Das ist kein Fehler, in der Ausnutzung der Unbestimmtheit von Übergängen liegt im Gegenteil ein Hauptreiz geschickter Modulation.“* (S. 182)

[3] *„Obwohl die Natur der Kombinationstöne seit langem bekannt ist, sind sie von der Musiktheorie niemals in dem Maße, das ihrer Bedeutung entspricht, zur Erklärung von Materialeigenheiten und Satzvorschriften herangezogen worden. Das liegt an der mü-*

der Musik beobachtbaren Phänomene Grund genug für die Behauptung, dass *innerhalb* der Musik beständig *„unbewußt"* mehr Töne gehört als wirklich gespielt werden.[1] Er geht sogar so weit, dass er weitere – noch schwächere – Kombinationstöne in Rechnung stellt, die sich theoretisch aus den zuerst gewonnenen ergeben, weil diese selbst wieder mit den ursprünglichen Tönen zusammenklingen. Insofern die angeblich unbewusst mitgehörten Töne mehr oder weniger mit den wirklichen Tönen harmonieren, meint Hindemith damit ein natürliches Kriterium gefunden zu haben, das ihm sagt, wie stark ein Intervall mit Kombinationstönen *„belastet"* ist.[2] Daraus errechnet Hindemith erstens eine *„Wertfolge"* der Intervalle.[3] Zweitens deutet er die Kombinationstöne der Intervalle als ihren Grundton. Wo ihm dieser Grundton dann nicht in den Kram passt, weil er außerhalb des Intervalls liegt, entscheidet er sich für eine praktischere Lösung. Da Theorie und Praxis verschiedene Dinge sind, geschieht *„dem hier aufgestellten System naturnaher und folgerichtig entwickelter Satzfertigkeit ... keinerlei Abbruch."* (S. 92 f.) Diese Art von *„Folgerichtigkeit"* zieht sich durch die ganze Tonsatzlehre.

Aus den Grundtönen der Intervalle gewinnt Hindemith die Grundtöne der Akkorde. Es streiten sich dabei verschiedene Grundtöne um die Vorherrschaft, und die Natur sagt, wer obsiegt: Das wertvollste Intervall im Akkord darf seinen Grundton durchsetzen. Mit der Aufstellung eines Akkordsystems, in dem jeder Klang die ihm gebührende Wertschätzung erhält, sind neben dem *„Werkstoff"* jetzt auch die *„Bausteine"* bereitgestellt, mit denen die Tonsatzlehre hantiert.

Das wichtigste Ergebnis seiner Begriffsentwicklung benennt Hindemith selbst in seiner Polemik gegen *„die Harmonielehre"*: Es ist das, was er aus den Akkorden gemacht hat: Völlig losgelöst von der Harmonie der Tonarten und befreit von hinderlichen Einsichten älterer Harmonielehren ist jeder Akkord ein selb-

---

hevollen Arbeit, die zu ihrer Beobachtung nötig war und doch nur kärgliche Aufschlüsse gab: Die Stimmgabeln und Resonatoren, mit denen man ihnen zu Leibe rückte, sind wenig treffsichere Waffen, denen sie harten Widerstand bieten." (S. 81)

[1] *„Sie klingen meist so schwach, daß sie dem oberflächlichen Gehör entgehen. Umso wichtiger sind sie für das unbewußte Hören."* (S. 81)

[2] Dem Musiker sind *„die Trübungen durch Kombinationstöne nicht Zugaben, die ihn im Genusse der abstrakten Intervallverhältnisse stören, er bedient sich ihrer zur genaueren Erfassung der Klänge. Der Unterschied in der Belastung erlaubt nämlich, die Intervalle so zu ordnen, daß von der Oktave als dem klarsten, ungetrübten Intervall ausgehend, über die Quinte (dem mit geringer Trübung versehenen) jedes folgende Intervall mit größeren Lasten behängt wird als sein Vorgänger und dadurch die Klarheit und harmonische Deutlichkeit von Schritt zu Schritt nachläßt."* (S. 87)

[3] Ganz nebenbei ergibt sich daraus eine neue Theorie über Konsonanz und Dissonanz, die das Vorurteil vom nicht existierenden Unterschied zwischen beiden zum hundertsten Male bestätigt: Die *„Wertfolge"* der Intervalle *„legt die Frage nach der konsonanten oder dissonanten Bedeutung der Intervalle nahe ... Unsere Untersuchungen beseitigen die bisherige Unklarheit. Wir wissen, daß es unmöglich ist, eindeutig zu bestimmen, wo die „Konsonanz" in die „Dissonanz" übergeht."* (S. 108)

ständiges Wesen, dessen *„persönliche Eigenart"* sich aus den obskuren Kombinationstönen ableitet.[1] Er ist das, was er ist, von Natur und nie durch die harmonischen Verhältnisse, in denen er vorkommt. Seine Qualitäten dürfen daher auch nicht aus dem musikalischen Zusammenhang heraus ermittelt werden.[2] Hindemith ist der Theoretiker des abstrakten Akkords.

Ein Beispiel für die aus dieser Betrachtungsweise resultierende theoretische Verdrehung musikalischer Sachverhalte ist Hindemiths Auffassung von der Schlusskraft der Tonika in der Kadenz. Diese Schlusskraft soll nicht in der harmonischen Spannung zwischen Dominante und Subdominante begründet sein, sondern im Wesen eines Intervalls, dem durch seine Kombinationstöne ein *„zielbewußtes Hinstreben nach einer Auflösung"* (S. 106) angewachsen ist. Dieses Intervall ist der Tritonus,[3] den Hindemith in der Kadenz versteckt findet.[4] Zwar findet er den Tritonus nur deshalb in der Kadenz, weil er ein Verhältnis zwischen einem dominatischen und einem subdominantischen Ton ist, aber Hindemith kennt Intervalle nur als Nachbildungen aus der Obertonreihe. Er berechnet das Schwingungsverhältnis des Tritonus demgemäß nicht aus der tonalen Konstellation, in der er ihn entdeckt, sondern sucht in der Obertonreihe nach einer Proportion mit möglichst kleinen Zahlen. Hindemiths Tritonus hat daher das Frequenzverhältnis 7:5. *„Er ist von Kombinationstönen umgeben, die in seltsamer Beziehung zu ihm stehen."* (S. 105) Da Hindemith um die Auflösungsbedürftigkeit der Dissonanz, welche der Tritonus darstellt, weiß, phantasiert er so lange an den Kombinationstönen herum, bis der Tritonus gar nicht mehr anders kann, als nach Auflösung zu lechzen. So erscheint die Auflösungsbedürftigkeit einer Dissonanz nicht als *Wirkung* des harmonischen Verhältnisses von Subdominante und Dominante, sondern umgekehrt als *Ursache* für die Auflösungsbedürftigkeit dieser tonalen Konstellation.

---

[1] *„Noch auf eine zweite Weise werden in der Harmonielehre die Akkorde an der Entfaltung ihres Lebenstriebes gehindert. Als oberstes harmonisches Gesetz gilt ihr der tonartliche Zusammenhalt von Tönen und Akkorden. Die diatonische Tonleiter mit ihren beschränkten Möglichkeiten bestimmt Stellung und Wert der Klänge, der Akkord ist ein Trabant dieser Macht; er hat sich blind unterzuordnen, auf seine persönliche Eigenart wird nur soweit Rücksicht genommen, als es die Tonart erfordert."* (S. 130 f.)

[2] *„Hier muß die Forderung gelten: Alle Zusammenklänge werden unabhängig von ihrer Schreibweise so aufgefaßt, wie sie das Ohr als ersten Eindruck ohne Bezugnahme auf Vorhergegangenes oder Folgendes hört."* (S. 117)

[3] Der Tritonus, auch verminderte Quinte genannt, ergibt sich aus zwei Quinten und einer großen Terz, hat also das Schwingungsverhältnis 45:32. Vgl. die Tabelle auf S. 31 dieses Buchs.

[4] *„Die Grundtonfolge, welche vor ihrem tonalen Zentralton, der den Abschluß bildet, dessen Quarte und Quinte bringt, gilt geradezu als die Idealkadenz. Die Entschiedenheit, welche ihr Hauptmerkmal ist, ist allerdings nicht nur in der Folge nahverwandter Töne begründet. Die auf der Quarte und Quinte stehenden Akkorde tragen nämlich, sofern sie einfache Dreiklänge sind, in sich aufgeteilt die Töne des Tritonus, der sich in den folgenden Schlußakkord auflöst."* (S. 169)

Mit dem *„Werkstoff"* und den *„Bausteinen"* bringt Hindemith vielerlei Vorschriften in Verbindung, wie man die Akkorde zu verbinden hätte, wie man dabei die aus Ober- und Kombinationstönen ermittelten Rangfolgen, Wertigkeiten und Grundtonabfolgen sowie geheimnisvolle Regeln bezüglich der höchsten und tiefsten Töne einer Melodie zu berücksichtigen hätte. Es werden komplizierteste Berechnungen und Planungen der Komposition verlangt, woraus hervorgeht, dass das Komponieren ein schwieriges Handwerk ist, bei dem man viel falsch machen kann. Andererseits handelt es sich um Regeln, die bisherigen Komponisten noch völlig unbekannt waren. Jene müssen daher eine Absolution erhalten: Sie haben diese Regeln angewandt, ohne es zu wissen. Es muss also doch auch ohne Kenntnis der geheimnisvollen Regeln gehen? Jetzt sieht sich Hindemith vor dem Problem, die Nützlichkeit seiner Theorie erläutern zu müssen: Die Tonsatzlehre *allein* ist noch nicht von Nutzen. Es muss schon auch noch eine *„Begnadung"* hinzukommen.[1] *Dann* verhelfen die Regeln schrittweise *„zur klaren Satzvollkommenheit"*. Bei allem handwerklichen Brimborium sind eben die Satzregeln doch nur ein Mittel für einen höheren Zweck, an dem sie sich auch relativieren:

„Trotzdem ist in keiner dieser Vorschriften ein Verbot enthalten. Verlangt der besondere Ausdruck einer Stelle nach einer Tritonusverbindung, so muß sie der Komponist anwenden; ist die chromatische Führung des Stufenganges das Kunstmittel, mit dem der Sinn des Tonsatzes am deutlichsten sich aussprechen läßt, so ist sie unbedenklich hinzuschreiben. Die hier gegebenen Arbeitsregeln sind Warnungen; sie sollen verhindern, daß ohne den Willen des Tonsetzers harmonische Vorgänge auftreten, die der Verwirklichung des erschauten Tonbildes im Wege stehen." (S. 177 f.)

Jeder Künstler muss also selbst sehen, dass er den *„Sinn"* seines Tonsatzes deutlich ausspricht und dass ihm sein musikalisches Werk keinen Streich spielt. Soweit darf die Freiheit jedoch nicht gehen: dass ein Musiker einfach tut, was ihm gefällt.

Den *wirklichen* Nutzen seiner Theorie hat Paul Hindemith nicht erkannt: Dieser Nutzen ist rein ideologischer Natur. Er besteht darin, dass Hindemith die durch die tonale Musik längst praktisch widerlegte mittelalterliche Illusion, man könne die Schönheit der Musik durch die Befolgung geheimnisvoller Regeln gewährleisten, für das Weltbild moderner Künstler fruchtbar gemacht hat. Als Wünschelrutengänger der Tonalität affirmiert er die Einbildung, dass in der Musik tiefe Botschaften ausgedrückt würden, indem er der Wichtigtuerei der künstlerischen Sinnstifter den Nimbus des gediegenen Handwerks verleiht. Dass dabei die Ehrenrettung der Tonalität in einer Weise formuliert wird, die das genaue Gegenteil beinhaltet, ist eine ganz passende Zugabe.

---

[1] *„Beruft sich ein Untalent ausschließlich auf Kenntnisse, ohne zu seiner Arbeit der Begnadung von oben teilhaftig zu sein, so ist ihm auch mit der Ausarbeitung schönster Stufen- und Sekundgänge nicht geholfen. Alles wird bei ihm richtig sein und trotzdem wird man es gerne missen."* (S. 236)

d) De la Mottes Harmonielehre

Diether de la Motte präsentiert sich als Genießer, der seine Harmonielehre *„in tiefer Ergebenheit"* dem Pfälzer Wein widmet und der von der Musik fasziniert ist. Seine Distanzierung von der Allüre, die künstlerische Schwerstarbeit im Dienste der höheren Ideale herauszustellen, will ihrerseits auf Höheres hinaus. De la Motte will seine ganz spezielle Faszination *vermitteln*, er will seine Leser für die 'Sprache' begeistern, als die ihm die Musik gilt.

„Die letzten 400 Jahre, die große Zeit der Musikgeschichte, in Entwicklung und Wandlung der musikalischen Sprache zu verfolgen ist jedoch so faszinierend, daß schwer zu begreifen ist, warum der Harmonielehreunterricht auf Vermittlung solcher Faszination weitgehend verzichten soll zugunsten eines strengen Satzes, *der aus Gründen leichter Lehr- und Prüfbarkeit abgeleitet wird von Komponisten, die nicht zu den größten der Musikgeschichte gehören ... Das schreit doch zum Himmel. Nein, niemand schreit. Aber die Lustlosigkeit der Studierenden dem* Pflichtfach *gegenüber ist die stumme Antwort."* [1]

Nein, 'streng' und 'pflichtmäßig' soll es bei de la Motte nicht zugehen, sondern lustbetont und locker. Dabei gilt seine Kritik an dem Vorschriftenwesen der Harmonielehren gar nicht dem Brauch, für subjektive Deutungen eine Autorität zu beanspruchen, die von der Einsichtigkeit von Erklärungen völlig unabhängig ist. Wenn auf die Frage *„Welcher Ton wird beim Sextakkord verdoppelt?"* in zehn Lehrbüchern zehn verschiedene Antworten stehen, findet er erstens die Frage keineswegs blöd und gibt zweitens allen recht:

„Alle haben sie recht, nur hat ein jeder seine Regeln und Verbote von anderer Musik abgeleitet und von ihr aus verallgemeinernd sein System errichtet, ohne dies dem Leser mitzuteilen." (Ebenda)

De la Motte ist gegen die 'Verallgemeinerung'. Er differenziert nicht zwischen der Frage, worin die *allgemeinen* harmonischen, rhythmischen und melodischen Formbestimmungen jeglicher tonaler Musik bestehen, und der ganz anderen Frage, was die *besonderen* Gattungen und Stilformen der tonalen Musik voneinander unterscheidet und wie sie sich auseinander entwickelt haben (und weiterhin entwickeln). Es geht ihm weder um das eine noch um das andere. Sondern er will den aus der tonalen Musik abstrahierten Begriffen, deren wissenschaftlichen Gehalt er keiner Prüfung für würdig befindet, prinzipiell ihren allgemeinen Charakter absprechen. Er will in der Behandlung der allgemeinen Kategorien tonaler Musik wie Dur und Moll, Konsonanz und Dissonanz, Modulation usw. *„nicht länger Jahrhunderte der Entwicklung in einen Topf ... werfen"*.[2] Sein Buch ist aufgebaut wie eine Musikgeschichte, kümmert sich aber nicht wirklich um die in den letzten Jahrhunderten entwickelten Stilformen, sondern nimmt jede Komponistengeneration zum Anlass, *andernorts* (richtig oder verkehrt) entwickelte Begriffe auf bestimmte Zeitabschnitte einzuschränken und

---

[1] Diether de la Motte, Harmonielehre, Kassel 1997, S. 7

[2] Ebenda S. 8

an entsprechend ausgesuchten Beispielen einzuführen. Da er die Kategorien, für die ihm ein Beispiel nach dem andern über den Weg läuft, nicht in ihrem tatsächlichen Zusammenhang entwickelt, sondern als unkritisch angeeignetes Kauderwelsch benutzt, verweist er diejenigen, die ihn nichtsdestotrotz verstehen sollen, auf die Lektüre einer allgemeinen Musiklehre, und zwar speziell auf das Buch von Grabner. Dort erfährt der Leser wiederum im Nachwort von de la Motte, warum dieses Werk schon im Ansatz verkehrt ist:

„... in ihm manifestiert sich der wohl letztmalige und bis an die Grenzen des Möglichen unternommene Versuch, Musik noch einmal als ein Allgemeines zu begreifen.“ [1]

Allgemeines und Besonderes sind für de la Motte nicht *logische* Unterscheidungen, um allgemeine von den besonderen Bestimmungen einer Sache zu trennen. Er hält sie für Attribute der *Sache*, versteht Grabner also so, als ob dieser behauptet hätte, die Musik sei ‘ein Allgemeines’. Dies sei durch die neue Musik unmöglich geworden, weil sie *„mit Kategorien musikalischen Denkens, die sich in der Vergangenheit bewährten“*,[2] nicht mehr fassbar sei. Aber warum sollte es nicht möglich sein, den *Unterschied* – und die freilich sehr abstrakte Gemeinsamkeit – zwischen modaler, tonaler und atonaler Musik zwischen zwei Buchdeckeln zu erklären? Das macht doch de la Motte auch! Die Frage ist doch nur, ob der behauptete Unterschied stimmt:

„Bei Schönberg bedürfen die Konsonanzen besonderer Stimmführungslegitimation, in den früheren Kapiteln die Dissonanzen. Das alles mag verwirren, macht auf jeden Fall die gesamte Harmonielehre nicht leichter, bringt sie aber gewiß der Kunst näher.“ [3]

Einen Hang zur *„Stimmführungslegitimation“* gibt es zwar bei Schönberg und in der spekulativen Musikwissenschaft – einschließlich bei de la Motte –, nicht jedoch in der Wirklichkeit der tonalen Musik, und zwar weder in der Barockmusik, noch beim Rock ’n’ Roll.[4] Im Zitat werden insofern tonale und atonale Musik *verwechselt*.[5]

---

[1] De la Motte in: Hermann Grabner, Allgemeine Musiklehre, Kassel 1974, S. 361

[2] Ebenda

[3] Diether de la Motte, Harmonielehre, S. 8

[4] De la Motte ist nur gegen *strenge* Regeln in dem Sinne, dass sie für *alle* Musik gelten sollen. Die Illusion, dass es in der Musik auf Vorschriften ankäme, vor denen sich Komponisten zu rechtfertigen hätten, teilt er mit seinen Vorgängern: *„Keine Regel, kein Verbot stammt von mir, alle Anweisungen wurden aus Kompositionen extrahiert und ihre Gültigkeit an zahlreichen Werken nachgewiesen.“* (S. 8) Hätte de la Motte die Tonalität wirklich analysiert, statt sie nur historisch einzuordnen, dann hätte er bemerken können, dass es sich dabei nicht um eine *Vorschrift* handelt, sondern um ein *ästhetisches Gesetz*. Freilich ist dieses Gesetz ‘nur’ die Folge eines *freien* (unvorschriftsmäßigen!) Interesses an der Musik, gilt also zum Beispiel nicht für den mittelalterlichen Kirchengesang.

[5] Ein *solcher* Einwand kann angebracht sein, wenn sich Theoretiker über eine Unterscheidung streiten. *Unangebracht* ist jedoch immer der Vorwurf, es hätte jemand eine

De la Motte distanziert sich von den Ideologien, wonach die Musik einer natürlichen Ordnung entspreche.[1] Er wendet sich jedoch nicht gegen die Manie, die Musik aus irgendwelchen *Bedingungen* erklären zu wollen, sondern gegen die Vorstellung, es gäbe überhaupt allgemeine Bestimmungen der Musik. Er bietet eine andere Interpretation der Musik an: Alle ihre Formen haben nur vorübergehende Bedeutung im Verlauf der historischen Entwicklung. Nicht *natürlich*, sondern *historisch* sei die Musik bedingt. De la Mottes Credo besagt, dass die musiktheoretischen Begriffe nur für eine beschränkte Zeit Gültigkeit beanspruchen können. Tonika, Dominante und Subdominante gehören also zuallererst der Vergangenheit an:

„In der gesamten Musik zwischen 1700 und 1850 spielen diese drei Akkorde eine derart entscheidende Rolle, daß man seit Riemann von drei Hauptfunktionen spricht und sämtliche anderen Akkorde als ihre Vertreter deutet." (S. 35)

Die Logik ist bestechend: *Weil* diese drei Akkorde in der Musik eine gewisse Rolle spielen, ist es völlig in Ordnung, alle Akkorde als *Funktionen* zu deuten, die Konsonanzen als *Hauptfunktionen* und die Dissonanzen als ihre *Vertreter*. Letztere sollen also etwas anderes vorstellen, als sie selbst in ihren tonischen, dominantischen und subdominantischen Bestandteilen zu Gehör bringen. Diese Deutung soll regelrecht gepaukt werden:

„In Funktionen denken lernen, Funktionen hören lernen ist das Wichtigste." (S. 41)

Dann, wenn man den Kopf so von solchen Deutungen voll hat, kann man offenbar gar nicht mehr unterscheiden zwischen dem, was man hört, und dem, was man sich dazu denkt, so dass unterschiedliche Deutungen als Unterschiede der Wahrnehmung erscheinen:

„Schwer ist die Grenze zu ziehen, nicht jedes Ohr hört hier gleich, wie lange noch von Parallelen einer Mollkadenz gesprochen werden kann und von wann ab man eine Ausweichung oder Modulation sehen soll." (S. 111)

Die im Wesen der Deutung liegende Gleichgültigkeit gegen jegliche Objektivität soll demnach die Wirkung dessen sein, was man hört. Die Willkür der Interpretation kommt angeblich von der Mehrdeutigkeit der Musik, die selbst wie-

---

Sache als 'ein Allgemeines' gefasst. Es ist übrigens auch nicht verkehrt, den zur tonalen Musik gehörigen Begriff der Konsonanz mit Schönberg in Verbindung zu bringen, nämlich als das, was jener meiden und gleichwohl nicht von der Dissonanz unterscheiden können wollte. Auch die zitierte Bemerkung von de la Motte hat sich *nicht* an *„Kategorien musikalischen Denkens, die sich in der Vergangenheit bewährten"*, versündigt, wie Grabners Konzept einer allgemeinen Musiklehre unterstellt wird.

[1] *„... Festigung wie Auflösung der Kadenz lassen sich ohne Natur- und Urbild-Ideologien als Stadien einer Entwicklung zeigen ..."* (Harmonielehre S. 9) – *„Durch gewisse musikpädagogische und -theoretische Schriften geistern merkwürdige Thesen von Skalenenergie. Hier west Natur! Hier werden in das Tonmaterial Willensbekundungen hineininterpretiert, wo es sich um geschichtlich Bedingtes handelt, um lange Tradition kompositorischen Willens, dem sich das Material noch stets gefügt hat."* (S. 195)

der Kennzeichen einer Stilepoche sein soll. Dies wiederum begründet für de la Motte die historische Einordnung der Modulation in der klassischen Ära:

„Wenn Modulation erst jetzt abgehandelt wird, so bedarf dies des Kommentars ... Die Bachsche Technik der Zwischendominanten hält das Geschehen derart im Fluß, daß eine Unterscheidung zwischen Ausweitung einer Tonalität und Modulation zu einer anderen Tonart, und über sie vielleicht zu einer dritten usw. schwer zu ziehen ist." (S. 142)

Die Modulation wird einerseits unterstellt als Übergang von einer Tonart zur andern. Demnach wäre die Bestimmtheit der Tonart das der Modulation Vorausgesetzte. Andererseits soll aber das Tonartliche flexibel sein, von Bach enger oder weiter gemacht werden können. Dieser logische Widerspruch in der harmonischen Beurteilung wird gedeutet als Verunklarung, die Bach selbst bewirkt: er produziert ein 'Geschehen', bei dem man nicht unterscheiden kann zwischen dem Übergang von Tonart zu Tonart einerseits und dem 'Ausweiten' der Tonart andererseits. Wie hat Bach das gemacht? Er soll eine Technik der *„Zwischendominanten"* angewendet haben. Die 'Zwischendominante' ist der gleiche Widerspruch: eine 'Funktion' der ausgeweiteten Tonart in Riemanns Funktionstheorie. Sie soll nicht die Dominante der Tonart sein, die in Kraft ist, sondern die Dominante einer anderen Tonart, zu der eine 'Ausweichung' stattfindet. Die 'Ausweichung' soll gleichwohl keine Modulation sein, denn die 'ausgeweitete' Tonart wird angeblich nicht verlassen. Oder sie wird nach einer anderen Variante nicht wirklich, 'weil' nur 'kurzfristig' verlassen. Eine 'Zwischendominante' ist die Dominante einer Tonart, die *nicht* gespielt wird. Die Konstrukte der Funktionstheorie bieten gerade wegen ihrer Absurdität die beste Grundlage, um bei der harmonischen Analyse eines Musikstücks zu unterschiedlichsten Ergebnissen zu kommen – und zwar um so mehr, je mehr moduliert wird. Das Problem der Funktionstheorie, zu keinerlei sicheren harmonischen Befunden zu kommen, soll aber nicht aus ihrem theoretischen Fehler entspringen, sondern aus Bachs speziellen Modulationskünsten, für die das Fehlen erkennbarer Modulationen charakteristisch sein soll. Entsprechend soll die Modulation erst zur Zeit von Haydn, Mozart und Beethoven *entwickelt* sein, weil sie nun etwas *einfacher* gestrickt ist:

„Die Simplizität sich auf die Mittel der Kadenz beschränkender Themen der Klassik schafft erst das Hörerbewußtsein für Tonart und macht damit einen Tonartwechsel zum bewußt wahrgenommenen Ereignis. Klassische Sonaten und Sinfonien sprechen in thematischen Flächen, Überleitungs- und Entwicklungsabschnitten, sowie Durchführungen drei Sprachen. Diese Sprachunterschiede waren im Barock noch nicht so groß und werden auch in der Romantik wieder zunehmend dadurch verdeckt, daß der musikalischen Sprache der schlichte Kadenzraum, als verbraucht empfunden, verlorengeht." (Ebenda)

Was die Modulation nun so einfach macht, dass sie wahrnehmbar und als solche zum Charakteristikum der klassischen Ära wird, ist nach de la Motte gar nicht das, was sie harmonisch ausmacht – der Tonartwechsel –, sondern die Gestaltung thematisch bestimmter Abschnitte der Sonatenform. Bei dieser Auffassung werden melodische und harmonische Figurationen begrifflich vermischt, und die Existenz der Modulation soll davon abhängen, inwieweit Abschnitte der thematischen Entwicklung tonartlich voneinander abgesetzt sind. Von einem Verhältnis zwischen *Tonarten* wird die Modulation überhaupt zu einem Verhältnis zwischen *Themen.* De la Motte schreibt einen Abschnitt über *„Modulationen zum zweiten Thema"*. Letzteres unterscheidet er als Modulation *„hin zu"* von der Modulation *„weg von"*.[1] Die beiden Seiten, die beim Tonartwechsel notwendig zusammengehören, werden voneinander getrennt, als ob es einen Übergang zu einer *neuen* Tonart ohne das Verlassen der *alten* geben könnte. Das 'Hin zu' präsentiert de la Motte auch gleich teleologisch, als der Modulation innewohnende Zielgerichtetheit. Die Modulation wird dadurch verdoppelt: Sie *ist* nicht nur der Tonartwechsel, sondern zugleich ein Vorgang zur Erzielung des Tonartwechsels. Bei der *„Durchführungsmodulation"* wird *„der präzise Moment des Tonalitätswechsels"* (S. 151), der de la Motte ansonsten durchaus geläufig ist, endgültig zu einem Vorgang mit zeitlicher Ausdehnung zurechtfabuliert: Unter der Skizze einer geheimnisvollen Wellenlinie notiert de la Motte eine typische Abfolge von Phasen wie *„Beginn des Modulationsvorgangs"*, *„Zunehmende Beschleunigung"*, *„Undefinierbare Fortschreitungen"* sowie *„Beruhigung des harmonischen Aktionstempos und zielgerichteter Weg zum* D^7 *der Haupttonart"* (S. 148). Genauer will sich de la Motte nicht festlegen:

„Eine Systematik der Überraschungen wäre ein Widerspruch in sich. Hundert Sonaten und Sinfonien führen auf demselben Wege zum 2. Thema, jede gelungene Durchführung aber ist ein Einzelfall." (S. 147)

Der *Einzelfall*, dies ist überhaupt die Kategorie, an der de la Motte am meisten liegt. Hier muss er nicht mehr von *Beispielen* reden, die für einen *Begriff* stehen. Da er sich für die Begriffe ohnehin nicht als das interessiert, was der Erklärung der Sache dienen soll, sondern als das, wozu ihm Beispiele einfallen, bietet ihm die Konstruktion von Einzelkram, der sich nicht verallgemeinern lässt – aber gleichwohl interessant sein soll –, die Gelegenheit, alles Begriffliche fahren zu lassen. Umso schöner kann er über die Details daherschwadronieren. Und das Allerschönste: De la Motte liegt ganz im Trend der Musikgeschichte, die sich angeblich zunehmend in Einzelfälle auflöst:

„Die harmonisch interessantesten Stellen bei Liszt entziehen sich dem Versuch einer systematischen Darstellung ... Sie zeigen keine einheitliche Tendenz der Klangbehandlung, lassen keine neu entwickelten Klangmateriale erkennen, die sich extrahieren und in Aufgaben erproben ließen. Vielmehr handelt es sich um Einzelfälle, um je einmalige originelle Lösungen ... Inspiration aber ist nicht übertragbar. Harmonielehre ist am Ende, ist abzulösen durch Harmonie-Interpretation als Würdigung konkreter Situationen." (S. 242)

---

[1] *„Diese zielgerichteten Modulationen* hin zu *sehen anders aus als die modulatorische Arbeit der Durchführungen, die man eher als* weg von, *als* vermeiden von *charakterisieren könnte. So verschieden wie die Zwecke sind auch die Techniken."* (Harmonielehre, S. 143) – *„Der zielgerichtete Modulationsweg zum 2. Thema will überzeugen. Anders die Durchführung: Sie will überraschen."* (S. 147)

Dass de la Motte die Harmonie-Interpretation erst einführen müsste, ist ein bisschen übertrieben. Das war Harmonielehre schon immer, und das ist sie auch bei de la Motte, und zwar nicht aufgrund vereinzelter Irrtümer, wie sie beim Denken unterlaufen können, sondern aufgrund eines jeglicher Deuterei zugrunde liegenden prinzipiellen Interesses für einen tieferen Sinn. Aus einer solchen Voreingenommenheit heraus übersetzt de la Motte – wie seine Vorgänger auch – die musikalische Ästhetik in die mittelalterliche Vorstellung von geheimnisvollen *Regeln*, vor denen sich Komponisten zu legitimieren hätten, und in die moderne Vorstellung von *Funktionen*, durch die man aus der Musik einen Sinnzusammenhang heraushören können soll. Typisch für de la Motte ist nur, dass er diese Deutungen historisch relativieren will. Ihr Anspruch auf Verbindlichkeit erscheint ihm noch zu sehr als Kennzeichen einer 'Lehre', die auf Erklärungen aus ist. Das aufkommende Streben nach Originalität begrüßt er daher als Indiz für eine Entwicklung, die sich ohnehin gegen jede Erklärung sträubt. Insofern spricht de la Motte einfach nur offen und programmatisch aus, worauf es in seinem Metier ankommt: auf freies Fabulieren. Und als solches ist Harmonielehre – leider – überhaupt noch nicht *„am Ende"*.

e) Hegels Vorlesungen über die Ästhetik

Hegel behandelt die schönen Künste – also auch die Musik – als Teilgebiete einer Gesamtdarstellung der Ästhetik, und damit hat es durchaus seine Richtigkeit. Denn die Prinzipien, um die es bei Architektur, Poesie, Musik und anderen schönen Künsten geht, sind *Gesetze der Schönheit*. Hegel wäre nie auf die verrückte Idee verfallen, eine „Musikästhetik" *neben* Harmonielehre, Kontrapunktlehre usw. anbieten zu wollen, wie es heutzutage bei der Musikausbildung üblich ist. Wo das Ästhetische nur als einer von vielen Aspekten angesehen wird, unter dem man die Musik *auch noch* sehen kann, wird weder die Musik noch die Schönheit begriffen. So befasst sich denn auch die moderne „Musikästhetik" mit allem Möglichen, nur eben nicht mit der Musik und den Gesetzen ihrer Schönheit.

Im *ersten Teil* seiner Vorlesungen will Hegel ganz allgemein den Begriff des Schönen entwickeln, wobei er sich sowohl mit der Naturschönheit als auch mit der Schönheit in der Kunst befasst. Was seiner Auffassung nach Schönheit ist, formuliert Hegel immer wieder anders, in Ausdrücken, die *er* für gleichbedeutend hält: realisierte Idee, ausgedrückter Geist, erscheinende Vernünftigkeit, Darstellung des Wahren, bewusst gemachtes Göttliches usw. Insofern umschreibt er eher das, was er eigentlich meint. Wenn die Schönheit *„realisierte Idee"* [1] sein soll, dann nicht in dem Sinne, wie auch das vorliegende Buch eine realisierte Idee ist, nämlich als ausgeführtes Vorhaben. Es ist auch nicht ganz allgemein an das Resultat einer praktischen Tätigkeit gedacht, das ja immer Vorstellungen zu entsprechen hat, die schon *vor* diesem Resultat vorhanden waren. An die praktische Umsetzung einer vorab existierenden Idee denkt Hegel offenbar nicht. Er meint, dass etwas Geistiges in der Schönheit *zum Ausdruck kommt*. Dieses Etwas kann nach Hegel gleichermaßen auf einem Musikinstrument gespielt, gemalt oder in Verse gefasst werden, ungefähr so, wie man einen Gedanken auf deutsch oder englisch formulieren kann:

„Ein Musiker z. B. kann das Tiefste, was sich in ihm regt und bewegt, nur in Melodien kundgeben, und was er empfindet, wird ihm unmittelbar zur Melodie, wie es dem Maler zu Gestalt und Farbe und dem Dichter zur Poesie der Vorstellung wird, die ihre Gebilde in wohllautende Worte kleidet. Und diese Gestaltungsgabe besitzt er nicht nur als theoretische Vorstellung, Einbildungskraft und Empfindung, sondern ebenso unmittelbar auch als praktische Empfindung, d. h. als Gabe wirklicher Ausführung. Beides ist im echten Künstler verbunden. Was in seiner Phantasie lebt, kommt ihm dadurch gleichsam in die Finger, wie es uns in den Mund kommt, herauszusagen, was wir denken ... Beide Seiten, die innere

[1] *„Wie die Schönheit selber die im Sinnlichen und Wirklichen realisierte Idee ist und das Kunstwerk das Geistige zur Unmittelbarkeit des Daseins für Auge und Ohr herausstellt, so muß auch der Künstler nicht in der ausschließlich geistigen Form des Denkens, sondern innerhalb der Anschauung und Empfindung und näher in bezug auf ein sinnliches Material und im Elemente desselben gestalten."* (G. W. F. Hegel, Vorlesungen über die Ästhetik I, Frankfurt am Main 1979, S. 367)

Produktion und deren Realisierung, gehen dem Begriff der Kunst gemäß durchweg Hand in Hand." (Ebenda S. 369 f.)

Was mag dieses geheimnisvolle 'Tiefste' sein, das sich im Musiker 'regt und bewegt' und das sich in eine Melodie verwandeln kann, dies aber auch nur beispielsweise? Hegel bemüht einen Vergleich mit der Sprache, in der wir sagen, 'was wir denken'. Die Wörter *repräsentieren* in der Tat Gedanken und werden vom Dolmetscher als gleichgültige und austauschbare Ausdrücke behandelt. Bei der Musik ist das ein bisschen anders. Die Melodie ist schon bei ihrer Erfindung eine Melodie. Die Vorstellungen des Musikers haben keinen von der Musik unterscheidbaren Inhalt. Sie sind nur die geistige Vergegenwärtigung von musikalischen Passagen und ihrer Abfolge. Musik kann auch nur da etwas Geistiges sein, wo sie *nicht* real erklingt: in der Phantasie, im Gedächtnis, auf dem Notenblatt. Auch das unterscheidet sie von der Sprache, denn die Wörter sind ganz real, so wie wir sie hören oder lesen, etwas Ideelles: Einheiten von Laut- oder Schriftgestalt *und* Bedeutung.

Für die Behauptung, dass das Schöne den 'Geist' ausdrücke, legt sich Hegel die Musik als etwas Geistiges zurecht. Darüber, dass die Musik erstens ein Geistesprodukt und zweitens für einen geistigen Genuss bestimmt ist, spricht er immer so, als ob er damit den ideellen Charakter der Musik bewiesen hätte. Es ist jedoch gerade das materielle, nämlich akustische Dasein der Musik, welches den ästhetischen Genuss bereitet. Bei der Schönheit kommt es auf das Wahrnehmbare *als solches* an. Der an Schönheit interessierte Mensch benutzt sein Sensorium nicht zur Verfolgung seiner Zwecke in der Welt, sondern er konzentriert sich ganz auf die Eigentümlichkeiten dessen, was sich der Wahrnehmung präsentiert.[1] Er überlässt sich dem Sinneseindruck um dessen selbst willen.[2] Genuss bereitet die Wahrnehmung dessen, was ganz nach der immanenten Logik des Wahrnehmbaren gestaltet ist. Soweit der Mensch selbst Schönes hervorbringt, betätigt er seine Phantasie und reflektiert das Wahrnehmbare in sich selbst. Die Objekte der Wahrnehmung werden in Verhältnisse gesetzt, worin sie sich aneinander vergleichen, worin sie also aufgrund ihrer wahrnehmbaren Eigenart aufeinander bezogen sind. In der Kultivierung genau dieser Verhältnisse des *Zusammenpassens* von Wahrnehmungsinhalten liegt das Wesen der schönen Künste sowie das Genie und die geistige Leistung der Künstler.

---

[1] In dieser Hinsicht trifft die von Kant aufgenommene Unterscheidung im Urteil über Nützliches und Schönes zu: *„Das ästhetische Urteil läßt das äußerlich Vorhandene frei für sich bestehen und geht aus einer Lust hervor, der das Objekt seiner selbst wegen zusagt, indem sie dem Gegenstande seinen Zweck in sich selber zu haben vergönnt."* (Ebenda, S. 86)

[2] Dies bestreitet Hegel ausdrücklich: *„Das für diese Sinne Angenehme ist nicht das Schöne der Kunst ... Denn diese sinnlichen Gestalten und Töne treten in der Kunst nicht nur ihrer selbst willen und ihrer unmittelbaren Gestalt wegen auf, sondern mit dem Zweck, in dieser Gestalt höheren geistigen Interessen Befriedigung zu gewähren ... In dieser Weise ist das Sinnliche in der Kunst* vergeistigt, *weil das* Geistige *in ihr als versinnlicht erscheint."* (Ebenda, S. 61)

Hegel macht die Unterscheidung einer theoretischen und einer praktischen Seite der künstlerische Tätigkeit zum Argument für die Behauptung einer von der musikalischen Idee getrennten und ganz inhaltsleeren Empfindung, die das 'Tiefste' im Innern der Seele sein soll, das dem Kunstwerk dann auch anhaften und beim Wahrnehmen eingesaugt werden soll. Das Verhältnis von Innerem und Äußerem am Schönen fasst Hegel stets als Verhältnis von Geistigem und Materiellem auf. In Wirklichkeit existiert ein solches Verhältnis am Materiellen selbst, wie dies am Beispiel der Musik im vorliegenden Buch entwickelt wurde. Denn *erstens* erscheint zwar jedes ästhetische Prinzip als ein äußeres Verhältnis von Wahrnehmungsinhalten, besitzt aber *ästhetische* Qualität gerade darin, dass es sein Kriterium in der Beschaffenheit des Wahrnehmbaren selbst hat, also zugleich eine *innere* Beziehung der wahrnehmbaren Momente ist. So harmonieren Töne aufgrund ihres Klangcharakters und erklingen deshalb als Konsonanz. *Zweitens* sind die ästhetischen Prinzipien ihrerseits so aufeinander aufgebaut, dass man die grundlegenden Verhältnisse als inneren Kern von den daraus entwickelten äußeren Schichten unterscheiden kann. Eine Tonleiter zum Beispiel enthält in ihrer melodischen Unmittelbarkeit Stufenverhältnisse aufgrund eines ganz äußerlichen Tonhöhenvergleichs, dem aber harmonische Verhältnisse zugrunde liegen, die der Tonleiter *immanent* sind.

Wie auch immer man es wendet: Die Hegelsche Idee bleibt etwas Mystisches, auch wenn sie näher als 'Begriff' bestimmt wird:

„Wir nannten das Schöne die Idee *des Schönen. Dies ist so zu verstehen, daß das Schöne selber als Idee, und zwar als Idee in einer bestimmten Form, als* Ideal*, gefaßt werden müsse. Idee nun überhaupt ist nichts anderes als der Begriff, die Realität des Begriffs und die Einheit beider ... in dieser Einheit (bleibt) der Begriff das Herrschende. Denn er ist an sich schon seiner eigenen Natur nach diese Identität und erzeugt deshalb aus sich selbst die Realität als die seinige, in welcher er daher, indem sie seine Selbstentwicklung ist, nichts von sich aufgibt, sondern darin nur sich selbst, den Begriff, realisiert und darum mit sich in der Objektivität in Einheit bleibt. Solche Einheit des Begriffs und der Realität ist die abstrakte Definition der Idee."* (Ebenda, S. 145)

Bei seiner Vorstellung von der Selbstentwicklung des Begriffs zur Realität knüpft Hegel an Leistungen des wissenschaftlichen Denkens an, die er sehr verdreht auffasst. Der *erste* Punkt betrifft die theoretische Betrachtung einer Sache in ihrer historischen Entwicklung. Was beispielsweise der Kontrapunkt ist, lässt sich leicht begreifen, wenn er als Gegenstand der Theorie fertig entwickelt vorliegt. Er ist ein ästhetisches Verhältnis von Stimmbewegungen, die ihre Wahrnehmbarkeit als selbständige Stimmen, auf deren Grundlage sie in Beziehung zu einander treten können, durch ihr Bewegungsverhältnis selbst hervorbringen. Der ursprüngliche Kontrapunkt, aus dem sich der heutige Kontrapunkt entwickelt hat, weist diese Charakteristik noch nicht auf, sondern produziert die Trennung der Stimmen noch durch deren Bindung an getrennte Klangquellen. Im Nachhinein lässt sich am Mangel des ursprünglichen Kontrapunkts zeigen, dass in ihm zwar schon das angelegt ist, was sich aus ihm später entwickelt hat, dass er aber insofern 'seinem Begriff noch nicht adäquat' war. Deshalb ist es aber noch lange nicht die Sache des Begriffs, sich seine Realität selbst zu schaffen, sondern ein Mangel oder Widerspruch an der Sache wird eben entweder von Menschen bemerkt und behoben, oder es treten Umstände ein, in denen der noch unentwickelten Sache die Grundlage entzogen wird, oder was sonst die historische Analyse zutage fördert.[1]

Der *zweite* Punkt betrifft die Darstellung einer Sache in ihrer inneren Logik. Die wissenschaftliche Analyse sucht die Bestimmungen ihres Gegenstandes auf und legt sie auseinander, um ihr Verhältnis zueinander zu klären. Sie kann dann aus den gefundenen Gesetzen die Notwendigkeit der untersuchten Erscheinungen darlegen, so dass sich der Gegenstand im Resultat der wissenschaftlichen Tätigkeit als das zeigt, was er ist. So wird Objektivität in der wissenschaftlichen Erkenntnis erreicht. Das Subjekt muss daher nicht mehr an den unbegriffenen Tücken des Objekts scheitern, sondern kann sich im praktischen Umgang mit dem Objekt sein Wissen zunutze machen und nach *seinen* aus dem Wissen bestimmten Vorstellungen mit der Realität verfahren. Der Gegensatz von Subjektivität und Objektivität ist in der wissenschaftlichen Erkenntnis überwunden. An den Objekten ändert sich dadurch nichts, außer, dass sie für das Subjekt prinzipiell verfügbar und daher wirklich *ihm* unterworfen sind. Das erarbeitete Wissen über den Gegenstand wird zweckmäßigerweise in der Weise dargelegt, dass man beim Einfachsten anfängt, also die abstrakten Bestimmungen voranstellt, aus ihnen konkretere Bestimmungen ableitet und in dieser Weise den Begriff der Sache immanent entwickelt. So wird bei der Erklärung der Musik mit dem Harmonieren der Töne in Dur- und Mollklängen begonnen, die sich zunächst noch abstrakt als Konsonanz bestimmen, dann durch ein zweites ästhetisches Verhältnis konkreter als Tonika, Dominante und Subdominante usw., bis man zur konkretesten Form, zum Motiv kommt, worin auch die zuvor entwickelten Bestimmungen in Erscheinung treten. Es ist dies jedoch keine Entwicklung des Begriffs zur Wirklichkeit. Die Wirklichkeit bleibt, wo sie ist, während die begriffliche Entwicklung sie bis in die letzten Details erklärt. Hegel verwechselt in dieser Hinsicht die Begriffe abstrakt und konkret mit ideell und reell, was bereits Marx kritisiert hat.[2]

Um eine *interessierte* Verwechslung handelt es sich bei Hegel insofern, als er sich mit der Vorstellung von der aus dem Geist erzeugten Wirklichkeit ein Vorurteil bebildert, von dem er nicht lassen will: dass die Wirklichkeit ganz prinzipiell *vernünftig* sei. Dies ist die spezielle Hegelsche Variante der Grundprämisse

[1] Wie sich die Sache im Falle des Kontrapunkts zugetragen hat, ist im siebten Kapitel dieses Buches dargestellt.

[2] *„Hegel geriet daher auf die Illusion, das Reale als Resultat des sich in sich zusammenfassenden, in sich vertiefenden, und aus sich selbst sich bewegenden Denkens zu fassen, während die Methode, vom Abstrakten zum Konkreten aufzusteigen, nur die Art für das Denken ist, sich das Konkrete anzueignen, es als ein geistig Konkretes zu reproduzieren. Keineswegs aber der Entstehungsprozeß des Konkreten selbst."* (Karl Marx, Grundrisse der Kritik der Politischen Ökonomie, Berlin 1974, S. 22)

bürgerlichen Denkens, derzufolge die Welt prinzipiell oder tendenziell sinnvoll eingerichtet ist. Die Aufgabe der Kunst bestimmt Hegel daher im Rahmen eines Prozesses, worin die Vernunft in die Welt kommt:

„Der Zweck der Kunst aber ist es gerade, sowohl den Inhalt als die Erscheinungsweise des Alltäglichen abzustreifen und nur das an und für sich Vernünftige zu dessen wahrhafter Außengestalt durch geistige Tätigkeit aus dem Innern herauszuarbeiten." (Hegel, ebenda, S. 373) *„... denn zum idealen Kunstwerk gehört nicht nur das Erscheinen des inneren Geistes in der Realität äußerer Gestalten, sondern die an und für sich seiende Wahrheit und Vernünftigkeit des Wirklichen ist es, welche zur äußeren Erscheinung gelangen soll."* (S. 364) *„Die echte Originalität des Künstlers wie des Kunstwerks liegt nur darin, von der Vernünftigkeit des in sich selber wahren Gehalts beseelt zu sein."* (S. 385)

Was, nebenbei bemerkt, die *Originalität* angeht, so idealisiert Hegel in diesem Fall eine spezifisch *bürgerliche* Eigenschaft des Künstlers, an welche sein Einstieg in das Thema erinnert:

„Das wahrhafte Kunstwerk ... erweist seine echte Originalität nur dadurch, daß es als die eine *eigene Schöpfung* eines *Geistes erscheint ..."* (S. 383)

Das Streben nach Originalität ist der moralische Überbau zum Urheberrecht, auf dessen Grundlage Geistesprodukte zu Geld gemacht werden können. Die Fixierung auf diese bürgerliche Lebensgrundlage für die Tätigkeit des Künstlers hat so manchem den Geist vernebelt und die Kunst um schauerliche Produktionen bereichert. Das *„Hervorbringen von Absonderlichkeiten ... wie sie nur gerade diesem Subjekt eigentümlich sind und keinem anderen würden zu Sinne kommen"* (S. 381) hält Hegel allerdings nicht für den *Inbegriff* der Originalität, sondern für eine *Abirrung* von der wahren Originalität.

Die sich selbst in die Wirklichkeit auseinander legende Vernünftigkeit ist nicht nur das Thema der Hegelschen Kunsttheorie, sondern macht sein ganzes Weltbild und philosophisches System aus. Daher ordnet Hegel *erstens* die Kunst in ein System von Geistestätigkeiten ein, welche der höchsten Wahrheit zum Durchbruch verhelfen. In diesem System steht die Religion höher als die Kunst, und die Philosophie höher als die Religion.[1] *Zweitens* teilt er das Schöne selbst in verschiedene Abteilungen ein, in denen er die freie Subjektivität der beseelten Geistigkeit mehr oder weniger realisiert wähnt. Hier steht die Naturschönheit ganz tief, die Kunst dagegen höher, wobei Hegel auch in der Kunst drei Stufen unterscheidet, die den zweiten Teil seiner Vorlesungen ausmachen. *Drittens* ist die Evolution des Geistes auch der Leitfaden, nach dem er im dritten Teil einen systematischen Zusammenhang und eine Rangfolge der Künste behauptet.

Die Grundlage dafür, dass etwas Geistiges in der Naturschönheit zum Vorschein kommt, erläutert Hegel in seiner Bestimmung der Natur, worin er den Geist als unendlich und absolut mystifiziert:

„Fragen wir nur unser gewöhnliches Bewußtsein, so drängt sich freilich vom Geist die Vorstellung auf, als ob er der Natur gegenüberstehe, der wir dann die

[1] vgl. ebenda, S. 142 f.

gleiche Würde zuschreiben. Doch in diesem Nebeneinander und Bezogensein der Natur und des Geistes als gleich wesentlicher Gebiete ist der Geist nur in seiner Endlichkeit und Schranke, nicht in seiner Unendlichkeit und Wahrheit betrachtet. Dem absoluten Geiste nämlich steht die Natur weder als von gleichem Werte noch als Grenze gegenüber, sondern erhält die Stellung, durch ihn gesetzt zu sein, wodurch sie ein Produkt wird ... Die Natur haben wir uns deshalb selber als die absolute Idee in sich tragend zu begreifen, aber sie ist die Idee in der *Form, durch den absoluten Geist als das Andere des Geistes gesetzt zu sein. Wir nennen sie insofern ein Geschaffenes."* (S. 128)

Nun gilt jedoch, wie schon erwähnt, auch für das 'Geschaffene' – sofern man sich die Natur partout nicht ohne Schöpfer vorstellen können mag –, dass es nicht automatisch etwas Geistiges sein muss. Vorsorglich nimmt Hegel noch den Gedanken zu Hilfe, dass die Natur von Subjekten *angeschaut* werden kann. So hat er die Natur von zwei Seiten her umzingelt: Subjektivität steckt zwar nicht in ihr, wie er selbst sagt, aber sie ist bei der Entstehung *und* Betrachtung der Natur beteiligt und insofern eben doch ein bisschen in ihr drin, und zwar in der geheimnisvollen Form eines *Sinns*. Beim Sinnieren über die Wortbedeutung von 'Sinn' findet Hegel eine 'wunderbare' Doppeldeutigkeit, die er für einen innigen Zusammenhang hält:

„... im Natürlichen kann sich die Seele als solche *noch nicht erkennbar machen ... Es bleibt deshalb nichts übrig, als daß der Gegenstand für den* Sinn *überhaupt vorhanden sei, und als die echte Betrachtungsweise des Schönen in der Natur erhalten wir dadurch eine* sinnvolle *Anschauung der Naturgebilde. »Sinn« nämlich ist dies wunderbare Wort, welches selber in zwei entgegengesetzten Bedeutungen gebraucht wird. Einmal bezeichnet es die Organe der unmittelbaren Auffassung, das andere Mal aber heißen wir Sinn: die Bedeutung, den Gedanken, das Allgemeine der Sache. Und so bezieht sich der Sinn einerseits auf das unmittelbar Äußerliche der Existenz, andererseits auf das innere Wesen derselben."* (S. 173)

Der Zusammenschluss der beiden Wortbedeutungen von 'Sinn' zielt zunächst auf die Plausibilität eines 'Sinns' in einer *dritten* Bedeutung: auf die Begründetheit der Sache in einem mit dem eigenen Interesse zusammenfallenden vernünftigen Zweck. Und insofern dieser 'Sinn' der Wirklichkeit ganz pauschal angehängt wird, handelt es sich um den Sinn in einer *vierten* Bedeutung: um den Irrationalismus jenes 'tiefen Sinns', um den es bei der Sinnstiftung geht.[1] Für einen Sklavenhändler mag es beispielsweise 'sinnvoll' sein, seine Sklaven in Ketten zu legen. Wenn der Sklave darin partout einen Sinn sehen will, kann er sein Schicksal als Prüfung Gottes deuten oder sonst eines der vielfältigen Sinnangebote in Anspruch nehmen. Für den einen hat der Sinn die dritte Bedeutung, für den ande-

[1] Sinnstiftung, das geht so: *„... der Künstler muß sich schaffend verhalten und in seiner eigenen Phantasie mit Kenntnis der entsprechenden Formen wie mit tiefem Sinn und gründlicher Empfindung die Bedeutung, die ihn beseelt, durch und durch und aus einem Guß heraus bilden und gestalten."* (S. 229)

ren die vierte. Für Hegel hat der Sinn die irrationale Bedeutung, als inneres Wesen in *jeder* Sache zu hausen.

Wie schwer auch immer die Seele sich in der Natur 'erkennbar machen' kann, Hegel findet sie auch in der Schönheit des Kristalls: zwar nicht an der schönen Form selbst, aber doch im *Entstehungsprozess* eines Kristalls, der plötzlich eine *„Tätigkeit"* ist und sehr an ein Subjekt erinnert.[1] Bei der Naturschönheit wird der Geist *unterstellt*, aber als einer, der sich in der 'Äußerlichkeit' des Materiellen 'noch nicht' adäquat ausdrücken kann, was ihm angeblich erst in der klassischen Kunstform gelingt, die aber dann auch wieder mangelhaft ist, weil sich der Geist aus der 'Äußerlichkeit' wieder zurückziehen muss. Den Geist des Schönen in Natur und Kunst beschwört Hegel vor allem durch die Art, wie er an allem herummäkelt: Alles ist ein 'zwar schon', zugleich aber auch ein 'noch nicht', nämlich noch nicht die Form, worin der absolute Geist ganz bei sich selbst und daher in der Philosophie angekommen ist.[2]

So nimmt Hegel Prinzipien der Schönheit wie Regelmäßigkeit, Symmetrie und Harmonie, die auch in der Natur vorkommen, fast schweren Herzens in die Behandlung der Ästhetik auf, indem er ihnen eine Geistesverwandtschaft andichtet: Er fasst sie sehr abstrakt als *„Einheit und abstrakte Beziehung auf sich"* (S. 179), nämlich in Bestimmungen, die er auch an der Subjektivität auffinden kann, um zu bemängeln, dass diese Einheit *„nicht immanente Innerlichkeit und beseelende Gestalt wird, sondern äußere Bestimmtheit und Einheit an dem Äußerlichen bleibt"* (Ebenda). Um diese Prinzipien gleichsam für den Geist zu retten, nimmt er sie als *ästhetische* Prinzipien nicht ernst, greift sie also in ihrer 'Äußerlichkeit' gar nicht von der Gestalt her auf, die sie für die Wahrnehmung haben. Harmonie im weiteren Sinne, als Harmonie von Farben oder Tönen, fasst er daher nicht als Verhältnis von am Objekt unterscheidbaren *Wahrnehmungsinhalten*, sondern als *„Verhalten qualitativer Unterschiede"*, die sich *„zugleich"* auch als *„zusammenstimmende Einheit"* (S. 187) geltend machen. Wie wenig das Hantieren mit logischen Kategorien eine Erklärung der *Sache* ergibt, zeigt sich an den Beispielen, also etwa an Hegels Bestimmung von Dur- oder Mollklang:[3]

---

[1] *„So verwundert uns z. B. der natürliche Kristall durch seine regelmäßige Gestalt, welche durch keine nur äußerlich mechanische Einwirkung, sondern durch innere eigentümliche Bestimmung und freie Kraft hervorgebracht ist, frei von seiten des Gegenstandes selbst ... es ist die freie Kraft der Materie selbst, welche durch immanente Tätigkeit sich formt und nicht passiv ihre Bestimmtheit von außen erhält. Und so bleibt die Materie in ihrer realisierten Form als ihrer eigenen frei bei sich selber."* (S. 175)

[2] Landschaft: *„Hier ist keine organische Gliederung der Teile als durch den Begriff bestimmt und zu seiner ideellen Einheit sich belebend vorhanden ..."* (S. 176) – Mineralien: *„Doch diese Tätigkeit ist noch nicht die totale des konkreten idealisierenden Begriffs ..."* (S. 182) – Pflanze: *„Aber auch die Pflanze hat noch nicht eigentlich beseelte Lebendigkeit, denn obschon organisch gegliedert, ist ihre Tätigkeit dennoch ins Äußerliche herausgerissen."* (S. 182) usw. usf.

[3] Ob Hegel an dieser Stelle ein Beispiel aus Natur oder Kunst wählt, ist für die Argumentation tatsächlich unerheblich.

„Unter den Tönen sind z. B. die Tonika, Mediante und Dominante solche wesentliche Tonunterschiede, die zu einem Ganzen vereinigt in ihrem Unterschiede zusammenstimmen ... Kein Unterschied darf hier für sich einseitig hervortreten, weil dadurch die Übereinstimmung gestört wird. Aber auch die Harmonie als solche ist noch nicht (!) die freie ideelle Subjektivität und Seele. In dieser ist die Einheit kein bloßes Zueinandergehören und Zusammenstimmen, sondern ein Negativsetzen der Unterschiede, wodurch erst ihre ideelle Einheit zustande kommt. Wie z. B. alles Melodische, obschon es die Harmonie zur Grundlage behält, eine höhere, freiere Subjektivität in sich hat und dieselbe ausdrückt. Die bloße Harmonie läßt überhaupt weder die subjektive Beseelung als solche noch die Geistigkeit erscheinen, obschon sie von seiten der abstrakten Form her die höchste Stufe ist und schon der freien Subjektivität zugeht." (S. 188)

Dass sich Töne *unterscheiden* und *„zu einem Ganzen vereinigt"* sind, trifft auf jeden beliebigen Zusammenklang zu. Aber darin ist noch nichts Harmonisches angesprochen, und Angaben dazu, worin das 'Zusammenstimmen' und die 'Übereinstimmung' bestehen soll, macht Hegel nicht, geschweige denn, wie man sich einen Klang vorstellen soll, bei dem ein *„Unterschied ... für sich einseitig hervortreten"* könnte. Es ist also so: Die Schwierigkeit, etwas Schönes mit dem angeblich darin wesenden Geistigen in Verbindung zu bringen, lastet Hegel der *Sache* an, die dann eben in ihrer Schönheit noch unvollkommen ist. Soweit er sie nichtsdestotrotz als schön anerkennt, bringt er sie in die Nähe der beseelten Subjektivität, was immer absurd wird und an der Schönheit der Sache vorbei geht.

Während Hegel im *ersten* Teil seiner Vorlesungen das Schöne in einen Ausdruck von Geistigem verfabelt, widmet er sich im *zweiten* Teil tatsächlich geistigen Inhalten und ihren Ausdrucksformen – nur eben nicht den schönen Dingen. Er handelt von religiösen Anschauungen, und das teilweise sogar – bei aller Idealisierung der Religion – durchaus zutreffend, wobei er meint, durch seine vorausgehende Explikation des Schönen genügend deutlich gemacht zu haben, dass er in der Behandlung religiöser Geisteshaltungen wirklich die Ästhetik zum Thema macht. Den *Psalm* bestimmt Hegel zum Beispiel ganz korrekt als eine Form der religiösen Betätigung, bei der es auf die Erhebung Gottes und die Erniedrigung des Menschen ankommt:

„In dieser Beziehung liefern uns die Psalmen klassische Beispiele der echten Erhabenheit, allen Zeiten als ein Muster hingestellt, in welchem das, was der Mensch in seiner religiösen Vorstellung von Gott vor sich hat, glänzend mit kräftigster Erhebung der Seele ausgedrückt ist. Nichts in der Welt darf auf Selbständigkeit Anspruch machen, denn alles ist und besteht nur durch Gottes Macht und ist nur da, um zum Preise dieser Macht zu dienen sowie zum Aussprechen der eigenen substanzlosen Nichtigkeit." (S. 483)

Bedenklichkeiten dahingehend, dass Hegel das Ästhetische am Psalm ignoriere, wären sachlich unangebracht, weil es darauf beim Psalm nicht ankommt. Das Ästhetische am Psalm ist etwas Zufälliges und Rudimentäres, das aus dem religiösen Ritus selbst hervorgeht. Der Psalm enthält archaische Spurenelemente des Poetischen und des Musikalischen, ohne dass Poesie und Musik schon aus der Religion herausgetrennt und für sich selbständig entwickelt wären. Nur aus der Sicht einer auf ästhetischer Grundlage entwickelten Poesie oder Musik erscheint der Psalm als früher Vorfahre jener Künste. So ist die Sprache beim Psalm 'schon' einem Ton untergeordnet, der aber zugleich 'noch' in rhythmischer Hinsicht dem Duktus der Sprache folgt. *Hier* könnte Hegel sagen, dass das Musikalische am Psalm 'noch nicht seinem Begriff entspricht'. Aber die tatsächlichen ästhetischen Momente macht Hegel nicht zum Thema, weil er meint, mit dem Wesentlichen des Psalms, der darin ausgedrückten Denkungsart, das Ästhetische zur Genüge ausgeführt zu haben. Indem *er* sich durch Formulierungen *„von großartiger Gewalt"* wie *„Licht ist dein Kleid, das du anhast ..."* (S. 484) beeindruckt zeigt, hält er es für eine ausgemachte Sache, dass der von ihm charakterisierte Ausdruck einer religiösen Haltung, der Kultus der Erhabenheit Gottes, unter dem Kurzbegriff 'Erhabenheit' eine *ästhetische* Kategorie sei. Sie ist bei Hegel eine Kategorie der 'symbolischen Kunstform', deren Mangel den Übergang zur 'klassischen Kunstform' begründen soll. Der Mangel der symbolischen Kunstform wird gefasst als Unangemessenheit von Inhalt und Form. *Eingeführt* wurde dieses Verhältnis in der Bestimmung des Schönen als Entsprechung von geistigem Inhalt und äußerlichem Ausdruck. *Jetzt* erscheinen unter den Abstraktionen Inhalt und Form plötzlich Gott und die Welt, und Hegel verwechselt das vom religiösen Subjekt *gedachte* Verhältnis von Himmel und Erdendasein mit einem Verhältnis, von dem er zuvor behauptet hat, dass es in der *Wirklichkeit* des Schönen existiere:

„In der unbewußten Symbolik blieb die dadurch vorhandene Unangemessenheit *von Inhalt und Form* an sich, *in der Erhabenheit dagegen trat sie als Unangemessenheit* offen *hervor, indem sowohl die absolute Bedeutung, Gott, als auch deren äußere Realität, die Welt, ausdrücklich in diesem negativen Verhältnis dargestellt wurde."* (S. 539)

Bei der 'klassischen Kunstform', die Hegel mit Bezug auf die Kunst der Griechen als Zusammenstimmen von Inhalt und Form bespricht, bleibt er religionsphilosophisch, obwohl hier schon etwas mehr Ästhetik entwickelt ist, die er *als solche* zum Gegenstand machen könnte.[1] Denn die Griechen haben in ihrer Religiosität eine gewisse Pfiffigkeit entwickelt und sich ihre Mythen so zurechtgemacht, dass sie dem theoretischen Denken, dem materiellen Genuss und dem

[1] *„Darum sehen wir in der konkreten Individualität der Götter bei dem eigentlich klassischen Ideal ebensosehr diesen Adel und diese Hoheit des Geistes, in welcher sich, trotz seinem gänzlichen Hineingehen in die leibliche und sinnliche Gestalt, das Entferntsein von aller Bedürftigkeit des Endlichen kundgibt. Das reine Insichsein und die abstrakte Befreiung von jeder Art der Bestimmtheit würde zur Erhabenheit führen; indem das klassische Ideal aber zum Dasein, das nur das seinige, das Dasein des Geistes selber ist, heraustritt, so zeigt sich auch die Erhabenheit desselben in die Schönheit verschmolzen und in sie gleichsam unmittelbar übergegangen."* (Hegel, Vorlesungen über die Ästhetik II, Frankfurt am Main 1978, S. 84)

Sinn für Schönheit wenig hinderlich waren.[1] Im Zuge der Emanzipation der Künste gegenüber der Religion galten daher die einschlägigen Hinterlassenschaften der Griechen als nachahmenswerte Vorbilder. Dass bei den Griechen 'Inhalt und Form' zusammengepasst haben sollen, klingt nach Perfektion und stellt Liebhaber der griechischen Kunst sicherlich zufrieden. Dieses Urteil kennzeichnet nur erstens nicht das Wesen der Schönheit und ist zweitens nicht einmal an ästhetischen Bestimmungen gewonnen, sondern an Betrachtungen über religiöse Vorstellungen, meint also gar nicht das, was vordergründig plausibel erscheint. Das 'Hineingehen' des Geistes in die sinnliche Gestalt *meint* die sehr konkrete und menschenähnliche Vorstellung von den Göttern und ihren Affären, worin zum Ausdruck kommt, dass die Griechen bei aller eingebildeten Abhängigkeit von externen Mächten doch in ihren eigenen Fähigkeiten nicht die totale Negation dessen sehen wollten, was ihnen als eigentliche Subjektivität vorschwebte. *Plausibel* soll die Bestimmung der 'klassischen Kunstform' allerdings zum Beispiel dadurch sein, dass die Griechen bei ihren Skulpturen den Ausdruck von geistigen Regungen in Mimik und Gestik gut herausgearbeitet haben.

Von seiner Vorstellung des absoluten Geistes her – und nicht aufgrund einer ästhetischen Analyse – hält Hegel die *griechische* Kunst für den nicht mehr überschreitbaren Höhepunkt künstlerischer Entwicklung, die Kunst *als solche* jedoch nicht für den Höhepunkt der von ihm beschworenen geistigen Selbstentwicklung.[2] Denn gerade an der Übereinstimmung des Geistigen mit 'seiner' äußerlichen Realität, welche angeblich die Schönheit ausmachen soll, hat Hegel wieder herumzumäkeln, dass hier der Geist nicht ganz bei sich ist.

„Denn der Geist ist die unendliche Subjektivität der Idee, die als absolute Innerlichkeit sich nicht frei für sich herauszugestalten vermag, wenn sie im Leiblichen als in ihrem gemäßen Dasein ergossen bleiben soll. Aus diesem Prinzip heraus hebt die romantische Kunstform jene ungetrennte Einheit der klassischen wieder auf, weil sie einen Inhalt gewonnen hat, der über die klassische Kunstform und deren Ausdrucksweise hinausgeht. Dieser Inhalt – um an bekannte Vorstellungen zu erinnern – fällt mit dem zusammen, was das Christentum von Gott als Geist aussagt ... " (Band I, S. 111)

Der Fortschritt des Geistes – und damit der Kunst – soll nun darin bestehen, *„daß er sich in seine Innigkeit mit sich zurückführt und die äußere Realität als*

[1] In dem, was sie den Göttern schuldig waren, wollten es die Griechen nicht übertreiben: *„Im Opfer zeigt der Mensch, er wolle auf den seinen Göttern geweihten Gegenstand Verzicht leisten und sich selbst den Gebrauch desselben vernichten. Hier tut sich nun bei den Griechen ein eigentümlicher Zug darin hervor, daß bei ihnen »opfern« zugleich ein Gastmahl anrichten hieß (...), da sie nur einen Teil der Tiere, und zwar den ungenießbaren, für die Götter bestimmten, das Fleisch aber für sich selber behielten und verschmausten."* (Ebenda, S. 37)

[2] *„Die klassische Kunstform nämlich hat das Höchste erreicht, was die Versinnlichung der Kunst zu leisten vermag, und wenn an ihr etwas mangelhaft ist, so ist es nur die Kunst selber und die Beschränktheit der Kunstsphäre."* (Band I, S. 111)

ein ihm nicht adäquates Dasein setzt.“ [1] Ein Beispiel für eine solche Geisteshaltung soll das Märtyrertum sein, *„die eigene freiwillige Entsagung, Aufopferung, Entbehrung, ... damit in sich der Geist sich verkläre und sich als einig, befriedigt, selig im Himmel fühle.“* [2] Nun ist dies wiederum eine religiöse Haltung, die aus dem Wesen der Religion zu erklären wäre, hier aber im Rahmen einer sehr verkehrten Definition des Schönen als Fortschritt des absoluten Geistes idealisiert wird. Auf die Kunst kommt Hegel ziemlich beiläufig zu sprechen, insofern sie den Märtyrer und die damit zusammenhängenden Widerlichkeiten der Hinrichtung *darstellt* und dabei leicht den *„Schönheitssinn verletzt“*, weswegen das Märtyrertum *„ein sehr gefährlicher Stoff für die Kunst ist“*.[3] Wie Hegel in einer Abhandlung über Ästhetik auf die Darstellung von Gewalt kommt (und dann wieder zurück zur Ästhetik), das ergibt sich aus seinem idealistischen Begriff der Schönheit: Jegliche darstellende Kunst gilt ihm ganz unmittelbar als *schöne* Kunst, also nicht nur da, wo sie ihre Sujets tatsächlich nach ästhetischen Gesichtspunkten auswählt und gestaltet, sondern vor allem da, wo sie in der Darstellung realer oder fiktiver Objekte und Begebenheiten durch religiöse und moralische Vorstellungen bestimmt und geprägt ist. Diese Vorstellungen nämlich deutet er als Ausfluss jener höheren Vernünftigkeit und Idealität der Welt, um die es seiner Meinung nach bei der Schönheit geht. Wenn die mit Vorliebe in einer weltanschaulich tendenziösen Kunst aufgesuchten Ideale der Schönheit – wie im Falle der Darstellung von Märtyrern – mit Hegels Sinn für Schönheit kollidieren, so nimmt er dies nicht als Widerlegung seiner Theorie, sondern als Indiz dafür, dass das eigentliche Anliegen von Kunst immer schon darauf aus ist, die Kunst zu transzendieren:

„Dadurch erhalten wir als Endpunkt des Romantischen überhaupt die Zufälligkeit des Äußeren wie des Inneren und ein Auseinanderfallen dieser Seiten, durch welches die Kunst selbst sich aufhebt und die Notwendigkeit für das Bewußtsein zeigt, sich höhere Formen, als die Kunst sie zu bieten imstande ist, für das Erfassen des Wahren zu erwerben.“ (Band II, S. 142)

Im dritten Teil seiner Vorlesungen behandelt Hegel die einzelnen Künste, die aus seiner Sicht ein *System* der Künste bilden. Für eine unbefangene Untersuchung der Ästhetik hätte man es bei Architektur oder Musik besonders leicht: Die Gefahr einer Verwechslung von Schönem und Wahrem ist hier gering, weil die Ästhetik nicht von *geistigen* Wahrnehmungsinhalten ausgeht wie etwa bei der Poesie. Ein solcher Unterschied ist für Hegel allenfalls Anlass für die Erstellung einer Rangfolge von tiefer und höher entwickelten Künsten, denen eine Vereinnahmung als Stufen der Selbstentfaltung des Geistes keineswegs erspart bleibt.

Im Falle der Musik interpretiert Hegel gleich die *physikalische* Grundlage der Musik – also nicht einmal den klangvollen Ton moderner Musikinstrumente, sondern die akustische Schwingung selbst – als Äußerung der Subjektivität. Wie

---

[1] Band II, S. 129

[2] Ebenda, S. 161

[3] Ebenda, S. 162

immer beim mystifizierenden Interpretieren erfolgt die Zuordnung einer Bedeutung durch freie Assoziation und über eine unsachgemäße Abstraktion. Hegel vergleicht den schwingenden Körper mit der Subjektivität. Das Gemeinsame an diesen völlig disparaten Gegenständen findet er am Formellen der Dialektik. Dass die beständige wechselseitige Erzeugung und Aufhebung von Bewegung und Rückstellkraft bei einer Schwingung nur eine physikalische Wechselwirkung ist, hindert Hegel nicht daran, tiefste Bezüge zum Geistigen herzustellen.[1]

In dieser Weise interpretiert Hegel alle Formen des Musikalischen. Den *Takt* greift er so auf, wie er im gewöhnlichen Bewusstsein gefasst wird: in der verdrehten Bestimmung als Zeiteinheit, der er sogleich eine höhere Notwendigkeit andichtet.[2] Von der harmonischen Substanz des Taktes will Hegel nichts wissen, und ebenso wenig von der Beziehung der Taktinhalte, welche sich an ihnen als rhythmische Formbestimmung niederschlägt. Aus einer Reflexionsbestimmung, der das Gleichmaß im Fortschreiten der Harmonien zugrunde liegt, macht er eine abstrakt bestimmte Zeitdauer, die keinen Inhalt hat und nur dazu dienen soll, die ansonsten einfach so dahin fließende Zeit einzuteilen.[3] Er kann sich allenfalls einen *ideellen*, von seinem klanglichen Dasein *getrennten* Inhalt des Taktes vorstellen:

„Die Befriedigung aber, welche das Ich durch den Takt in diesem Wiederfinden seiner selbst erhält, ist um so vollständiger, als die Einheit und Gleichförmigkeit weder der Zeit noch den Tönen als solchen zukommt, sondern etwas ist,

---

[1] *„Da nun ferner die Negativität, in die das schwingende Material hier eingeht, einerseits ein Aufheben des räumlichen Zustandes ist, das selbst wieder durch die Reaktion des Körpers aufgehoben wird, so ist die Äußerung dieser zwiefachen Negation, der Ton, eine Äußerlichkeit, welche sich in ihrem Entstehen durch ihr Dasein selbst wieder vernichtet und an sich selbst verschwindet. Durch diese gedoppelte Negation der Äußerlichkeit, welche im Prinzipe des Tons liegt, entspricht derselbe der inneren Subjektivität, indem das Klingen, das an und für sich schon etwas Ideelleres ist als die für sich real bestehende Körperlichkeit, auch diese ideellere Existenz aufgibt und dadurch eine dem Innerlichen gemäße Äußerungsweise wird."* (G. W. F. Hegel, Vorlesungen über die Ästhetik III, Frankfurt am Main 1976, S. 134 f.)

[2] *„Die Notwendigkeit bestimmter Zeitgrößen läßt sich daraus entwickeln, daß die Zeit mit dem einfachen Selbst, welches in den Tönen sein Inneres vernimmt und vernehmen soll, in dem engsten Zusammenhange steht, indem die Zeit als Äußerliches dasselbe Prinzip in sich hat, welches sich im Ich als der abstrakten Grundlage alles Innerlichen und Geistigen betätigt."* (Ebenda, S. 164)

[3] *„Da nun das Ich hier vorerst nur als* abstraktes *Selbst die Grundlage abgibt, so kann sich diese Gleichheit mit sich in Rücksicht auf das Fort- und Fortschreiten der Zeit und ihrer Töne auch nur als eine selbst abstrakte Gleichheit, d. h. als die* gleichförmige Wiederholung *derselben Zeiteinheit wirksam erweisen. Diesem Prinzip zufolge besteht der Takt seiner einfachen Bestimmung nach nur darin, eine bestimmte Zeiteinheit als Maß und Regel sowohl für die markierte Unterbrechung der vorher ununterschiedenen Zeitfolge als auch für die ebenso willkürliche Dauer einzelner Töne, welche jetzt zu einer bestimmten Einheit zusammengefaßt werden, festzustellen und dieses Zeitmaß an abstrakter Gleichförmigkeit sich stets wieder erneuern zu lassen."* (Ebenda, S. 166)

das nur dem Ich angehört und von demselben zu seiner Selbstbefriedigung in die Zeit hineingesetzt ist." (Ebenda, S. 166)

Vom Takt, der ohne reellen Inhalt – geschweige denn als Form der Harmonie – gedacht wird, fertigt Hegel einen Übergang zur Harmonie. Diese liegt dann dem Takt nicht zugrunde, sondern umgekehrt: Der *leere* Takt benötigt eine *„Erfüllung"*.[1] Auch die Harmonie fasst Hegel in der gängigen Weise auf, nämlich in der ganz äußerlichen Erscheinungsform als *Zahlen*verhältnis, das ihm als Kern der Sache gilt.[2] Die *qualitative* Differenz von Konsonanz und Dissonanz will er nichtsdestotrotz auf *dieser* Grundlage entwickeln. Das macht er ausnahmsweise einmal ganz lapidar als bloße Behauptung eines Unterschieds, den er bei Betrachtung von Zahlen findet,[3] also mit einem Argument, aus dessen Widerlegung andere Theoretiker nicht weniger blind die Nichtexistenz des Unterschieds von Konsonanz und Dissonanz herleiten.[4] Dabei bräuchte Hegel nur seine Bestimmung der Konsonanz als Zusammenklang, worin die Töne *„unmittelbar zueinander stimmen"*, als *harmonischen* Sachverhalt auszuführen, um den Begriff der Dissonanz wirklich als *'Aufhebung'* dieser Bestimmung zu entwickeln und ihre Auflösungsbedürftigkeit zu erklären. Statt dessen interpretiert er die Konsonanz als Negation der abstrakten Kategorien 'Gegensatz', 'Widerspruch' und 'Störung'.

„Eine erste *Art nämlich von Akkorden sind diejenigen, zu denen Töne zusammentreten, welche unmittelbar zueinander stimmen. In diesem Tönen tut sich daher kein Gegensatz, kein Widerspruch auf, und die vollständige Konsonanz bleibt ungestört. Dies ist bei den sogenannten* konsonierenden *Akkorden der Fall, deren Grundlage der* Dreiklang *abgibt ... Hierin ist der Begriff der Harmonie in ihrer einfachsten Form, ja die Natur des Begriffs überhaupt ausgedrückt. Denn wir haben eine Totalität unterschiedener Töne vor uns, welche diesen Unterschied ebensosehr als ungetrübte Einheit zeigen; es ist eine unmittelbare Identität, der es aber nicht an Besonderung und Vermittlung fehlt ... Was aber* zweitens *den verschiedenen Arten von Dreiklängen ... noch abgeht, ist das wirkliche Hervortreten einer tieferen Entgegensetzung. Nun haben wir aber bereits früher gesehen, daß die Tonleiter außer jenen gegensatzlos zueinanderstimmenden Tönen auch noch andere enthält, die dieses Zusammenstimmen aufheben."* (S. 182)

---

1 *„Die andere Seite nun, durch welche die abstrakte Grundlage des Taktes und Rhythmus erst ihre Erfüllung und dadurch die Möglichkeit erhält, zur eigentlich konkreten Musik zu werden, ist das Reich der Töne als* Töne. *Dies wesentlichere Gebiet der Musik befaßt die Gesetze der* Harmonie.*"* (S. 171)

2 *„Dieser Äußerlichkeit des Verhältnisses wegen beruht die Bestimmtheit der Töne und ihrer Zusammenstellung in dem* Quantum, *in Zahlenverhältnissen ..."* (S. 160 f.)

3 *„... Ebenso gehen bei der Quinte* drei *Schwingungen auf* zwei *des Grundtons;* fünf *auf* vier *des Grundtons bei der Terz. Anders dagegen (!) verhält es sich mit der Sekunde und Septime, wo* acht *Schwingungen des Grundtons auf* neun *und auf* fünfzehn *fallen."* (S. 179)

4 vgl. die in diesem Anhang kritisierte Argumentation Schönbergs (S. 137)

Hegel sieht sich nicht etwa in einer Verlegenheit, bei der Dissonanz nur abstrakt eine Entgegensetzung zu bemerken, die er aber nicht sachlich erläutern kann, so dass er Klärungsbedarf anmeldet, sondern er greift seine abstrakte Bestimmung der Harmonie aus dem ersten Teil seiner Vorlesungen wieder auf, wonach Harmonie die Negation von *Unterschieden* sei, und will die *logischen* Bestimmungen als das Wesentliche der Harmonie betrachten. Er verweist in diesem Zusammenhang auch ausdrücklich auf seine Entwicklung der Logik:

„Denn der wahre Begriff ist zwar Einheit in sich; aber nicht nur unmittelbare, sondern wesentlich in sich zerschiedene, zu Gegensätzen zerfallende Einheit. So habe ich z. B. in meiner Logik den Begriff zwar als Subjektivität entwickelt, aber diese Subjektivität als ideelle durchsichtige Einheit hebt sich zu dem ihr Entgegengesetzten, zur Objektivität auf; ja, sie ist als das bloß Ideelle nur eine Einseitigkeit und Besonderheit, die sich ein Anderes, Entgegengesetztes, die Objektivität gegenüber behält und nur wahrhafte Subjektivität ist, wenn sie in diesen Gegensatz eingeht und ihn überwindet und auflöst. So sind es auch in der wirklichen Welt die höheren Naturen, welchen den Schmerz des Gegensatzes in sich zu ertragen und zu besiegen die Macht gegeben ist. Soll nun die Musik sowohl die innere Bedeutung als auch die subjektive Empfindung des tiefsten Gehaltes, des religiösen z. B., und zwar des christlich-religiösen, in welchem die Abgründe des Schmerzes eine Hauptseite bilden, kunstgemäß ausdrücken, so muß sie in ihrem Tonbereich Mittel besitzen, welche den Kampf von Gegensätzen zu schildern befähigt sind.“ (S. 183)

Die Absicht seiner Begriffsentwicklung ist nun also auch heraus: Um die Musik als Ausdrucksmittel von *mentalen* Gegensätzen zu fassen, in denen sich das religiöse und moralische Bewusstsein herumtreibt, verwandelt Hegel ein *harmonisches* Bewegungsgesetz – die beständige *harmonische* Entgegensetzung und Auflösung von Klängen, welche die Dialektik der Tonalität ausmacht – in einen abstrakten und inhaltsleeren Formalismus der Dialektik.

„Gegensätze überhaupt haben ihrem inneren Begriffe nach keinen festen Halt, weder in sich selber, noch an ihrer Entgegensetzung. Im Gegenteil, sie gehen an ihrer Entgegensetzung selber zugrunde. Die Harmonie kann deshalb bei dergleichen Akkorden nicht stehenbleiben, die für das Ohr nur einen Widerspruch geben, welcher seine Lösung fordert, um für das Ohr und Gemüt eine Befriedigung herbeizuführen. Mit dem Gegensatze insofern ist unmittelbar die Notwendigkeit der Auflösung *von Dissonanzen und ein Rückgang zu den Dreiklängen gegeben. Diese Bewegung erst als die Rückkehr der Identität zu sich ist überhaupt das Wahrhafte. In der Musik ist diese volle Identität selbst nur möglich als ein zeitliches Auseinanderlegen ihrer Momente, welche deshalb zu einem Nacheinander werden, ihre Zusammengehörigkeit jedoch dadurch erweisen, daß sie sich als die notwendige Bewegung eines in sich selbst begründeten Fortgangs zueinander und als ein wesentlicher Verlauf der Veränderung dartun.“* (S. 183 f.)

Warum Dissonanzen aufgelöst werden, ist hier nicht aus ihrer Harmonik erklärt. Soweit Hegel die Dissonanz als *Klang* fasst, identifiziert er sie mit Schwingungsverhältnissen, zu deren harmonischer Grundlage er nicht vorstößt. Soweit er die *Auflösungsbedürftigkeit* der Dissonanz ins Auge fasst, erklärt er diese nicht aus ihrer Klangform, sondern aus allgemeinen Reflexionen über Gegensätze und ihre Auflösung. So mystifiziert er die Tonalität als das 'Wahrhafte' der zu sich zurückkehrenden 'vollen Identität', eine tiefsinnige Abstraktion, in die er ja auch das angebliche geistige Telos der Weltanschauungen aufgelöst hat, die er darüber mit der Musik in Verbindung bringen kann.

Der Fortgang zur *Melodie* besteht bei Hegel darin, dass er über die Kategorie der *Freiheit* einen Fortschritt im *„freien Beisichsein der Subjektivität"* beschwört.[1] Er denkt an die harmonischen Gesetze, welche ja offenbar im Melodischen wirksam sind, und folgert daraus, dass das Harmonische überhaupt das Gesetzmäßige und Notwendige sei, das Melodische dagegen das Unabhängige und Freie schlechthin. Dabei behauptet er 'einerseits', dass die Melodie von den harmonischen und rhythmischen Gesetzen unabhängig und dadurch frei sei, 'andererseits' aber auch zugleich das genaue Gegenteil.[2]

Hätte Hegel wirklich das *Ästhetische* an Harmonie und Rhythmus analysiert, so hätte er den logischen Fortgang zur Melodik leicht fassen können: Die harmonischen Verhältnisse nehmen in der Melodik nur eine andere, nämlich konkretere Form an; sie treten als *Stufenverhältnisse* in Erscheinung. Es sind dieselben Töne, die einmal nach der grundlegenden Seite hin zu betrachten sind, dass sie harmonieren, ein anderes Mal nach der Seite hin, dass sie sich nach ihrer Tonhöhe vergleichen. Dass der *melodische* Vergleich der Töne und der daraus entspringenden melodischen Formen neue, ganz eigene, jenseits des Harmonischen angesiedelte Klangverhältnisse begründet, ändert nichts an der harmonischen Substanz des Ganzen. Die Melodik ist also nur die konkrete Ausgestaltung der harmonischen Bewegung und daher die Form, in der die harmonischen Gesetze zur Geltung gebracht werden.

Auf die *Formunterschiede* von harmonischen und melodischen Sachverhalten geht Hegel gar nicht ein. Er dividiert Harmonik und Melodik als Sphären der Notwendigkeit bzw. der Freiheit auseinander, will aber zugleich diese Trennung nicht behauptet haben. Die Melodik soll einerseits von den harmonischen Gesetzen emanzipiert sein, andererseits aber doch nicht, und diesen unmittelbaren logischen Widerspruch versucht Hegel mit einer allgemeinen Sentenz über das

---

[1] *„Nur als diese Bewegung, die nicht ins Unbestimmte hinausläuft, sondern in sich selbst gegliedert ist und zu sich zurückkehrt, entspricht die Melodie dem freien Beisichsein der Subjektivität, deren Ausdruck sie sein soll, und so allein übt die Musik ... die Idealität und Befreiung aus, welche, indem sie zugleich der harmonischen Notwendigkeit gehorcht, die Seele in das Vernehmen einer höheren Sphäre versetzt."* (S. 190)

[2] *„Die Melodie in ihrer freien Entfaltung der Töne schwebt zwar einerseits unabhängig über Takt, Rhythmus und Harmonie, doch hat sie andererseits keine anderen Mittel zu ihrer Verwirklichung als eben die rhythmisch-taktmäßigen Bewegungen der Töne in deren wesentlichen und in sich selbst notwendigen Verhältnissen"* (S. 186)

Verhältnis von Freiheit und Notwendigkeit ungeschehen zu machen.[1] Die moralische Botschaft dieser Sentenz, nämlich dass echte Freiheit nicht zügellos sein dürfe, ist der Gesichtspunkt, unter dem er das Wesen der Musik zu fassen sucht:

„Musik ist Geist, Seele, die unmittelbar für sich selbst erklingt und sich in ihrem Sichvernehmen befriedigt fühlt. Als schöne Kunst nun aber erhält sie von seiten des Geistes her sogleich die Aufforderung, wie die Affekte selbst so auch deren Ausdruck zu zügeln, um nicht zum bacchiantischen Toben und wirbelnden Tumult der Leidenschaften fortgerissen zu werden oder im Zwiespalt der Verzweiflung stehenzubleiben, sondern im Jubel der Lust wie im höchsten Schmerz noch frei und in ihrem Ergusse selig zu sein.“ (S. 198)

Es ist zwar nicht einzusehen, wie Musik die Affekte zügeln soll, zumal auch die passende Musik für die ausgelassensten Stimmungen verfügbar ist und manches Konzert ein Publikum überhaupt erst zum Toben *bringt*; aber Hegel möchte die Musik eben für die Sinnfindung vereinnahmen, ohne die *wirklichen* moralischen Drangsale zu benennen, um die es dabei geht. ‘Trivial’ erscheinen ihm nicht die trostlosen Einfälle moralischen Dichtens und Trachtens samt ihrer Begleitmusik, sondern genuin *musikalische* Ideen, denen es weniger um die Untermalung von gesungenem Text geht.[2] Hegel unterscheidet nicht zwischen der Empfindung, welche durch den sinnlichen Genuss der Musik selbst ausgelöst wird – und die auch keinen anderen Inhalt hat als das, worauf sich die *Wahrnehmung* konzentriert –, und anderen Empfindungen, die womöglich dazu passen. Er unterstellt, dass *„Liebe, Sehnsucht, Fröhlichkeit usf.“* (S. 199) unmittelbar Inhalt der Musik seien. Der *Text* drückt angeblich noch am besten das aus, was der *Komponist* eigentlich meint.[3] Die Musik dagegen drückt *dies* nur mangelhaft aus:

„Ebenso geht das Gemüt ... zu einer Tiefe der Besonderung heraus, für welche der bisher betrachtete Ausdruck nicht mehr entsprechend ist. Das Nähere des Inhalts ist nun eben das, was der Text *angibt.“* (S. 200)

Insofern aber die Musik als solche diesen geheimnisvollen Inhalt haben soll, von dem der Text ‘das Nähere angibt’, bemüht sich Hegel um eine Bestimmung dessen, was die Musik auch ohne Text ausdrücken soll:

„Das Prinzip der Musik macht die subjektive Innerlichkeit aus. Das Innerste aber des konkreten Selbst ist die Subjektivität als solche, durch keinen festen Gehalt bestimmt und ... in ungefesselter Freiheit nur auf sich selbst beruhend. Soll

---

[1] *„Denn die echte Freiheit steht nicht dem Notwendigen als einer fremden und deshalb drückenden und unterdrückenden Macht gegenüber, sondern hat dies Substantielle als das ihr selbst einwohnende, mit ihr identische Wesen ...“* (S. 187)

[2] *„Das bloße Sichselbstempfinden der Seele und das tönende Spiel des Sichvernehmens ist zuletzt als bloße Stimmung zu allgemein und abstrakt und läuft Gefahr, sich nicht nur von der näheren Bezeichnung des im Text ausgesprochenen Inhalts zu entfernen, sondern auch überhaupt leer und trivial zu werden.“* (S. 200)

[3] *„... der Text steht im Dienste der Musik und hat keine weitere Gültigkeit, als dem Bewußtsein eine nähere Vorstellung von dem zu verschaffen, was sich der Künstler zum bestimmten Gegenstande seines Werks auserwählt hat.“* (S. 192)

diese Subjektivität nun gleichfalls in der Musik zu ihrem vollen Recht kommen, so muß sie sich von einem gegebenen Text losmachen und sich ihren Inhalt ... rein aus sich selbst entnehmen und sich dabei ... auf die rein musikalischen Mittel einschränken.“ (S. 214)

Die zuvor noch beschworene *„Gefahr, sich nicht nur von der näheren Bezeichnung des im Text ausgesprochenen Inhalts zu entfernen, sondern auch überhaupt leer und trivial zu werden“* (S. 200), scheint gebannt, wenn der Text einfach wegfällt. Dann ist das Musizieren aber nicht eine von vielen Betätigungen der Subjektivität, sondern überhaupt das *Geltendmachen* der Subjektivität als solcher. Zu dieser Abstraktion dringt Hegel vor, weil Musik etwas ausdrücken soll, worin von jeglichem Gehalt eines Textes abgesehen ist, so dass Musik ein ‘sich Losmachen von einem gegebenen Text’ ist. Die Musik muss die Abstraktion von allem darstellen, womit ein Subjekt befasst sein kann, damit Hegel im Schönen den Geist erkennen kann. Dann gilt ihm Musik aber auch gleich als eine Sache für ‘Kenner’:

„Der Laie *liebt in der Musik vornehmlich den verständlichen Ausdruck von Empfindungen und Vorstellungen, das Stoffartige, den Inhalt, und wendet sich daher vorzugsweise der begleitenden Musik zu; der* Kenner *dagegen, dem die inneren musikalischen Verhältnisse der Töne und Instrumente zugänglich sind, liebt die Instrumentalmusik in ihrem kunstgemäßen Gebrauch der Harmonien und melodischen Verschlingungen und wechselnden Formen; er wird durch die Musik selbst ganz ausgefüllt ...“* (S. 216)

Bei solchen Betrachtungen könnte der Verdacht aufkommen, dass es ein Interesse an der Musik ‘als solcher’ gibt, wofür die Unterstellung einer darin ausgedrückten Bedeutung gar nicht erforderlich ist. Dies gibt Hegel sogar fast zu:

„Der Komponist *seinerseits kann nun zwar selber in sein Werk eine bestimmte Bedeutung, einen Inhalt von Vorstellungen und Empfindungen und deren gegliederten geschlossenen Verlauf hineinlegen, umgekehrt aber kann es ihm auch, unbekümmert um solchen Gehalt, auf die rein musikalische Struktur seiner Arbeit und auf das Geistreiche solcher Architektonik ankommen. Nach dieser Seite hin kann dann die musikalische Produktion leicht etwas sehr Gedanken- und Empfindungsloses werden, das keines auch sonst schon tiefen Bewußtseins der Bildung und des Gemüts bedarf. Wir sehen dieser Stoffleerheit wegen die Gabe der Komposition sich nicht nur häufig bereits im zarten Alter entwickeln, sondern talentreiche Komponisten bleiben oft auch ihr ganzes Leben lang die unbewußtesten, stoffärmsten Menschen.“* (S. 217)

Hegel gefallen am besten *die* Komponisten, welche das in die Musik hineinzupacken beanspruchen, was nach seinen eigenen Ausführungen der ‘Laie’ in Liedern sucht. Er nimmt demgemäß auch die romantische Attitüde, viel Sinn in der Musik zu verstecken, für bare Münze. Umgekehrt sind Komponisten, die nach Hegels Worten Musik für ‘Kenner’ machen, die reinsten Banausen. Wo Hegel schon so viel Realismus aufbringt, ein Interesse an der Musik als Musik zuzugestehen, da straft er die Realität mit der ganzen Verachtung des Idealisten.

Das Fazit der Hegelschen Beschäftigung mit Musik soll einen logischen Übergang von der Musik zur Poesie begründen: Nachdem der Geist über Architektur, Skulptur und Malerei zur Musik aufgestiegen ist, ist er immer noch nicht ganz bei sich und muss sich in Poesie verwandeln.[1] Sieht man einmal von der komplizierten Bewegung ab, welche der Geist bei Hegel durchläuft, so ist die Poesie in der Tat nicht nur erstens ein Geistesprodukt, das zweitens für den geistigen Genuss bestimmt ist, so wie dies für alle Kunstwerke gilt, sondern sie ist drittens selbst ein *geistiges* Objekt. Während die Musik ein fast natürliches Material, den Klang, zum Ausgangspunkt und Zweck hat, geht es in der Poesie um Texte, die Gedanken repräsentieren und daher etwas bedeuten. Dennoch ist Schönheit in der Poesie dasselbe, was es überall ist: Zusammenpassen des Wahrnehmbaren.

Mit der modernen Poesie verhält es sich so: Im Unterschied zum archaischen Vers ist der moderne Vers nicht mehr auf eine feste Form und Anzahl von Versfüßen und einen leiernden Vortrag angewiesen. Der moderne Vers beruht auf dem Reim. Es vergleichen sich also *erstens* Textteile im Hinblick auf die Form ihres Auslautens und werden dadurch zu Versen. Wegen ihrer Bestimmung durch den Reim können Verszeilen durchaus ungleiche Länge haben. Der Text ist dem Vers eingepasst. Darauf beruht die Koketterie mit der poetischen Naivität, welche Satzteile oder gar Wörter über die Versenden umbricht. *Zweitens* ist der Text im Vers als regelmäßige Folge von betonten und unbetonten Silben durchgestaltet. Dieses System löst die archaischen Systeme aus langen und kurzen Silben sowie Hebungen und Senkungen ab und ist der prosaischen Artikulation und ihrem Akzent angenähert. Die Verse vergleichen sich *drittens* nach der Anzahl ihrer Betonungen untereinander. *Viertens* vergleichen sich die Verse hinsichtlich ihrer Anordnung zu Strophen, denen Reimformen wie Paarreim, Kreuzreim usw. zugrunde liegen. Die Strophen enden mit einem Punkt und einem fertigen Gedanken. *Fünftens* ist die Unterordnung der poetischen Sprache und Gedankenführung unter das Joch des Reims aber nur eine Art des Formulierens von Gedanken, lässt also die sprachliche Souveränität unangetastet. Der sprachliche Ausdruck, die Plastizität von Bildern bemisst sich am ausgedrückten Inhalt. Der solchermaßen ausformulierte Gedanke selbst muss *sechstens* in sich

---

[1] *„Denn der Ton für sich genommen ist inhaltslos und hat seine Bestimmtheit in Zahlenverhältnissen, so daß nun das Qualitative des geistigen Gehalts ... nicht durch den Ton vollständig kann ausgeprägt werden. Soll daher diese Seite nicht durchaus fehlen, so muß sich die Musik ... die genauere Bezeichnung des Wortes zu Hilfe rufen und fordert ... einen Text, der für das Subjektive, das sich durch die Töne hin ergießt, erst die nähere Erfüllung gibt. Durch dieses Aussprechen von Vorstellungen und Empfindungen stellt sich nun zwar die abstrakte Innerlichkeit der Musik zu einer klareren und festeren Explikation heraus; was aber von ihr ausgebildet wird, ist teils ... nur die begleitende Innerlichkeit als solche, teils entschlägt die Musik sich überhaupt der Verbindung mit dem Wort, um sich in ihrem eigenen Kreise des Tönens hemmungslos umherzubewegen. Dadurch trennt sich das Bereich der Vorstellung, die nicht bei der abstrakteren Innerlichkeit als solcher stehenbleibt, sondern ihre Welt sich als eine konkrete Wirklichkeit ausgestaltet, auch ihrerseits gleichfalls von der Musik los und gibt sich in der Dichtkunst für sich eine kunstgemäße Existenz."* (S. 223 f.)

stimmig sein in seinem Witz, als ausgedrücktes Gefühl oder als Einsicht, darf also keine Dummheit sein. Am letzten Punkt scheitern nicht wenige Dichter, weil sie Sinnangebote unterbreiten wollen, weshalb sie in letzter Konsequenz aber auch mit dem Reim dasselbe anstellen, was ihre Gesinnungsgenossen bei der Musik mit der Tonalität machen ... Diese kurze Skizze dessen, was eine rationelle Poetik auszuführen hätte, sollte zur Genüge deutlich machen, dass auch bei einem *geistigen* Sujet die Ästhetik ihren Ausgangspunkt unmittelbar am Wahrnehmbaren hat und nicht nur in der Musik als System von Prinzipien des Zusammenpassens von Wahrnehmungsinhalten ausgebildet ist.

Ganz anders sieht es aus, wenn die Poesie als Ausgeburt einer mystifizierten Subjektivität gefasst wird. Dann ist der Reim nicht einfach ein ästhetisches Verhältnis von Textteilen, sondern ein Verhältnis, in das die Seele mit sich selbst verstrickt ist:

„Das Bedürfnis der Seele, sich selbst zu vernehmen, hebt sich voller heraus und befriedigt sich in dem Gleichklingen des Reims, das gegen die fest geregelte Zeitmessung gleichgültig macht und nur darauf hinarbeitet, uns durch die Wiederkehr der ähnlichen Klänge zu uns selbst zurückzuführen." (S. 304)

Die Hegelsche Beschäftigung mit der Ästhetik hält dem Anspruch, das Schöne zu entschlüsseln und systematisch zu erklären, nicht stand. Die Vorlesungen über die Ästhetik sind grundlegend in einem ganz anderen Sinne: Sie stellen die Kunst mit großem gedanklichen Aufwand als die Sphäre der Sinnstiftung hin, welche das bürgerliche Denken ohnehin in ihr sehen will. Hegel interpretiert die Kunst als das zu Interpretierende schlechthin. Er mystifiziert die Schönheit im Sinne des Standpunkts, den das öffentliche Interesse der bürgerlichen Gesellschaft zur Kunst einnimmt. Demnach soll die moralische Wirkung, die der Kunst allenthalben abverlangt wird, genau das sein, worauf der ästhetische Genuss schon immer hinauswill. Die Subsumtion der Kunst unter den Anspruch der Sinnfindung geschieht angeblich *um der Schönheit willen*.

f) Adornos Philosophie der neuen Musik

Für Adorno geht es in der Musik um *Wahrheit*; nicht im Sinne einer prophetischen Vision künftiger Hörgewohnheiten wie bei Schönberg; auch nicht als das, worauf der Geist letztlich hinauswill, wozu er aber in der Kunst 'noch nicht' kommt, wie bei Hegel. Adorno beurteilt Musik ganz ernsthaft nach den Kriterien wahr und falsch, weil er ihr einen 'Erkenntnischarakter' zuerkennt. Er misst Musik an dem Anspruch, die gesellschaftliche Realität so darzustellen, wie sie wirklich ist. Er unterstellt den Komponisten das Vorhaben, der Welt einen Spiegel vorzuhalten, dem Publikum also vorzuspielen, wie es in der Welt zugeht. Dies geht nur durch eine Abstraktion, in der weder von der Musik noch von der heutigen Gesellschaft etwas übrig bleibt. Ob *Klänge* harmonieren oder die in einer Gesellschaft verfolgten *Zwecke*, ist bei dieser Abstraktion ein und dasselbe. Denn das 'Zusammen' oder 'Gegeneinander' wird ohne einen Inhalt gedacht. Die Kategorie, die solches leistet, ist der unvermeidliche 'Sinn'. Dieser reflektiert die Befindlichkeit des Subjekts an der Objektivität: Dass der Mensch etwas okay findet, drückt er als Geheimnis der Sache aus. So als ob er die Sache untersucht hätte und nun ihren Grund oder Zweck kennen würde. Wer einen Sinn gefunden hat, weiß einen ganz persönlichen Grund dafür, dass etwas hinzunehmen ist und sein Einverständnis verdient. Mag ein Mensch etwas nicht akzeptieren, so kennt er keinen schlimmeren Vorwurf an den Sachverhalt, als dass er *ihm* unbegreiflich sei. Der Sinn ist schon für einen Normalbürger der Inbegriff einer höheren Einsicht – und erst recht für moderne Philosophen. Adorno ist so sehr in der Kategorie des Sinns gefangen, dass er alles darunter subsumiert. Das Angenehme der Musik gilt ihm nicht als Daseinszweck der Musik, die nun einmal für den Klanggenuss bestimmt ist, sondern als *Verkündigung* von Sinn. Das Konfligieren von Interessen in der bürgerlichen Gesellschaft gilt ihm nicht als notwendiges Merkmal einer Welt, in der es um Geld geht, sondern als *Fehlen* von Sinn. Beides zusammengenommen heißt für Adorno, dass Musik danach beurteilt werden muss, inwieweit sie das Vorhandensein oder Fehlen eines Sinns vorstellig macht und dabei die gesellschaftliche Wirklichkeit trifft oder verfehlt. Der tonalen Musik wirft er die Verbreitung ideologischen Gedankenguts vor:

„Es war der Klassensinn der traditionellen Musik, durch ihre bruchlose Formimmanenz wie durchs Angenehme der Fassade zu proklamieren, daß es im Wesen keine Klassen gäbe.“ [1]

Das Angenehme der Musik kann nur 'Fassade' sein, hinter der die Klassengegensätze versteckt werden. Die Umkehrung dieses Gedankens begründet Adornos Interesse an Schönberg: Dieser spricht mit 'bruchhaften' und unangenehmen Kompositionen eine Wahrheit aus, welche die Bürger einer 'verwalteten Welt' nicht hören wollen. Die Verstocktheit des Publikums sieht Adorno etwas anders als Schönberg: Die Leute glauben an einen Sinn, der (noch) gar nicht in der Welt ist, und wollen sich diesbezüglich täuschen (lassen). Ihnen mangelt es

[1] Theodor W. Adorno, Philosophie der neuen Musik, Frankfurt am Main 1978, S. 124

an der Bereitschaft zur *„Konzentration verantwortlichen Hörens"*,[1] die zum 'Verstehen' der musikalisch formulierten 'Erkenntnis' erforderlich ist. In der Darstellung der ideologischen Verbohrtheit seiner lieben Mitbürger kann sich Adorno zunutze machen, dass das 'Verstehen' von Musik in den gebildeten Schichten schon eine feste Redewendung ist.

„Dabei ist die Meinung, Beethoven sei verständlich und Schönberg unverständlich, objektiv Trug ... Die Dissonanzen, die sie schrecken, reden von ihrem eigenen Zustand: einzig darum sind sie ihnen unerträglich ... Der musikalische Zusammenhang, der den Sinn stiftet, bleibt in jeder frühen Beethovensonate dem durchs Radio dressierten Hörer nicht weniger verborgen als in einem Schönbergquartett, das ihn wenigstens daran mahnt, daß sein Himmel nicht voll der Geigen hängt, an deren süßem Ton er sich weidet ... In Wahrheit verlangt das adäquate Hören derselben Stücke Beethovens, deren Themen der Mann in der Untergrundbahn vor sich hin pfeift, weit größere Anstrengung noch als das der avanciertesten Musik: den Lack von falscher Darbietung und festgefahrenen Reaktionsweisen herunterzuschlagen ... Fast möchte man die gebildeten Hörer für die ärgsten halten, jene, die auf Schönberg mit dem prompten »Das verstehe ich nicht« ansprechen, einer Äußerung, deren Bescheidenheit Wut als Kennerschaft rationalisiert." (S. 18 f.)

Wer sich so affirmativ wie Adorno der moralischen Kategorie des Sinns verschrieben hat, der sollte sich nicht über die Heuchelei in der herrschenden Sprachregelung beschweren, die jegliche Ablehnung prinzipiell als Unverständnis einer Sache ausdrückt! Der gute Umgangston verlangt eben die Übersetzung von Vorbehalten in Hilflosigkeit bei der ehrlichen Suche nach einem Sinn, der ansonsten die gewünschte positive Einstellung in jeder Lebenslage als vernünftig erscheinen lässt. Natürlich hat Adorno bei den Verständnislosen einen ganz schlimmen Verdacht: dass es ihnen gar nicht wirklich um das angestrengte Verstehen von Musik geht, sondern um ganz banalen Genuss. Das ist ungefähr das Widerwärtigste, was Adorno zufolge dem eigentlichen Anliegen von Musik angetan werden kann.[2] Für diese Gemeinheit hat Adorno auch noch einen sehr bissig gemeinten Ausdruck: *Konsum.*[3] Obgleich ihm das Konsumieren von Musik als Barbarei gilt, findet er andererseits nichts dabei, die musikalische Ästhetik und ihre Klangfiguren als 'Material' zu besprechen, dessen 'Verbrauchtheit' immer nur eine Frage der Zeit ist.

„Die Schäbigkeit und Vernutztheit des verminderten Septakkords oder gewisser chromatischer Durchgangsnoten in der Salonmusik des neunzehnten Jahrhunderts gewahrt selbst das stumpfere Ohr ... Nicht bloß, daß jene Klänge veral-

---

[1] Ebenda, S. 19

[2] *„Wer Kunstwerke konkretistisch genießt, ist ein Banause; Worte wie Ohrenschmaus überführen ihn."* (Theodor W. Adorno, Ästhetische Theorie, Gesammelte Schriften Band 7, Frankfurt am Main 1996, S. 26 f.)

[3] Adorno kann sich vorstellen, dass nicht nur Musikalien konsumiert werden, also Arbeitsprodukte wie Notenhefte, Instrumente, Schallplatten usw., sondern auch Geistesprodukte wie Musik.

tet und unzeitgemäß wären. Sie sind falsch. Sie erfüllen ihre Funktion nicht mehr.“ [1]

Einfallslosigkeit und Schematismus gewisser Komponisten sowie die Ausbildung modischer Klischees sind für Adorno ein gefundenes Fressen. Daraus verfertigt er nämlich einen in der Tonalität selbst schlummernden Grund dafür, dass sie ein Auslaufmodell ist: Die Tonalität ist ‘ausgeschöpft’ und bietet kein ausreichendes ‘Material’ mehr für abwechslungsreiche Ideen.[2] Das ‘Material’ selbst verlangt demnach seine Atonalisierung.

Wie alle modernen Musikwissenschaftler ist auch Adorno von der brutalen Abstraktion ‘Material’ fasziniert. Sie zeugt von einem prinzipiellen Desinteresse an der begrifflichen Unterscheidung musikalischer Formen, die stattdessen als kunterbunten Haufen betrachtet werden, in dem sich beliebige Anknüpfungspunkte für Interpreten und Komponisten finden. Adorno allerdings meint, mit seiner speziellen Auffassung des ‘Materials’ die Wissenschaft vorangebracht zu haben:

„Die Annahme einer geschichtlichen Tendenz der musikalischen Mittel widerspricht der herkömmlichen Auffassung vom Material der Musik. Es wird physikalisch, allenfalls tonpsychologisch definiert, als Inbegriff der je für den Komponisten verfügbaren Klänge. Davon aber ist das kompositorische Material so verschieden wie die Sprache vom Vorrat ihrer Laute ... Die Forderungen, die vom Material ans Subjekt ergehen, rühren vielmehr davon her, daß das »Material« selber sedimentierter Geist, ein gesellschaftlich, durchs Bewußtsein von Menschen hindurch Präformiertes ist. Als ihrer selbst vergessene, vormalige Subjektivität hat solcher objektive Geist des Materials seine eigenen Bewegungsgesetze. Desselben Ursprungs wie der gesellschaftliche Prozeß und stets wieder von dessen Spuren durchsetzt, verläuft, was bloße Selbstbewegung des Materials dünkt, im gleichen Sinne wie die reale Gesellschaft ... Daher ist die Auseinandersetzung des Komponisten mit dem Material die mit der Gesellschaft ...“ [3]

Adornos Alternative zur Deutung der Musik als Gabe der Natur ist nicht weniger irrational: Daraus, dass die Musik ein geistiges Produkt für einen subjektiven Zweck ist, macht er in Anlehnung an Hegel ‘sedimentierten Geist’, eine Fiktion, die nichts zum Inhalt hat, was menschlicher Geist tatsächlich – zum Beispiel als Musik – ausgedacht hat, und die der Vorstellung einer natürlichen Vorgabe der Musik durchaus ebenbürtig ist. Adorno glaubt ebenfalls an *„Forderungen, die vom Material ans Subjekt ergehen“*; diese interpretiert er nur anders: als *gesellschaftliche* Forderungen. Der Wille der Natur ist bei ihm ersetzt durch das Konstrukt von Bewegungsgesetzen des ‘objektiven Geistes’.

---

[1] Philosophie der neuen Musik, S. 40

[2] *„Die traditionelle Musik hatte mit einer höchst begrenzten Zahl von Tonkombinationen, zumal in der Vertikale, hauszuhalten.“* (Ebenda, S. 55) – *„Die Möglichkeiten von »Erfindung« ... sind im Schema der Tonalität fast zählbar ... das schmale Material war so ausgeschöpft, daß kein Einfall mehr gedeihen konnte ...“* (S. 167)

[3] Ebenda, S. 38 f.

Adorno stellt sich vor, dass das 'Material' im Gleichschritt mit der Gesellschaft auf der einen Seite die Überwindung der Tonalität fordert, während auf der anderen Seite auch Kräfte wirksam sind, welche den historischen Gang der Dinge aufhalten wollen. Aus dieser Sicht wittert Adorno in den naturmystischen Musiktheorien eine Parteilichkeit für die Unantastbarkeit der Tonalität und ihrer angeblich bürgerlichen Grundlage:

„Es wird argumentiert, als sei das tonale Idiom der letzten dreihundertfünfzig Jahre Natur, und als taste diese an, wer über das Eingeschliffene hinausgeht, während das Eingeschliffensein selber gerade gesellschaftlichen Druck bezeugt. Die zweite Natur des tonalen Systems ist historisch entsprungener Schein. Sie hat die Würde des geschlossenen und exklusiven Systems der Tauschgesellschaft zu verdanken, deren eigene Dynamik auf Totalität hinauswill und mit deren Fungibilität die aller tonalen Elemente aufs tiefste übereinstimmt." (S. 20)

Um solche Sätze nachzuvollziehen, muss man einiges schlucken: dass die Tonalität eine spezielle Sprache ('Idiom') sei, dass diese Sprache *unfreiwillig* erworben ('eingeschliffen') werde, dass dazu 'gesellschaftlicher Druck' nötig sei, dass die ominöse Mundart selber Systemeigenschaften von der 'Tauschgesellschaft' angenommen habe, dass es bei Tonalität und Kapitalismus auf 'Geschlossenheit' ankomme ... Dabei besteht der einzige 'Beitrag' der bürgerlichen Gesellschaft zur Entstehung der Tonalität ganz umgekehrt in der bloßen (marktwirtschaftlich gebotenen) *Zulassung* des Standpunkts, den die tonale Musik voraussetzt: dass gegen das Interesse an irdischen Gütern und weltlichen Genüssen im Prinzip nichts einzuwenden sei. Und diese Toleranz gegenüber privaten Vorlieben schließt sogar die ungenießbaren Produktionen der modernen Sinnstifter ein, die tatsächlich so etwas hinkriegen wie: *bürgerliche* Musik.

Adornos Einordnung der tonalen Musik in eine angeblich unaufhaltsame Tendenz der Weltgeschichte liefert den Ausgangspunkt zur pathetischen Offenbarung dessen, was ein moderner Komponist 'vollstreckt', wenn er sich mit dem 'Material' auseinandersetzt:

„Der Stand der Technik präsentiert sich in jedem Takt, den er zu denken wagt, als Problem: mit jedem Takt verlangt die Technik als ganze von ihm, daß er ihr gerecht werde und die allein richtige Antwort gebe, die sie in jedem Augenblick zuläßt. Nichts als Antworten, nichts als Auflösung technischer Vexierbilder sind die Kompositionen, und der Komponist ist einzig der, der sie zu lesen vermag und seine eigene Musik versteht. Was er tut, liegt im unendlich Kleinen. Es erfüllt sich in der Vollstreckung dessen, was seine Musik objektiv von ihm verlangt. Aber zu solchem Gehorsam bedarf der Komponist allen Ungehorsams, aller Selbständigkeit und Spontaneität. So dialektisch ist die Bewegung des musikalischen Materials." (S. 42)

Wieso ein Gehorsam gegenüber einem Material einen Ungehorsam nötig haben soll, bleibt Adornos Geheimnis. Er setzt die beiden Gedanken, in denen er sich widerspricht – der Komponist beherrscht das 'Material' *und* wird von ihm beherrscht – einfach unvermittelt nebeneinander und findet das *„so dialektisch"*. Er tut dabei so, als wäre das Hinschreiben von widersprüchlichen Sätzen nicht einfach logischer Unsinn, sondern der Beweis für eine historische Tendenz mit dem Gütesiegel 'dialektisch'.

Die Bewegung des 'Materials' nimmt also ihren notwendigen Lauf. Sie hat sich *„heute gegen das geschlossene Werk gekehrt."* (S. 42) Eine solche merkwürdige Kunstgattung kennt Adorno als monströses Unterfangen, der Menschheit einen Sinn vorzugaukeln, der gar nicht vorhanden ist in *„einem gesellschaftlichen Zustand ..., der nichts vorgibt, was verbindlich und bestätigt genug wäre, um die Harmonie des selbstgenügsamen Werkes zu garantieren"* (S. 43). Hier tritt nun Schönberg auf den Plan, dem es vonseiten des Materials aufgetragen ist, das Schicksal des 'geschlossenen Werkes' zu besiegeln. Er verweigert die 'zeitliche Ausbreitung' und komponiert äußerst kurze Tonstücke:

> *„Ihre Kürze rührt gerade vom Anspruch der höchsten Konsistenz her. Diese verbietet das Überflüssige. Damit kehrt sie sich gegen die zeitliche Ausbreitung, die der Vorstellung vom musikalischen Werk seit dem achtzehnten Jahrhundert, gewiß seit Beethoven zugrunde liegt. Ein Schlag trifft Werk, Zeit und Schein. Die Kritik am extensiven Schema verschränkt sich mit der inhaltlichen Phrase und Ideologie. Musik, zum Augenblick geschrumpft, ist wahr als Ausschlag negativer Erfahrung. Sie gilt dem realen Leiden. In solchem Geist demoliert die neue Musik die Ornamente und damit die symmetrisch-extensiven Werke."* [1]

Es mag ja sein, dass das Leiden an der Sinnleere ein wesentlicher Inhalt der frühen melodramatischen Stücke Schönbergs ist. Es mag sogar stimmen, dass der Künstler 'in solchem Geist' und mit der zugehörigen Wichtigtuerei auf die Ästhetik pfeift. Adorno vereinnahmt Schönberg aber für seine ganz spezielle Weltsicht, worin das künstlerische Getue sogleich ein 'reales Leiden' ist und als solches auf eine Gesellschaft verweist, der das Positive fehlt. Er macht aus dem Exzentriker einen säkularisierten Jesus, weil der Sinn für ihn eine Kategorie der Gesellschaftskritik ist. Aus dieser Sicht zertrümmert Schönberg nichts Geringeres als die schöne Fassade der Tauschgesellschaft. Und er *muss* es tun, weil es die Dialektik des Materials verlangt. In seinem Gemälde eines unaufhaltsamen Fortschritts konstruiert Adorno ein ganz spezielles Verhältnis Schönbergs zu den Romantikern: Er soll jene im Leiden am fehlenden Sinn übertroffen haben, aber nicht in der konsequenten Art, wie er die Musik verhunzt hat, sondern durch die Einlösung eines romantischen Versprechens: durch den musikalisch dargebotenen unverfälschten Ausdruck *echter* Passion.[2] Solches sollen die Romantiker

---

[1] Adorno, Philosophie der neuen Musik, S. 43

[2] *„Die dramatische Musik ... bot ... den Ausdruck als stilisiert-vermittelten, den Schein von Passionen. Wo sie darüber hinausging und Substantialität jenseits des Scheins ausgedrückter Gefühle beanspruchte, haftete dieser Anspruch kaum an einzelnen musikalischen Regungen, die solche der Seele widerspiegeln sollten ... Ganz anders bei Schönberg. Das eigentlich umstürzende Moment an ihm ist der Funktionswechsel des musikalischen Ausdrucks. Es sind nicht Leidenschaften mehr fingiert, sondern im Medium der Musik unverstellt leibhaftige Regungen des Unbewußten, Schocks, Traumata registriert ... Die ersten atonalen Werke sind Protokolle im Sinn von psychoanalytischen Traumprotokollen."* (Ebenda, S. 44)

nicht geschafft haben, Schönberg aber schon. Wenn Adorno die Romantiker prätentiös findet, dann nicht wegen des Sinnproblems, das sie inszenieren, sondern weil sie es *nur* inszenieren, statt es wirklich auszudrücken.[1] Das geht also, wie Adorno glaubt, auch wenn der Komponist der Einzige ist, der *„seine eigene Musik versteht"*.

Adorno versucht sich mit seiner Umdeutung der künstlerischen Sinnstiftung in eine automatisch fortschreitende Gesellschaftskritik auch an Schönbergs Übergang zur Zwölftonmusik. Wo jener von der Attitüde, in der Musik einen *Sinn* auszudrücken, der an der Musik so schwer zu fassen ist, zur Ausgestaltung der *Musik* als Sinnzusammenhang übergeht, bei dem wiederum schwer zu sagen ist, was da ausgedrückt werden soll; wo also die expressionistisch inspirierte Destruktion musikalischer Ästhetik als *musikalischer* Komponierstil fortentwickelt wird, da sieht Adorno eine dialektische Bewegung ganz anderer Art:

„Nennt man den Zwang zur stimmigen Konstruktion Sachlichkeit, so ist Sachlichkeit keine bloße Gegenbewegung zum Expressionismus. Sie ist der Expressionismus in seinem Anderssein. Die expressionistische Musik hatte das Prinzip des Ausdrucks aus der traditionell romantischen so genau genommen, daß es Protokollcharakter annahm. Damit aber schlägt es um. Musik als Ausdrucksprotokoll ist nicht länger »ausdrucksvoll«. Nicht mehr schwebt über ihr das Ausgedrückte in unbestimmter Ferne und leiht ihr den Abglanz des Unendlichen. Sobald die Musik das Ausgedrückte, ihren subjektiven Gehalt, scharf, eindeutig fixiert, erstarrt er unter ihrem Blick zu eben dem Objektiven, dessen Existenz ihr reiner Ausdruckscharakter verleugnet ... Die protokollarischen Akkorde sprengen den subjektiven Schein. Damit aber heben sie schließlich ihre eigene Ausdrucksfunktion auf." (S. 53)

Wenn das Ausgedrückte *„in unbestimmter Ferne schwebt"* und als solches nicht objektiv ist, dann ist es ja wohl bloße Einbildung. Wenn es jedoch im gleichen Moment, in dem es eindeutig und objektiv feststellbar sein soll, gar nichts Ausgedrücktes mehr ist, dann hat es sich ebenfalls in Luft aufgelöst. Adornos Aussagen sind aber keineswegs so gemeint, dass Musik offenbar gar nichts ausdrücken kann. Vielmehr soll man an den widersprüchlichen Aussagen wieder die Dialektik herauslesen, in der das Material *„umschlägt"*. Jede Marotte, zu der sich Schönberg entschließt, wird gedeutet als Ausgeburt einer musikgeschichtlichen Tendenz, deren unausweichliche Notwendigkeit durch eine geheimnisvolle Dialektik beglaubigt sein soll. So vollstreckt Schönberg auch mit den Regeln der

[1] Adorno macht sich eine verbreitete Vorstellung von der Verlogenheit der romantischen Ideale zunutze. Diese Vorstellung pflegt eine gewisse Enttäuschung darüber, dass diese Ideale als Maßstab zur Beurteilung der gesellschaftlichen Realität versagen, nimmt also keineswegs zur Kenntnis, dass der ganze Wertehimmel ohnehin nur dazu taugt, einen blauen Dunst über den gesellschaftlich gültigen Zwecken und Gegensätzen auszubreiten. Adorno entwickelt diese Vorstellung weiter zu der Behauptung, dass der angebliche romantische Anspruch, die Wahrheit über die vorgefundenen gesellschaftlichen Verhältnisse zu verkünden – und das auch noch als Musik –, nicht eingelöst werde und *daher* nur 'subjektiver Schein' sei.

Zwölftontechnik nur einen im Material vorgezeichneten Zwang.[1] Adorno hängt einem astreinen Schicksalsglauben an, den er aber nur bei denen bemerken will, die sich das Schicksal nicht als dialektische Bewegung des objektiven Geistes vorstellen: bei den Zwölftonmusikern, deren Aberglauben er selbst wieder schicksalsmäßig deutet, nämlich als Bewusstseinsform, die in der objektiven Tendenz des Materials und im Wesen der Zwölftonrationalität begründet ist:

„Das Zahlenspiel der Zwölftontechnik und der Zwang, den es ausübt, mahnt an die Astrologie, und es ist keine bloße Schrulle, daß viele ihrer Adepten dieser verfielen. Die Zwölftonrationalität nähert als ein geschlossenes und zugleich sich selbst undurchsichtiges System, in welchem die Konstellation der Mittel unmittelbar als Zweck und Gesetz hypostasiert wird, dem Aberglauben sich an. Die Gesetzlichkeit, in der sie sich erfüllt, ist zugleich eine bloß über das Material verhängte, die es bestimmt, ohne daß dieses Bestimmtsein selber einem Sinn diente." (S. 67)

Die Verrücktheiten der modernen Komponisten, die Musik partout als Sinnstiftung auffassen wollen, betrachtet Adorno sehr einfühlsam als Konsequenzen aus der Eigendynamik des musikalischen Materials. Insofern scheint ihm die Lähmung der musikalischen Phantasie ganz logisch:

„Hat die Phantasie des Komponisten das Material dem konstruktiven Willen ganz gefügig gemacht, so lähmt das konstruktive Material die Phantasie." (S. 68)

Adornos Geschichtskonstruktion zufolge stellt das Material die Komponisten schließlich vor unlösbare Probleme:

„Gelähmt wird mit der Spontaneität der Komposition auch die Spontaneität der avancierten Komponisten. Sie sehen sich vor so unlösbare Aufgaben gestellt wie ein Schriftsteller, der für jeden Satz, den er schreibt, Vokabular und Syntax eigens beistellen muß." (S. 101)

Die Komponisten versuchen das Unmögliche. Sie müssen es versuchen, und es muss ihnen misslingen. Die Bewegung des Materials steuert auf eine Katastrophe zu:

„Die Möglichkeit von Musik selber ist ungewiß geworden ... Die bestimmte Freiheit, in welche sie ihren anarchischen Stand umzudenken unternahm, hat sich ihr unter den Händen ins Gleichnis der Welt verkehrt, gegen die sie sich auflehnt. Sie flieht nach vorwärts in die Ordnung. Die aber will ihr nicht geraten. Indem sie der geschichtlichen Tendenz ihres eigenen Materials blind und widerspruchslos Folge leistet und sich gewissermaßen dem Weltgeist verschreibt, der nicht die Weltvernunft ist, beschleunigt ihre Unschuld die Katastrophe, welche

---

[1] *„Die Regeln sind nicht willkürlich ausgedacht. Sie sind Konfigurationen des geschichtlichen Zwanges im Material. Sie sind zugleich Schemata, diesem Zwang sich zu adaptieren. Das Bewußtsein unternimmt es in ihnen, Musik von den Resten des verfallen Organischen zu reinigen. Grausam führen sie den Kampf gegen den musikalischen Schein fort. Aber noch die kühnsten Zwölftonmanipulationen sind dem technischen Stand des Materials abgehört."* (Ebenda, S. 65)

die Geschichte aller Kunst zu bereiten sich anschickt. Sie gibt der Geschichte recht, und darum möchte diese sie kassieren.“ (S. 108)

Das alles ist in seiner ganzen Dramatik allerdings nicht so gemeint, dass eben das Unmögliche nicht zustande kommt: keine Musik mehr – und fertig. Auch soll nicht der Untergang des Abendlandes beweint werden. Vielmehr erfüllt sich im Schicksal der *„Todgeweihten“* (= der Kunst) ein höheres Sollen der Weltgeschichte. Die Musik spricht in ihrem Misslingen eine Wahrheit aus. Um dies zu verdeutlichen, kennzeichnet Adorno die Bemühungen der Zwölftonmusik zuerst als 'sinnlos' – und darüber als Botschaft über die Welt:

„Die Stimmigkeit von Zwölftonmusik läßt sich nicht unmittelbar »hören« – das ist der einfachste Name für jenes Moment des Sinnlosen an ihr. Nur daß Systemzwang waltet, ist spürbar; weder aber wird er in der konkreten Logik des musikalisch Einzelnen durchsichtig, noch gestattet er dem Einzelnen, von sich aus dorthin sich zu entfalten, wohin es will.“ (S. 113)

Nun ist das Faible für geheimnisvolle Regeln von Haus aus kein Interesse dafür, wie Musik klingt und was man dabei hört. Schönberg hat es ja schließlich darauf abgesehen, die 'Hörgewohnheiten' des Publikums zu frappieren. Die Verrücktheit dieses Anliegens und seine Gleichgültigkeit gegen die ästhetische Wahrnehmung verwandelt Adorno in eine Sinnlosigkeit, die er mit der Abstraktion 'Systemzwang' assoziiert und als tiefe Wahrheit über die bürgerliche Welt verstanden wissen will. Unter diesem Gesichtspunkt erscheint das angebliche Misslingen der (neuen) Musik als 'Opfer' im Dienste der Wahrheit. Das formuliert Adorno natürlich mit allem gehörigen Pomp und Pathos:

„Die Schocks des Unverständlichen, welche die künstlerische Technik im Zeitalter ihrer Sinnlosigkeit austeilt, schlagen um. Sie erhellen eine sinnlose Welt. Dem opfert sich die neue Musik. Alle Dunkelheit und Schuld der Welt hat sie auf sich genommen. All ihr Glück hat sie daran, das Unglück zu erkennen; all ihre Schönheit, dem Schein des Schönen sich zu versagen.“ (S. 126)

So kritisch ist die Kritische Theorie, dass sie die bürgerliche Welt an der Sehnsucht misst, mit allem einverstanden sein zu können. Dieses Anliegen der Sinnsuche nicht zu erfüllen und mithin die Untertanengesinnung zu konsternieren, das macht Adorno dem bürgerlichen Getriebe zum bitteren Vorwurf. Daraus begründet sich sein Interesse an den musikalischen Sinnstiftern. Jenen bietet er philosophischerseits einen polit-ästhetischen Gesichtspunkt an, unter dem sie sich eine weltbewegende Wichtigkeit für ihre hehre Aufgabe einbilden können. Sie sind im Dienste der Wahrheit unterwegs und geben dem Publikum mit ihrem nervtötenden Getöse einen tiefen Einblick in die geheimnisvolle Dialektik, welche die Weltgeschichte unaufhaltsam zum Wahren, Guten und Schönen vorantreibt. In diesem Sinne ergreift Adorno Partei für Opfer und Verzicht auf alles, was man womöglich genießen könnte. Was man sich versagt, ist ohnehin nur falscher Schein, dem die Massen sich hingeben. Diese Betrachtungsweise liefert zumindest den *höheren* Genuss einer elitären Weltanschauung.

Nachwort zur 3. Auflage

Neuauflagen einer Publikation sind beim modernen Verfahren des Buchdrucks auf Einzelbestellung, das auch für die vorliegende Schrift gewählt wurde, ausschließlich inhaltlich motiviert. War die zweite Auflage noch im Interesse einer Ausbesserung von Mängeln der Erstauflage aus dem Jahr 2000 veranlasst worden, so spielt dieser Gesichtspunkt bei der dritten Auflage nur noch eine Nebenrolle. Selbstverständlich ist der Text noch einmal durchgesehen und gegebenenfalls korrigiert worden, wozu auch freundliche Hinweise von Lesern beigetragen haben. Ansonsten wurde der Text möglichst so belassen, wie er in der Zweitauflage vorlag.

Der dritten Auflage liegt das Interesse zugrunde, mehr dafür zu tun, um das Verständnis der hier dargelegten Theorie zu erleichtern. Zu diesem Zweck wurde die Ableitung der musikalischen Formbestimmungen um einen Anhang mit dem Titel „Ideologisches Gedankengut zum Thema Musik" ergänzt. Zur Auswahl der Schriften, die einer Kritik für würdig erachtet wurden, sei nur so viel bemerkt, dass weniger Rücksicht darauf genommen wurde, was zur Zeit gerade wissenschaftliche Mode ist, sondern darauf, was besonders geeignet sein könnte, um die ebenso gängigen wie verkehrten Vorstellungen in der heutigen Musikwissenschaft von Grund auf zu widerlegen. In diesem Zusammenhang erschienen Hegels Vorlesungen über die Ästhetik, die viele Intellektuelle in ihrem Bücherregal stehen haben, als besonders interessant, obwohl ihre Abfassung schon lange zurückliegt und die Argumentation Hegels kaum noch zur Kenntnis genommen wird. Bei aller Absurdität der Gedankenführung bleibt Hegel weitgehend sehr nahe bei den wesentlichen Bestimmungen der Sache und *charakterisiert* noch das, was er idealistisch verbrämt. Deshalb ist auch die Kritik seiner Auffassungen ergiebiger als die Auseinandersetzung mit moderneren Theorien, bei denen das, was Hegel beweisen wollte, nur noch die Form einer unreflektierten Prämisse hat. Gemeint ist das Vorurteil von einem in der Musik hausenden Sinn, das letztlich allen musiktheoretischen Spekulationen zugrunde liegt und worüber Rechenschaft zu geben niemand mehr eine Veranlassung sieht.

Die Würdigung der vorliegenden Schrift als *„leicht lesbar und für alle halbwegs musikalischen Geister mühelos nachvollziehbar"* [1] hat das dieser dritten Auflage zugrunde liegende Bedürfnis nach weiteren Klarstellungen nicht beschwichtigen können. Selbst die sehr wohlwollende Rezension von Wilhelm Sinkovicz, die das Buch über die tonale Musik zunächst in Österreich bekannt gemacht hat,[2] enthält bei aller Zustimmung zu dem im Buch entwickelten

---

[1] Wilhelm Sinkovicz, Von der Obertonreihe kommt unser Ohr nicht los, in: Die Presse, 17.3.2001, Wissenschaftsseite der Wochenendbeilage Spectrum

[2] Das deutsche Publikum wurde etwas später durch einen Buchtipp (DIE WELT, 20.4.2001, S. 39) und ein Interview (DER SPIEGEL 33/2001, S. 163) auf das Buch aufmerksam gemacht.

Schönheitsbegriff und zur Kritik musiktheoretischer Absurditäten noch ein Missverständnis der musikalischen Ästhetik, das sich bereits im Titel andeutet:

„Das, was wir als „tonale Musik“ bezeichnen, also im wesentlichen die ganze abendländische (und die mit ihr assoziierte amerikanische, mittlerweile tatsächlich weltumspannende) Musik baut auf klar definierbaren Fundamenten.

Das hat zuletzt Paul Hindemith deutlich gemacht, der eine in sich geschlossene Tonsatzlehre publizierte, die den sogenannten fortschrittlichen Geistern des 20. Jahrhunderts zwar wie ein Frontalangriff auf ihre anarchischen, angeblich allein zukunftsträchtigen Vorstellungen von einer Zertrümmerung der Tonalität und der Umerziehung der menschlichen Hörgewohnheiten erschien. Aber die Orientierung des Ohrs an den tatsächlichen natürlichen Gegebenheiten der Obertonreihe konnte bis dato nicht ausgehebelt werden.

Darauf vertraut auch Franz Sauter, der den Versuch wagt, eine knappe, klare und stringente Erläuterung der natürlichen Zusammenhänge der drei gern als getrennt dargelegten Grundbegriffe Melodie, Harmonie und Rhythmus zu geben.“ [1]

Das Argument, dass unser Ohr an die Gegebenheiten der Obertonreihe gebunden sei, taugt tatsächlich recht wenig im Streit mit den Befürwortern der atonalen Musik. Denn die Orientierung an jenen Gegebenheiten ist auch das, worauf Schönberg sich berufen hat. In dieser Hinsicht haben Schönberg und Hindemith den gleichen Fehler gemacht: Sie haben die Obertonreihe als natürliches Vorbild angesehen, dem die Harmonien nachgebildet sind. Wo Schönberg Fortschritte in der Orientierung am Vorbild der Natur forderte, wollte Hindemith in der Obertonreihe eine Anweisung zur Gewinnung und Handhabung der zwölf Töne im Sinne einer ‘erweiterten Tonalität’ erkannt haben. Beide wollten – wie viele andere Musiktheoretiker auch – aus den *akustischen Voraussetzungen* der Musik ableiten, wie der Mensch in der Musik mit diesen Voraussetzungen umzugehen habe. Dass unser Ohr akustischen Gegebenheiten wie der Obertonreihe angepasst ist, begründet nur den Sachverhalt, dass wir hören können. Die dabei geltenden physikalischen Gesetze und die Physiologie des Ohres konnten in der Tat *„bis dato nicht ausgehebelt werden“*. Was der Mensch dann aber zum Beispiel in der Musik mit dieser *natürlichen* Grundlage anfängt, ist etwas ganz anderes: Er kann mit dem Klang sein eigenes Spiel treiben, indem er ihn unter *ästhetischem* Gesichtspunkt traktiert. Schon die Konsonanz ist ein solches *Geistesprodukt*, in dem die Obertonreihe nur deshalb eine Rolle spielt, weil das Zusammenpassen von Tönen etwas mit der Klangeigenschaft der Töne zu tun hat; denn das Zusammenpassen überhaupt ist eine Beziehung, die ihren Maßstab in der Beschaffenheit dessen hat, was da jeweils aufeinander bezogen wird. Dies zu erklären ist Sache einer ästhetischen und nicht einer *„physikalischen Theorie der Konsonanz“* (ebenda). Entsprechend besteht nur ein *ästhetischer* Zusammenhang zwischen Harmonie, Rhythmus und Melodie.

---

[1] Sinkovicz, ebenda

Wie lange die Menschheit noch tonale Musik hören mag, ist für die vorliegende Untersuchung übrigens nicht interessant. Man muss sich an der Spekulation darüber, welche Art von Musik 'allein zukunftsträchtig' sei, nicht unbedingt beteiligen. Es reicht völlig, die tonale Musik aus dem Interesse am Klanggenuss erklärt zu haben. Ob die Erklärung stimmt oder nicht, ist eine Frage der korrekten Analyse und hängt nicht davon ab, ob die Barbarei über uns hereinbricht oder nicht. Im schlimmsten Fall, in dem es noch das geringste Übel wäre, wenn die tonale Musik flöten ginge, würde es sowieso nichts nützen, auf eine nicht aushebelbare Orientierung des Ohrs zu 'vertrauen'.

Während Sinkovicz der Kritik an der bisherigen Musikwissenschaft einen substanziellen Inhalt zuerkennt,[1] will Alice C. Hentzen in einer Rezension der 'neuen musikzeitung' ihr genau dies absprechen:

„(Sauter) weist ... den Begriff der „Umdeutung" als „zirkulär" zurück und entwickelt ein „neues" Erklärungsmodell der Modulation (Konstitution der Ausgangstonart – Übergang in eine andere Tonart – Herausbildung der Identität einer neuen Tonart), welches sich in dieser flexiblen Beschreibungsform, die primär an der Musik und weniger an der tradierten Theorie orientiert ist, auch schon bei anderen Musiktheoretikern findet, so etwa in Diether de la Mottes bereits vor 25 Jahren erschienenen Harmonielehre." [2]

Hentzen interessiert sich bei theoretischen Aussagen nicht dafür, ob sie richtig oder falsch, sondern ob sie alt oder neu sind. Ob die bei Riemann, Grabner und anderen verbreitete Erklärung der Modulation aus einer 'Umdeutung', welche ihrerseits durch die Modulation zustande kommt, ein logischer Unsinn ist, darüber mag Hentzen nicht nachdenken. Sie setzt das Wörtchen 'zirkulär' in Anführungsstriche, um deutlich zu machen, dass sie mit dieser Kennzeichnung nichts zu tun haben will. Eine Theorie gilt ihr als Idee, wie man sich eine Sache erklären *könnte*, als 'Erklärungsmodell' und nicht mehr. Ein solches 'Modell' ist ein gedankliches Konstrukt, etwas, das man sich bloß zurechtgedacht hat und das mit der Wirklichkeit eigentlich nichts zu tun hat. Aber man soll es auf die Wirklichkeit anwenden können, wobei nur noch die Frage ist, ob das geht: ob man sich die Sache mit einigem guten Willen so vorstellen kann. Beim Vergleich von älteren oder neueren Modellen kann dann eine 'flexible Beschreibungsform' als Vorteil gelten angesichts der vielfältigen Erscheinungen einer prinzipiell unbegreiflichen Wirklichkeit ... Eine solche 'Beschreibungsform' erschließt Hentzen aus ein paar Stichworten, die sie aus der vorliegenden Schrift aufgeschnappt hat. Aber sie kennt das, was sie dem Buch zugute hält, 'auch schon bei anderen Musiktheoretikern', so dass sie auch das Wörtchen 'neu' in Anführungsstriche setzen muss. Selbst die Kritik der Riemannschen Funktionsbezeichnungen, von denen de la Mottes Harmonielehre zehrt, bewahrt das vorliegende Buch nicht davor, als Neuaufguss jener Harmonielehre eingeschätzt

---

[1] *„Nicht nur daß Sauter mit liebgewordenen und unreflektiert über Jahrhunderte verwendeten Begriffen wie dem des „Leittons" aufräumt, dürfte für Verwirrung, ja Verstörung bei vielen Kollegen sorgen ..."* (ebenda)

[2] Alice C. Hentzen, Sans phrase, in: neue musikzeitung 11/2001, S. 22

zu werden. Vielleicht ist das ja auch gut so. Wer weiß, wie hässlich Hentzen über dieses Buch geschrieben hätte, wenn sie sich vorstellen könnte, dass es Leute gibt, denen die Bereicherung der Wissenschaft durch neue Erklärungsmodelle und das ganze zugehörige bildungsbürgerliche Kauderwelsch völlig egal ist, weil sie einfach nur einen Gegenstand wie die Musik einmal *erklären* wollen, wenn es schon sonst niemand tut.

So wenig Hentzen den Inhalt einer Kritik zur Kenntnis nimmt, so untrüglich ist ihr Instinkt für einen kritischen Gestus. Sie kennt sich aus in der Welt der Konstrukte und Modelle, die ja um der eigenen Anerkennung willen immer mit der richtigen Mischung aus Angeberei und berechnender Bescheidenheit vorgetragen werden müssen, und sie weiß ebenso, dass diese Welt furchtbar in Ordnung ist, nicht zuletzt wegen der wissenschaftlichen Beiträge der letzten Jahre:

„Auch in seiner abschließenden Zusammenfassung wettert Sauter gegen die spekulative Musikwissenschaft, die mit Hilfe von eigens entwickelten Theorien zum sinnvollen und tieferen Verständnis von Musik führen möchte. Seiner Auffassung nach jedoch besitzt tonale Musik als zum Objekt des Klanggenusses ausgestaltete Kunst eine „ästhetische Charakteristik und Eigengesetzlichkeit, die sie gegenüber jeglicher Unterordnung unter außermusikalische Zwecke entwickelt hat und wahrt" und sie als „Musik sans phrase" (...) erscheinen lässt. Damit entbehrt tonale Musik eigentlich jeder Analyse. Und Sauter verkennt auch hier, dass es durchaus einige musiktheoretische Ansätze der letzten Jahre gibt, die den Blick für die Eigengesetzlichkeiten und Individualgestalten der Musik schärfen wollen." (Ebenda)

Hentzen findet das *Ansinnen* einer Kritik an der etablierten Musikwissenschaft – die Kritik selbst kennt sie nicht – *unnötig*, weil die neuesten Beiträge doch viel besser sind als die alten, bei denen sie das ja eher verstehen könnte.

Eine Rezension der Österreichischen Musikzeitschrift (von Claus Ganter) erklärt dagegen das ganze vorliegende Buch für *unbrauchbar*:

„... man stellt sich die Frage, für wen dieses Buch eigentlich geschrieben wurde. Weder ein Musikstudent noch ein Komponist oder Dirigent des 21. Jahrhunderts kann damit etwas anfangen.

Die Notenbeispiele sind meist dreistimmig und somit für die unterschiedlichen Klangphänomene von Grundstellung und Dreiklangsumkehrungen unbrauchbar. Die Rückführung der tonalen Harmonik auf den Dur- und Molldreiklang mag für einfache Kinder- und Volkslieder genügen, für die großen Werke des 19. und 20. Jahrhunderts ist sie nicht brauchbar." [1]

Für Leser, die einen musiktheoretischen Gedanken nur verstehen, wenn er mit einem vierstimmigen Beispiel verdeutlicht wird, ist das Buch in der Tat nicht brauchbar. Da nützt auch die Aufforderung nichts, für die Weitergabe des hier dargelegten Wissens je nach Publikum gefälligst passendere Beispiele zu wählen. Denn das zu Verdeutlichende wird gar nicht erst zur Kenntnis genommen, wenn

[1] Claus Ganter, Franz Sauter: Die tonale Musik (Rezension), in: Österreichische Musikzeitschrift 11-12/2001, S. 87

es an der absurden Vorschrift gemessen wird, Beispiele für Dreiklangsumkehrungen müssten vierstimmig sein. Entsprechend wird nicht nachvollzogen, was alles aus der Erklärung von Dur- und Mollklang entwickelt wird, weil auch hier schon *vorher* feststeht, dass dafür nur Kinder- und Volkslieder als Beispiele in Frage kommen können. Kein Buch mit theoretischen Erkenntnissen kann jemals für den Blödsinn brauchbar sein, den es kritisieren will. Dies aber ist das Motto der Begutachtung, mit dem Ganter der Einladung des Vorworts nachgekommen sein will:

„Der Leser wird im Vorwort herzlich eingeladen, „eine ganze Reihe von ungewohnten Feststellungen und Schlussfolgerungen auf ihre Stichhaltigkeit hin zu überprüfen." Wir haben das getan und das Werklein daraufhin untersucht." (Ebenda)

Im Vorwort wird aus gegebenem Anlass daran erinnert, dass es bei Theorien auf die Richtigkeit der Aussagen ankommt. Vielleicht enthält dieses Buch ja Fehler. Vielleicht besteht der Zusammenhang zwischen harmonischen und rhythmischen Formen gar nicht in der Bestimmung des Taktes als Harmonie, wie es hier behauptet wird? Womöglich stimmt es gar nicht, dass die Grundlage melodischer Tonverhältnisse in rhythmischen Bestimmungen zu finden ist? Vielleicht ist der Zusammenhang zwischen Harmonie, Rhythmus und Melodie so, wie Hegel ihn dargestellt hat? Oder noch anders? Oder es gibt gar keinen? Um die Klärung solcher Fragen dreht sich das Buch. Ob Leute wie Ganter ein solches Buch brauchen können, bei was auch immer, an der Frage wurde kein Interesse angemeldet.

Dass mit Klärung nicht so etwas wie Gleichgültigkeit gegenüber allen möglichen Lehrmeinungen gemeint ist, hat Ganter verstanden. Eine Theorie zu veröffentlichen, die mit Fehlern aufräumen will, hält er für Größenwahn:

„Die Musikwelt kann aufatmen und sich glücklich preisen, dass endlich, nach mehr als tausend Jahre währender Unwissenheit und Irrtümer, endlich die einzig richtige Deutung über die tonale Musik vorliegt: Was jeder Schüler weiß, dass Harmonie, Rhythmus und Melodie eine Einheit bilden, wird, einer Offenbarung gleich, dem erstaunten Leser mitgeteilt. Angefangen bei den theoretischen Werken von G. Zarlino und J.-Ph. Rameau bis hin zu den Schriften der Musikwissenschaftler des 19. und 20. Jahrhunderts werden die „Fehler" dieser Theoretiker aufgedeckt und die „wahren" Zusammenhänge der tonalen Musik in 8 Kapiteln erläutert ..." (Ebenda)

Das Vorwort will dem Leser über die Einheit von Harmonie, Rhythmus und Melodie in der Musik nicht das mitteilen, was er ohnehin weiß, sondern auf das Ungenügende dieses Wissens aufmerksam machen: Handelt es sich nur um eine Mischung von äußerlichen Zutaten wie bei einem Brei? So jedenfalls stellen es sich die meisten vor. Oder gibt es da einen inneren Zusammenhang, der sich begrifflich entwickeln lässt? Das überliest Ganter.

Das vorliegende Buch ist bestimmt nicht in der Erwartung geschrieben, dass 'die Musikwelt aufatmen kann'. Deren Vorstellungen wurden vielmehr *kritisiert*. Dass die meisten Musikwissenschaftler zwischen Deuten und Erklären nicht unterscheiden können, ist die Behauptung des Buchs. Also war der Vorwurf zu erwarten, dass die vorliegende Untersuchung sich als 'einzig richtige Deutung' versteht. Das weiß natürlich jeder, dass es bei einer Deutung nicht auf Richtigkeit ankommen kann. Eine 'richtige Deutung' der Musik ist ein Widerspruch in sich. Wie Ganter diesen Widerspruch aufgelöst haben will, daran besteht kein Zweifel: Er ist nicht gegen den Irrationalismus der Deuterei in der Musikwissenschaft. Etwas anderes kann er sich ohnehin nicht vorstellen. Vielmehr argumentiert er gegen jegliche Bemühung um *Richtigkeit* im Denken. Deshalb setzt er das Wort 'Fehler' in Anführungsstriche, weil ja für ihn die Theorien allenfalls mehr oder weniger *brauchbar* sind. Dieses Buch also eher weniger. Um noch einmal an das Vorwort zu erinnern: Der Nachweis eines Fehlers wäre willkommener!

Ganter ergreift Partei für die *Brauchbarkeit* von Wissenschaft. Nun ist es aber erstens so, dass Wissen über Musik nicht unbedingt gebraucht wird. Den entsprechenden Hinweis im Buch kommentiert Ganter mit dem Ausdruck tiefster Verachtung:

„»... Zum Musizieren braucht man ja auch ansonsten keinerlei Musiktheorie. Insofern ist die korrekte Erklärung der musikalischen Gesetze ein Spaß für sich, der zu nichts führt, außer zu Klarheit im Kopf.« Voraussetzung dafür ist allerdings, dass in diesem Kopf auch noch ein Hirn ist." (Ebenda)

Zweitens lässt die gesellschaftliche Alimentierung einer wissenschaftlichen Sphäre, in der es um die Pflege des Deutens, der Sinnstiftung und des weltanschaulichen Denkens geht, auf eine Sorte Brauchbarkeit schließen, die dieses wissenschaftliche Treiben in der Tat hat. Auch dazu hat das Buch ein paar Andeutungen gemacht. Auf *diese* Brauchbarkeit legt die vorliegende Schrift keinen Wert.

Drittens ist es also auch im 21. Jahrhundert nicht bei jeder Wissenschaft so, dass deren Brauchbarkeit (für die bürgerliche Gesellschaft) mit wirklichen Fortschritten der Erkenntnis zusammenfällt. Auf den Unterschied zwischen Ideologien und wirklichem Wissen zielen ein paar dem Buch vorausgeschickte Zitate, die als Provokation gemeint sind und auf die sich Ganter folgendermaßen bezieht:

„Nur soviel noch: Auf der ersten Seite des Buches steht ein Zitat von H. J. Vincent, Leipzig 1862, das mit dem unvollständigen Satz endet: „Der musikalische Galilei fehlt uns noch ..." Jetzt haben wir ihn! Endlich!" (Ebenda)

Ganter interessiert sich nicht für das Ansinnen, den Leser mit Wissen zu konfrontieren, das eine mit dem selben Gegenstand befasste Wissenschaft gar nicht zu haben beansprucht. Dafür ergreift er die Gelegenheit, dem Autor zu unterstellen, dass er die Bedeutung seines Werks überschätze.

Eine ähnliche Stoßrichtung hat die Rezension Stefan Brandts in der Basler Zeitung,[1] die sich ganz dem Gesichtspunkt widmet, welches Renommee eine Publikation beanspruchen kann oder nicht. Brandt hat einen Heidenrespekt vor

[1] Stefan Brandt, Zwerg unter Riesen: Versuch über die Tonalität in der Musik, in: Basler Zeitung vom 19.2.2002, Feuilleton, S. 38

den Bergen musikwissenschaftlicher Literatur und vor der *„komplexen Problematik «Tonalität»“*. Dass die vorliegende Schrift mit einer *Erklärung* der Musik gegen die bisherige Praxis und den Pluralismus der *Deutungen* antritt, kann er für seinen Denkhorizont nur als einen ‘gigantischen Deutungsanspruch’ zurechtinterpretieren:

„Ein Verdienst des Buches liegt in einer durch Verständlichkeit gekennzeichneten Beschäftigung mit der komplexen Problematik «Tonalität» wie auch in interessanten Einzelbeobachtungen zur Frage der Konsonanzbestimmung und zum Verhältnis von Harmonie und Takt. Der gigantische Deutungsanspruch Sauters überdeckt jedoch solche positiven Ansätze und lässt das Buch in seiner jetzigen Form als Absurdität erscheinen. Als Absurdität freilich, die andere Kuriosa des Musikbuchmarktes durch das ihr zugrundliegende Mass an Ignoranz weit übertrifft.“ (Ebenda)

Kurios erscheinen Brandt die vielfältigen Angebote des Musikbuchmarktes offenbar weniger wegen ihrer nicht enden wollenden Deutungen, sondern wegen ihrer Ignoranz gegenüber den ‘Vorleistungen anderer’, worin die vorliegende Publikation den Vogel abschießen soll:

„Ein Bewusstsein für die Vorleistungen anderer fehlt Sauter. Angefangen vom Mittelalter beziehen alle Musiktheoretiker Schelte, die nicht mit seinen Ansichten übereinstimmen. Man mag dem wissenschaftlichen Zwerg nachsehen, dass er sich den Riesen gegenüber undankbar zeigt, solange er selbst nur weit genug sieht. Dazu muss er sich aber zumindest auf Schulterhöhe der Riesen befinden. Anders formuliert: Wer schweres Geschütz gegen die Forschung auffährt, sollte diese wenigstens kennen, um nicht am laufenden Band Rohrkrepierer zu produzieren.“ (Ebenda)

Die vorliegende Schrift geht gerade darin *„unbekümmert mit den Standards wissenschaftlicher Kommunikation“* (ebenda) um, dass sie Theorien nicht danach beurteilt, ob sie mit den hier vertretenen ‘Ansichten übereinstimmen’ oder nicht. Diese im bloßen Vergleichen und Einordnen von Theorien enthaltene Gleichgültigkeit liegt nicht im Interesse der Klarheit, um die es hier geht. Was Brandt als ‘Schelte’ oder ‘schweres Geschütz’ bezeichnet, ist das Bemühen, an den kritisierten Theorien selbst nachzuweisen, dass sie *in sich* absurd, unlogisch, unhaltbar usw. sind. Bei einem solchen Interesse an Theorien ist es jedoch sehr unpraktisch, auf deren Renommee zu achten. Eine unbefangene Prüfung von Theorien lässt sich naturgemäß nicht davon beeindrucken, ob diese schon im Mittelalter vertreten worden sind, ob sie von einer gewissen ‘Forschung’ kritiklos anerkannt werden oder ob ihre Verfasser sogar als ‘Riesen’ gelten.

Wenn es Brandt mit seinem Hinweis auf die ‘Vorleistungen anderer’ nur darum gegangen wäre, dass er in der ‘Forschung’ eine These oder ein Argument dieses Buches schon vor seiner Veröffentlichung vorgefunden hätte, so wäre dies zwecks Erwähnung in der dritten Auflage sehr willkommen gewesen. Wie ja auch sonst korrekte Feststellungen anderer Autoren in diesem Buch mit großer Freude erwähnt worden sind. Soweit Brandt andererseits Beiträge kennt, die Argumente gegen die hier vertretenen Behauptungen enthalten, so bleibt es ihm unbenommen, diese Argumente vorzutragen. Wer die Musik erklären will, muss nicht auf sämtliche Kuriosa eingehen, die in der 'Forschung' kursieren. Deshalb bleibt es bei einer möglichst knappen Darstellung, die möglichst wenig durch den Seitenblick auf andere Theorien unterbrochen wird – auch wenn der 'geringe Buchumfang' auf Brandt einen schlechten Eindruck macht:

„Sauter hat es sich zum Ziel gemacht, die akustisch-physiologischen «Gesetze» der «Schönheit» der tonalen Musik offenzulegen. Bei der Weite der Zielsetzung lässt der geringe Buchumfang eine mehr essayistische als wissenschaftliche Darstellung erwarten. Umso erstaunlicher wirkt dann aber das fortwährende Bemühen Sauters um ein Aufräumen mit «bisher gängigen Dogmen» der «spekulativen» Musikwissenschaft, die sich angeblich längst von der tonalen Musik abgewandt habe." (Ebenda)

Die *wirkliche* Zielsetzung des Buchs ist die korrekte Erklärung der Musik, und diese Zielsetzung ist keineswegs so furchtbar weit, dass sie den Buchumfang sprengen müsste. Die Unterstellung von 'akustisch-physiologischen' Gesetzen der tonalen Musik kennzeichnet allerdings *nicht* die Position des Buchs, sondern gehört zu jenen Vorstellungen, die das Buch kritisieren will. Dass das 'Bemühen um ein Aufräumen' mit diesem Dogma der spekulativen Musikwissenschaft bei Brandt nicht gefruchtet hat, mag daran liegen, dass es schon als *Bemühen* auf ihn so 'erstaunlich wirkt'. Übrigens behauptet das Buch auch nicht, dass sich die Musikwissenschaft 'längst von der tonalen Musik abgewandt habe', sondern dass in ihr die tonale Musik ziemlich unangefochten als Anachronismus gehandelt werde. Und das soll Brandt erst einmal widerlegen. Aber sein Problem ist ja nur der respektlose Umgang mit der 'Forschung'. Glücklicherweise gibt Brandt ein Beispiel dafür, wie respektvolles Anknüpfen an den Stand der Wissenschaft geht, nämlich da, wo er die *„interessante Einzelbeobachtung zur Frage der Konsonanzbestimmung"* zur Abwechslung als 'Rohrkrepierer' vorführen will:

„Lässt bereits der Blick in das übersichtliche Literaturverzeichnis Böses erahnen, so bestätigt die Lektüre den Eindruck, dass Sauter nicht weiss, gegen wen er polemisiert. Sauters Background umfasst Musiklehren und Lexika; dagegen findet nur eine Handvoll musikwissenschaftlicher Forschungsbeiträge Erwähnung. Sauter setzt offenbar Musikwissenschaft mit Kompendienliteratur gleich, was ungefähr so sinnvoll ist, als betrachtete man den «Brockhaus in einem Band» als Synonym für das Weltwissen. Doch selbst einer Diskussion auf lexikalischer Ebene hält Sauter nicht stand, da er zwar Meyers «kleines Lexikon Musik», nicht aber ein Standardwerk wie «Musik in Geschichte und Gegenwart» zitiert.

Dabei demonstriert gerade ein kurzer Blick auf den Artikel «Konsonanz-Dissonanz» in der neuen Ausgabe der MGG, dass Sauter auch inhaltlich kaum Neues zu bieten hat. Das betrifft schon seine erste Kernaussage, dass Töne harmonieren, weil bestimmte Teiltöne zusammenfallen. Dieser Sachverhalt findet sich im MGG-Artikel unter der Bezeichnung «Verschmelzung» als eine von drei Möglichkeiten für die Bestimmung von Sonanzgraden. Diese Betrachtungsweise hat gegenüber der Sauters den Vorteil, dass hier weitere Definitionsmöglich-

keiten – etwa anhand von Frequenzverhältnissen oder von Obertönen – ohne Hierarchisierung aufgeführt werden. Dagegen lässt sich Sauter auf eine Diskussion vom Typus «Henne oder Ei» ein und beharrt auf einer Trennung zwischen dem eigentlichen «Wesen» der Konsonanz (der Übereinstimmung von Teiltönen) und ihrer «äußeren Erscheinung» (den Frequenzverhältnissen). Sauter wird hier wie auch an anderen Stellen zum Opfer seines eigenen Bestrebens, Musik in «Prinzipien» zu fassen. Damit liefert er das beste Beispiel für Carl Dahlhaus' Beschreibung eines «einseitigen Systems», das, «weil es alles klassifiziert, schliesslich nichts mehr erklären kann».“ (Ebenda)

Brandt belegt seine Auffassung, *„dass Sauter auch inhaltlich kaum Neues zu bieten hat“*, mit der Erwähnung der Koinzidenztheorie der Konsonanz in einem MGG-Artikel. Dass er diese Theorie mit der dort ebenfalls angesprochenen Verschmelzungstheorie Stumpfs verwechselt, mag daran liegen, dass er eben nur einen ‘kurzen Blick’ in den Artikel geworfen hat. Auf jeden Fall ist eine richtige Feststellung wie etwa jene aus Husmanns Koinzidenztheorie der Konsonanz, die in der vorliegenden Schrift ja auch im *„Bewusstsein für die Vorleistungen anderer“* erwähnt wird (S. 15), noch nicht dasselbe wie eine richtige Theorie der Konsonanz. Brandt ist offenbar so sehr durch das *Formelle* des Kritisierens irritiert, dass er den *Inhalt* der Kritik an Husmann, Stumpf usw. nicht wahrnimmt. Er mag gar nicht darüber nachdenken, ob die Behauptung eines *bloß quantitativen* Unterschieds zwischen Konsonanz und Dissonanz mit der gleichzeitigen Unterstellung eines *qualitativen* Unterschieds oder eines Gegensatzes logisch vereinbar ist oder nicht. Er nimmt daher die in diesem Buch zitierten Definitionen aus Lexika nicht als (beliebige) Beispiele für einen erklärten *theoretischen Fehler*, sondern als Zitierung minderwertiger ‘Kompendienliteratur’. Aufgrund dieser Sichtweise ist er völlig außerstande, ebendiesen theoretischen Fehler in dem von ihm angeführten MGG-Artikel zu entdecken, worin der Autor (Dahlhaus) Zahlenmystik, Verschmelzungs- und Koinzidenztheorie als gleichberechtigte *„Möglichkeiten für die Bestimmung von Sonanzgraden“* zusammenträgt *und* einen Gegensatz zwischen Konsonanz und Dissonanz feststellt. Überhaupt stört er sich keineswegs an der für ‘Kompendienliteratur’ kennzeichnenden Sitte, einander ausschließende Behauptungen, die aufgestellt worden *sind*, als solche zu referieren, die mit Recht aufgestellt werden *können*. Im Gegenteil. Dieser ‘Betrachtungsweise’ entnimmt er, nachdem er sich schon einmal zu *„einer Diskussion auf lexikalischer Ebene“* herabgelassen hat, den *„Vorteil, ... weitere Definitionsmöglichkeiten“* gelten zu lassen.

Die Bemühung der vorliegenden Schrift, qualitative und quantitative Unterschiede bei der Bestimmung von Konsonanz und Dissonanz auseinander zu halten und deren Verhältnis zueinander zu klären, gilt Brandt als *„Diskussion vom Typus «Henne oder Ei»“*. Das Buch berichtet jedoch nicht, wer zuerst da war, sondern weist nach, dass unterschiedliche harmonische Beziehungen – ja sogar Konsonanzen und Dissonanzen – in völlig identischen Schwingungsproportionen erscheinen können; dass umgekehrt dieselbe Harmonie in unterschiedlichen Frequenzverhältnissen in Erscheinung treten kann; dass also das, was sich an Harmonien tatsächlich – oder nur in der Einbildung, wie in der tonpsychologischen Verschmelzungstheorie – quantitativ unterscheiden lässt, nicht mit dem zusammenfällt, was die Harmonien als solche ausmacht. *Diese* Einsicht empfindet Brandt als Einschränkung im Sammeln von 'Definitionsmöglichkeiten', in denen ein ebenso beliebter wie absurder Gedanke variiert werden kann.

In einem Sammelsurium von Feststellungen über Konsonanz und Dissonanz finden sich mitunter auch solche, gegen die nichts einzuwenden ist. Allerdings macht schon die Zusammenstellung von 'Definitionsmöglichkeiten' daraus alles andere als den Auftakt zu einer vernünftigen Erklärung. So schreibt Dahlhaus in dem von Brandt genannten Artikel:

„Der Ausdruck Konsonanz bezeichnet das Zusammenpassen ... von Tönen." [1]

Dies ist für ihn noch lange kein Grund, nun herauszufinden und zu erklären, worin denn das Zusammenpassen der Töne besteht, inwiefern, warum und worin sie zusammenpassen. Das ist nur *eine* von den Aussagen, die getroffen werden *können*. Eine andere lautet:

„... die Koinzidenz von Obertönen ist (vielleicht) die oder eine Ursache der Sonanzgrade." (Ebenda)

Hierbei geht es wiederum nicht um das Zusammenpassen von Tönen, sondern (wie auch bei Husmann) um eine Spekulation darüber, wie wohl die Fiktion von 'Sonanzgraden' zu begründen wäre, worin Konsonanz und Dissonanz allen gegenteiligen Gerüchten zum Trotz *gleichgesetzt* werden. Dann gibt es auch noch die folgende Aussage:

„Dissonanzen sind einerseits der Gegensatz der Konsonanzen, andererseits von Konsonanzen abgeleitet: Der Dissonanzbegriff ist ohne den Konsonanzbegriff undenkbar ..." (Ebenda)

Auch das ist nicht so misszuverstehen, dass Dahlhaus darlegt, *inwiefern* die Dissonanz aus der Konsonanz abgeleitet ist. Dahlhaus kennt keine Ableitung, die etwa zeigen würde, dass die Dissonanz auf das Zusammenpassen von *Konsonanzen* gegründet ist und nur darüber, also *indirekt*, auf ein Zusammenpassen von *Tönen*; dass also insofern die Konsonanz der Dissonanz zugrunde liegt. Dahlhaus weiß nur, dass der Begriff Dissonanz keinen Sinn macht, wenn es da nicht auch noch den Begriff der Konsonanz gibt. *Das* heißt für ihn 'abgeleitet'.

Am Zusammenpassen von Tönen bemerkt Dahlhaus keineswegs das *ästhetische Interesse*, aus dem die Konsonanz resultiert, sobald dieses Interesse gesellschaftlich anerkannt ist. Für ihn ist die Konsonanz *„von Natur gegeben, sofern nur die oberen Sonanzgrade Konsonanzen sein können"* (Ebenda). Dass es andererseits 'in Geschichte und Gegenwart' merkwürdigste Vorstellungen von Konsonanz gegeben hat, ist für Dahlhaus wiederum Grund genug, die harmonischen *Gesetze* zu leugnen, in denen die ästhetische Konsequenz von Subjekten resultiert. Die Konsonanz beruht dann auch zusätzlich *„auf Tradition und Geschichte, sofern die Zahl der Sonanzgrade, die als Konsonanzen gelten, und die Gründe, warum sie als Konsonanzen gelten, veränderlich sind."* (Ebenda) Es

[1] Carl Dahlhaus, Konsonanz-Dissonanz, in: Ludwig Finscher (Hrsg.), Die Musik in Geschichte und Gegenwart, Sachteil, Band 5, Kassel 1996, S. 566

scheint ein sehr schwieriger Gedanke zu sein, dass die Klanggestaltung *für den Genuss* eine innere Logik besitzt; dass also *notwendige* Bestimmungen der tonalen Musik nicht dasselbe sind wie *Naturgegebenheiten*, und ästhetische Bestimmungen menschlicher *Werke* nicht dasselbe wie historische *Zufallsprodukte.*

Die Vielseitigkeit im Zusammenmixen von richtigen und falschen Feststellungen zu einem kunterbunten Salat gefällt also Brandt, und erst recht das Bekenntnis zu diesem Verfahren, das sich auch offensiv gegen die 'Einseitigkeit' der korrekten Erklärung wendet. Was Brandt diesbezüglich von Dahlhaus zitiert, ist eine *Warnung vor Wissenschaft.* Dahlhaus tut so, als hätte er durchaus Verständnis für das Anliegen, musikalische Erscheinungen erklären zu wollen, und behauptet, dass eine dazu vorangetriebene systematische Gedankenführung ihren Zweck notwendigerweise verfehlen müsse.

In einer Hinsicht hat Brandt natürlich Recht: Die vorliegende Schrift ist sicherlich der Inbegriff dessen, wovor alle musikwissenschaftlichen Wortführer des Spekulierens immer gewarnt haben; sie hält sich nicht an die geltenden Sitten musikwissenschaftlicher Kommunikation, weil sie es ablehnt, ihre Kritik falscher Theorien an genau diesen Theorien zu relativieren; sie reiht sich nicht bescheiden ein in die vielen Möglichkeiten, Musik zu interpretieren; sie verkündet nicht das übliche *„Ich weiß, dass ich nichts weiß"* an alle, die das auch wissen; sie will keinen weiteren Beitrag für das Panoptikum der in ihrer Partikularität jeweils begrenzten Sichtweisen leisten; sie verweigert sich dem Ansinnen, eine theoretische Erkenntnis auf das Kaliber eines 'Ansatzes' herunterzubringen, aus dem nie eine fertige Theorie werden darf. Kein Wunder, dass Brandt nichts findet, was auf *„ein Gespür des Autors für die Chancen und Grenzen seines Ansatzes"* schließen lässt.

*

Von den vier bislang erschienenen Rezensionen hat eine es für selbstverständlich gehalten, das Buch nach solchen Maßstäben zu beurteilen, wie sie allein in einer Wissenschaft etwas zu suchen haben: richtig oder falsch. Die anderen Beurteilungen unterscheiden sich nur nach ihren *wissenschaftsfremden Maßstäben*: alt oder neu, nützlich oder schädlich, groß oder klein. Auf ihre Art klären die Autoren darüber auf, was die von ihnen geschätzte Wissenschaft zu bieten hat: eine Heimstatt für spekulatives Denken.

Hamburg, im November 2002

Nachwort zur 4. Auflage

Die 4. Auflage dieses Buchs bietet neben einer geringfügigen Überarbeitung des Textes als wesentliche Verbesserung vor allem die Einführung des Begriffs der *Scheinauflösung*. Es handelt sich bei der so bezeichneten Sache um eine Besonderheit in der Ausgestaltung von Modulationen, weshalb sie im dritten Kapitel abgehandelt wird. Hilfreich ist die Erläuterung der Scheinauflösung nicht so sehr beim Verständnis der übrigen Kategorien, die in diesem Buch entwickelt werden, sondern vielmehr bei der Widerlegung von Einwänden, die gegen die hier ausgeführte Harmonielehre vorgebracht worden sind. Tatsächlich kennzeichnet der Begriff der Scheinauflösung ein Phänomen, das viele Musiktheoretiker zum Anlass für Fehlschlüsse im Hinblick auf die Identität einer Tonart genommen haben. Harmoniefolgen dieser Art sind die Paradebeispiele in Harmonielehren, in denen die widersprüchlichsten und absurdesten Auffassungen von Tonarten und Modulationen ausgebreitet werden. Es ist daher kein Zufall, dass die meisten Beispiele, mit denen in Diskussionen eine Entkräftung der hier entwickelten Theorie der tonalen Musik versucht worden ist, der Sache nach Scheinauflösungen darstellen.

Verzeichnis der verwendeten Notenbeispiele

Literaturverzeichnis

Josef Achtélik, Der Naturklang als Wurzel aller Harmonien, II. Teil, Leipzig 1922 [24]

Theodor Wiesengrund Adorno, Gesammelte Schriften Band 7, Frankfurt am Main 1996 (Ästhetische Theorie) [182]

Theodor Wiesengrund Adorno, Philosophie der neuen Musik, Frankfurt am Main 1978 [141, 181-188]

Siegfried Behrend, Altdeutsche Lautenmusik für Gitarre, Hamburg 1959 [42]

Leonard Bernstein, Konzert für junge Leute – Die Welt der Musik in 15 Kapiteln, München 1999 [97]

Ernst Bindel, Die Zahlengrundlagen der Musik im Wandel der Zeiten, Teil II, Stuttgart 1950 [34]

Stefan Brandt, Zwerg unter Riesen: Versuch über die Tonalität in der Musik, in: Basler Zeitung vom 19.2.2002 [194-198]

Carl Dahlhaus, Konsonanz-Dissonanz, in: Ludwig Finscher (Hrsg.), Die Musik in Geschichte und Gegenwart, Sachteil, Band 5, Kassel 1996 [198-199]

Carl Dahlhaus, Tonalität – Struktur oder Prozeß, in: Neue Zeitschrift für Musik, Heft 7/8 1988 [130]

Carl Dahlhaus, Untersuchungen über die Entstehung der harmonischen Tonalität, Kassel 1968 [25, 43, 86, 103]

Carl Dahlhaus/Hans Heinrich Eggebrecht (Hrsg.), Brockhaus Riemann Musiklexikon, Taschenbuchausgabe 1998 [37, 42, 87, 96, 107, 112, 113, 115, 129]

Johann Nikolaus Forkel, Ueber Johann Sebastian Bachs Leben, Kunst und Kunstwerke, Kassel 1999 (Reprint der Erstausgabe 1802) [86]

Claus Ganter, Franz Sauter: Die tonale Musik, Rezension in: Österreichische Musikzeitschrift 11-12/2001 [192-194]

Manuel Gervink, Arnold Schönberg und seine Zeit, Regensburg 2000 [135]

Hermann Grabner, Allgemeine Musiklehre, Kassel 1974 [24, 25, 49, 51, 60, 87, 89, 90, 94, 95, 114, 115, 124, 131, 156]

Eduard Hanslick, Vom musikalisch Schönen, Wiesbaden 1989, Erstaufl. 1854 [130]

Georg Wilhelm Friedrich Hegel, Vorlesungen über die Ästhetik
Band I, Frankfurt am Main 1979 [161-170]
Band II, Frankfurt am Main 1978 [169-171]
Band III, Frankfurt am Main 1976 [172-179]

Georg Wilhelm Friedrich Hegel, Vorlesungen über die Geschichte der Philosophie Band III, Frankfurt am Main 1996 [143]
Max Paul Heller, Die Musik als Geschenk der Natur, Berlin 1930 [98]
Hermann von Helmholtz, Die Lehre von den Tonempfindungen als physiologische Grundlage für die Theorie der Musik, Braunschweig 1863 bzw. 1913 [34, 35, 42]
Christoph Hempel, Neue Allgemeine Musiklehre, Mainz 2001 [49]
Alice C. Hentzen, Sans phrase, in: neue musikzeitung 11/2001 [191-192]
Paul Hindemith, Unterweisung im Tonsatz, I Theoretischer Teil, Mainz 1940 [145-153]
Oscar Höfling, Physik, Bonn 1985 [13, 88]
Heinrich Husmann, Einführung in die Musikwissenschaft, Heidelberg 1958 [15, 16, 36]
Kurt Johnen, Allgemeine Musiklehre, Stuttgart 1999 [90]
Ernst Kurth, Grundlagen des linearen Kontrapunkts, Bern 1916 [104]
Rudolf Louis/Ludwig Thuille, Harmonielehre, Stuttgart 1907 [38, 97]
Adolf Bernhard Marx, Die Lehre von der musikalischen Komposition, 1. Teil, Leipzig 1858 [122, 123]
Karl Marx, Das Kapital, 1. Band, Berlin 1971 [126]
Karl Marx, Grundrisse der Kritik der Politischen Ökonomie, Berlin 1974 [164]
Metzler Sachlexikon Musik, Stuttgart 1998 [122]
Meyers kleines Lexikon Musik, Mannheim 1986 [21, 37, 59, 61, 96, 129, 131]
Diether de la Motte, Harmonielehre, Kassel 1997 [155-160]
Diether de la Motte, Melodie, Kassel 1993 [121]
Jean-Philippe Rameau, Traité de L' Harmonie, Paris 1722 [19, 21]
Ernst Friedrich Richter, Lehrbuch der Harmonie, Leipzig 1886 [9]
Hugo Riemann, Allgemeine Musiklehre, Berlin 1918 [28]
Hugo Riemann, Große Kompositionslehre, Berlin 1902 [127]
Hugo Riemann, Grundriß der Kompositionslehre, I. Teil: Allgemeine Formenlehre, Leipzig 1916 [64]
Hugo Riemann, Handbuch der Harmonielehre, Leipzig 1918 [23, 27, 28, 37, 38, 60, 101]
Hugo Riemann, System der musikalischen Rhythmik und Metrik, Leipzig 1903 [88, 89, 123, 128]
Riemann Musiklexikon, Sachteil, Mainz 1967 [101, 114]
Franz Sauter, Die Musikwissenschaft in Forschung und Lehre – Kritik einer bürgerlichen Wissenschaft, Norderstedt 2010 [16, 102, 130]

Franz Sauter, Tonale Analyse und Suche nach reiner Stimmung, in: neue musikzeitung 2/1988, Ausgabe Schulmusik [58]

Arnold Schönberg, Harmonielehre, Wien 2001 [135-140]

Johannes Schreyer, Lehrbuch der Harmonie und der Elementarkomposition, Leipzig 1924 [64]

Wilhelm Seidel, Rhythmus – eine Begriffsbestimmung, Darmstadt 1976 [90]

Wilhelm Sinkovicz, Mehr als zwölf Töne, Wien 1998 [136, 138, 141, 143]

Wilhelm Sinkovicz, Von der Obertonreihe kommt unser Ohr nicht los, in: Die Presse, 17.3.2001 [189, 190]

Carl Stumpf, Tonpsychologie, Band II, Leipzig 1883 [35, 36]

Eberhard Thiel, Sachwörterbuch der Musik, Stuttgart 1984 [41]

Heinrich Josef Vincent, Die Einheit in der Tonwelt, Leipzig 1862 [7]

Martin Vogel, Die Lehre von den Tonbeziehungen, Bonn 1975 [7]

Erich Wolf, Allgemeine Musiklehre, Wiesbaden 1967 [87]

Gioseffo Zarlino, Theorie des Tonsystems, Das 1. und 2. Buch der Istituzioni harmoniche (1573), Übersetzung v. Michael Fend, Frankfurt am Main 1989 [23]

Wieland Ziegenrücker, Allgemeine Musiklehre, Mainz 1982 [89, 124, 127]